日本神妖博物誌

幻想世界の住人たち〈日本編〉

多田克己——著

歐凱寧——譯

你相信這世上有妖怪或精靈嗎？相信人除了肉眼可以看到的軀殼外，另有可與形體分離的靈魂意識嗎？相信超自然力量嗎？相信前世與來世嗎？相信在這個宇宙中，地球以外另有外星人或具有高等智慧的生物存在嗎？

我想，就地球的人口比率來說，大部分人都相信，只有一小部分人認為那都是無稽之談或迷信的一種。

這本《日本神妖博物誌》收羅了約千種日本妖怪、怨靈、動物草木精靈、民間傳說主角……並分類為深山、水海、鄉里、住家、街頭、神社寺院六大類，堪稱日本妖怪博物的基本入門書。

記得以前我曾在《妖物玩物誌》（葉怡君著，遠流出版）推薦序文中寫過如此一段：

「說起來，日本的妖怪並不可怕，甚至可跟『寵物』同列。因日本是神道思想，認為萬物都有『靈』，一株古樹可以是『神』，也可以是『妖』；一塊岩石可以是『精』，也可以是『怪』。甚至連語言都有『言靈』，表示一旦說出口或寫成文字，那『事項』便具有自己的生命，會自己往『目的地』前進。也因此，日本是『八百萬神』國，更是『八百萬妖』國。而妖怪，簡單說來，正是『沒當上神』的落伍神。一般說來，日本的神，不會插手管人間俗事。眾神專司大自然現象，而且沒有形狀，但這些『沒當上神』的妖怪，不但具有各式各樣外型，也很喜歡跟人類黏在一起，喜怒哀樂都跟人類相同。

山中有天狗、送狼（跟在人背後直至下山），河邊有河童、小豆洗，海中有海和尚、幽靈船，村落有姑獲鳥（懷孕中或生產時過世的女性，下半身沾滿血跡，抱著嬰兒要過路人抱一下嬰兒）、雪女，家中有座敷童子、付喪神，街上有百鬼夜行，神社

寺院有式神、護法童子……等等等，族繁不及備載。」

當時礙於字數有限，我無法詳細說明山中天狗、送狼，河邊河童、小豆洗，海中海和尚、幽靈船，村落姑獲鳥、雪女，家中座敷童子、付喪神，街上百鬼夜行，神社寺院式神、護法童子等，到底是何物。

然而，萬萬沒想到兩年後的今日，商周出版社竟然打算出這本《日本神妖博物誌》，並找我寫推薦序文。我不知該說他們找對了人，還是無巧不成書。

這本書在日本是一九九〇年十二月上市，算是十八年前的書，我目前只曉得這是一本長銷書，至今網路書店仍持續銷售；最重要的是，這本書始終擺在我家書架顯眼的位置，並代我詳細說明了之前我無法解說的內容。

簡單說來，時隔十八年，我不但沒把這本書賣出，甚至還保存得如剛從書店買回來的那般嶄新。因此，商周出版社找我寫推薦序文時，我馬上想起擱在書架上的這本書，當下慨然應允。

原文書後面不但附有參考文獻，還有妖怪名索引。光是書後所列出的參考文獻便有四百多本，而根據作者在後記中所說，他蒐集的妖怪書籍多達六百多本，可見本書讀起來看似輕鬆易解，實則花費很多作者的心血於其中。

作者在後記中還開了一句玩笑，說那些被刪掉的原稿，搞不好會變成「付喪神」。看到這句，我情不自禁為之莞爾而笑。這大概只有日本人才會有這種反應吧！畢竟書中所列出的精靈妖怪，大部分都是日本人所耳熟能詳的。

這些精靈妖怪，起初或許真是幻想世界中的住民，只是，一旦人族給它們命了名，並予以外型，那麼，它們便算是脫離了幻想

世界，繼而降生於這世上。就看你願不願意肯定它的存在而已。

　　二十一世紀的今日，即使人類的科學已發達至可以飛往外星的地步，無奈科學並非萬能之神，這世上仍存在著許多科學家所無法解釋的物事，正如這世上仍存在著不少令現代醫學束手無措的疑難病症那般。

　　新的疑難病症不斷在出現，而新妖怪也在日益月滋。新妖怪正是都市傳說中的主角。前些日子，我看了一段影片，內容是以日本童謠為主題，創造出一個「雨中柳樹下的男童」妖。

　　某些台灣讀者或許還記得阿公阿嬤那輩曾教過的這首日本童謠，原文翻譯大致是：「雨啊雨啊，下著下著，很高興媽媽帶雨傘來接我，淅瀝淅瀝嘩啦嘩啦，啦啦啦。」中文歌詞似乎是：「……淅瀝淅瀝嘩啦嘩啦雨下來了，我的媽媽帶著雨傘來接我……」

　　影片正是以這首童謠為主題曲，敘述著，媽媽帶著雨傘來接你回家時，歸途中如果遇見一個在柳樹下避雨的男孩，你千萬不能借傘給它，要不然它會一直跟到你家，在你進家門前跟你調換，你變成它，它變成你，讓你成為無家可歸的孩子，只能再回到柳樹下，等待下一個犧牲者。

　　影片很短，僅有二十分鐘，但那個「雨中柳樹下的男童」形象卻深深烙在我的腦海中。也就是說，往後，倘若我在雨天看到柳樹，肯定會想起那個在樹下避雨的男孩。

　　雖然在現實生活中，我在雨天看到柳樹的可能性不大，即便真讓我遇著了，柳樹下也不見得會站著一個避雨的男孩。可是，只要這個避雨男孩形象仍留在我的記憶網內，對我來說，他就不是幻想世界中的住民，而是「搞不好有一天真的會出現」的存在。

　　我所懷有的這種情感，並非基於害怕，而是期待。期待在往後

的日子，真的讓我看到有個在柳樹下避雨的男童。如此，人生才有趣呀，不是嗎？

茂呂美耶

二〇〇八年八月　於日本埼玉縣

自有人類以來，幻想世界的居民便已存在於世。遠古時代的人們對周遭的各種現象及事物皆感到神祕而不可思議，大至暴風雨、地震、火山爆發，小至周遭的各種聲音、光影都會讓他們覺得既敬且畏。何者對人類有益？何者會危及人命？無法得知。為了要維護自身及其共同體的安全，他們憑著想像力試圖去勾勒出主宰各種現象的超自然存在並探索其特性，他們試圖將其分成對人們有益的、有害的，或是因處理方式得當，可以將有害的轉變成有益的各種種類，於是神鬼、妖怪及各種精靈的概念逐漸形成。這些神鬼、妖怪、精靈等幻想世界的居民又因各國習俗、文化及人們思維方式之不同而有各種不同的造型及特性，日本又因其在文化形成之際，受到東傳的中國文化影響，因此其幻想世界的居民除了日本本土的種類之外，還融合了中國文學、漢譯佛經裡所描述的幻想界居民要素，因此其種類更是不勝枚舉，真可謂包羅萬象，多采多姿。根據本書作者多田克己的說法，在介紹各類幻想界居民時，已把一些較不具知名度者或屬於地獄及密鄉等異界的幻想居民略去未提，但仍收集了千種左右，成為一本巨著，本書堪稱是一本日本幻想界的居民大全。

在眾多的幻想界居民當中，最廣為人知的應是「鬼」。「鬼」這個字其實是從中國傳過去的漢字，根據日本古文獻《倭名類聚抄》（日本最早的分類體漢和辭典，於平安時代由源順撰寫而成）的記載，鬼的日本名稱為「於爾」（這兩個字其實是萬葉假名，亦即古代日本人借用漢字把日本的音表記出來的字）；有另一個說法認為應作「隱」（因為鬼不願讓人看到其形體，總是隱藏起來），但其音仍讀為「於爾」（Oni）。不過古代日本人所稱的鬼，其實所涵蓋的意義相當廣泛，除了幽靈、鬼卒、邪神、不明怪物外，也包括長相醜陋，形體不全之人，甚至蠻荒的野蠻人及脫離體制的集團都被稱為鬼。

古代日本人認為鬼會吃人，《風土記》的〈出雲國風土記〉在敘述大原郡的阿用鄉名稱由來時，曾出現「爾時　目一鬼來而

食佃人之男」等文字。而且他們還認為鬼吃人是一口吞食下去的。據日本平安時代的和歌物語文學《伊勢物語》第六段〈芥河〉裡的故事記載道：

「有某位男子趁著夜黑之際，將心愛女子盜出。之後，來到芥河……因雷聲轟轟，雨又降得猛，遂將那位女子放置於一所空廢的倉庫裡，自己則持弓，背胡籙在門口守衛著，一心只期盼天快點亮，不料鬼竟一口將那位女子吞下去，眼見心愛的人兒消失不見蹤影，男子雖跺腳哭泣，卻已無可奈何。」

關於這段故事，《伊勢物語》的作者還在後面加上補充說明，其實該女子並沒有被鬼吃掉，而是被前來尋找的兄長發現，將她帶回。但因古代日本人認為，鬼吃人時，會一口吞下去，因此該男子也認為該女子於深夜憑空消失，應是被鬼一口吞食下去。而收錄各種珍文奇說的《今昔物語集》則索性將該段故事改寫成那位女子真的被鬼一口吞食下去的故事。鬼會吃人的印象也深植古代日本民心，各地都留有鬼會吃人的傳說，如福島縣安達原的「黑塚」便有個家喻戶曉的故事，據說那兒有位可怕的鬼婆，每當有旅人經過，便會被吃掉，因此其住處有堆積如山的骨骸。

在日本的眾鬼榜裡，「酒吞童子」算是古今有名的名鬼，因此亦有不少人研究它。關於其名號的來源有兩種說法，一種是「捨棄童子」之意，因日文的音「酒吞」（Syuten）與「捨棄」（Suten）兩種很像。據說他因天生力大無窮，生性暴戾，所以在六歲左右被扔到谷底，但竟沒死，之後因其一再犯下罪行，最後終於走向鬼神之道。但《伽草子》則認為是酒吞童子生性嗜酒，經常喝酒，所以才被稱為酒吞童子。酒吞童子除了酒以外，還好色，常來京城擄走有姿色的女子，因此朝廷才會派源賴光等人前去大江山征討。賴光及其手下四大天王渡邊綱等人也因為征服了酒吞童子而留名青史。能劇之一的「戾橋」裡敘述渡邊綱有

次要經過一條戾橋時，遇到一位婀娜多姿的美女要求與他同行，來到橋中央，渡邊綱從水中倒影看到與他同行的女子其實是可怕的鬼，兩人經過一番打鬥後，鬼被砍斷一條胳膊，渡邊綱將那條鬼胳膊帶回家，隔沒多久，其伯母前來造訪，並要求看那條胳膊，不料伯母接過那條胳膊後，竟說道：「真高興，這正是我的胳膊！」遂將該條胳膊往手上一接，便飛走了。原來橋邊的美女及伯母都是鬼變化而成的。

平常一個鬼就已夠令人頭痛了，更何況是鬼成群結隊地出現時，更令人毛骨悚然，束手無策。平安時代的人最害怕夜晚外出時遇到百鬼夜行，凡是遇上百鬼夜行的人必死無疑。有次安倍晴明隨其師賀茂忠行外出時，也曾遇到百鬼夜行，幸好安倍晴明及時叫醒其師，忠行施法，將牛車隱藏起來才躲過一劫。不過據說若有尊勝陀羅尼的護身符或經文，就可免除災難。本書作者特別介紹《今昔物語》第十四卷第四十二話的故事，藤原常行年少之時，為了見其心愛女子，常常深夜外出。有次剛好遇到百鬼夜行，幸好其奶媽在其衣領裡縫進了尊勝陀羅尼的護身符，才逃過一次劫難。從大德寺珍珠庵系的「百鬼夜行繪卷」可以看到這些在平安京夜裡跳梁跋扈的眾妖百態。首先出場的是一個提著矛拚命往前衝的青鬼，最後則是群妖看到火球、四處逃竄的畫面。除了貓、狗、狐、狼外，當中有很多是器物變成的妖怪，有琴、琵琶等樂器妖，還有鍋釜，金鼓、拂塵、鉦、銅鑼、唐櫃、破傘、扇子、草鞋等器物妖怪類。這些器物被人拋棄後，經過一段時間，就變成妖怪出來為害人類，這些妖怪又被稱為「付喪神」。幻想這些被棄置的器物變成妖怪，將其化成百鬼中的成員，似乎也含有告誡當時的人不可隨便丟棄器物之意。最後讓群妖驚慌失色、抱頭鼠竄的火球則被認為是旭日。古人一直認為，日出具有降服一切邪惡的靈力。

此外，還有佛教系統的鬼。這些主要是受到改寫自印度的中國佛教故事的影響。除了懷有怨念、執念的亡靈會對特定的人不利

之外，來自陰間的鬼差則是要把人帶去地獄的可怕使者。《日本靈異記》中記載有下面這段故事：

「據說，從前奈良有位叫栖磐嶋的人，前往福井縣敦賀進行交易，將貨物堆積在船上，正要回家時，卻生起病來，於是他留下船，借馬從陸地回家。來到唐崎（現在滋賀縣大津市北郡）時，有三人從後面追過來，原先還距離一百多公尺左右，至宇治橋時，三人已經趕上他。磐嶋一問，才知它們是奉閻王之命，前來帶磐嶋前去陰間的使者。磐嶋遂和鬼差交涉，答應給它們一匹牛，並為三人奉讀《金剛般若經》百卷，終於免除了這次劫難，真是有錢能使鬼推磨。」

日本的鬼並不是全部都會吃人或把人帶往陰間的使者，像出現在田樂裡的鬼，反倒是會帶給村人財富及幸福的使者。秋田縣男鹿半島的「生剝」就是屬於這類的鬼，它們會挨家挨戶的去訪問，並講祝賀之詞。這類的鬼與其說是鬼，不如說是一種近乎神的存在。

除上述所介紹的鬼之外，「物」（Mono）其實也是鬼的一種，雖看不見形體，卻會為害人的一種惡靈。有時當「物」的靈力極其強烈、難以降服時，古代日本人也會以事神之禮供奉之。日本現存最古的書籍《古事記》裡的大物主大神，便是一例。傳說崇神天皇在位之時，某次發生疫病，人民將要死盡。天皇十分憂愁，於是齋戒沐浴，求神於夢。大物主大神遂於夢中顯現，說道：「這疫病是我的意旨。去找意富多多泥古來，當我的祭祀齋主，疫病便可平息，百姓就可以平安了。」天皇遂遣驛使四處尋找意富多多泥古，果然在河內美弩村找到那人，原來他是大物主大神的兒子，天皇大為高興，命他為齋主，致祭於意富美和大神之前（大物主大神之別稱），果然疫氣悉息，國泰民安。遵照「物」的意旨，並以事神之禮事之，可以反禍為福。

「物」有可能是不明的動、植物之靈，或人類的亡靈，甚至是「生靈」（活人的怨靈）。「物之氣」至平安時代仍是一種可怕的疾病。平安時代的文學，常有敘述受到「物之氣」作祟，找來陰陽師、高僧降服的故事。當中最有名的應是六條御息所的故事。六條御息所是已故前東宮太子的太子妃，無論容貌及教養均為群芳之首，源氏也為其所牽引，因此兩人之間也存在一段戀情，然而源氏卻無法專情於她，除了已有正室葵夫人之外，到處都有密友，因此讓自尊心頗強的六條御息所十分苦惱。第一次被認為靈魂出竅、化為「物」對源氏女友不利，是在源氏與夕顏幽會的時候。源氏有次與夕顏在某處宅院幽會時，不由得想起六條御息所，並將兩人加以比較，但當源氏朦朧入睡時，卻恍惚看見一位氣質高貴、容貌美艷的女子出現在枕邊，對他說道：「我對你一片真心，豈知你卻棄我不顧，陪著這名微不足道的女人到這裡來，對她百般寵愛，如此無情，實在令人難以忍受！」說著說著便動手要將睡在他身旁的夕顏拉起來。源氏直覺被「物」侵襲，睜眼一看，燈火已熄，但覺陰氣逼人，於是差人點紙燭過來，這才發現，原來身旁的夕顏早已斷了氣。這裡雖未明言那個「物」是誰，但從其對該「物」的外型描繪及它對源氏的抱怨之言，自然會讓讀者聯想到是那位高貴美麗，卻飽受源氏冷落的六條御息所。

　　夕顏之外，葵夫人也是受六條御息所生靈殺害之人。葵夫人懷孕之後，因害喜較少外出，有次因拗不過眾仕女的勸說，出去觀賞賀茂神社祝祭時的熱鬧，不巧剛好遇到為源氏的薄情所苦的六條御息所也出來散心。葵夫人手下的男侍從為了要搶占好位置，便將原先已占好位置的六條御息所的牛車擠到葵夫人的侍女車之後，讓她完全看不見遊行的隊伍。儘管六條御息所刻意低調，悄悄出門，但葵夫人的侍從還是能認出她，並肆無忌憚地辱罵六條御息所的侍從。六條御息所覺得看不到熱鬧倒還是其次，但對於她的微行被人認出，遭人辱罵後又被趕走，感到羞愧又痛心，回

家之後坐立難安，痛苦莫名。就在這時，她的靈魂竟然飛離身體，前去殺死葵夫人。這故事固然是虛構，但仍可從中一窺平安人對「物」的看法及想法。

或許是有很多幻想界居民會危及人類安全，令人感到不安，於是古代日本人也想出了一些可以免除其害的防衛之術，尊勝陀羅尼可以制服百鬼就是一種。此外，若獨自一人在人煙較少的荒僻處行走時，也可能遇到鬼擋牆之類的事。如果看到牆壁一直延伸下去，無路可走時，據說只要用棒子敲打牆壁下端，就可以破除鬼的圍困。若又在山中遇到樹精時，如果給它點食物，打好關係，不但不會遭受其害，反而可以獲得它的幫忙。

這些密術或許也是人們自己所想出來的破解之術吧！是一種古代日本人為了消除內心不安的心理治療術。這本書除了鬼之外，還收集了形形色色的幻想界居民，如天狗、天邪鬼、樹精、河童、水虎、人魚、海中的各種妖怪。多田克己似乎擬藉由本書將日本的幻想界居民一網打盡，相信看完本書後，會讓喜愛幻想界居民的朋友們大有斬獲。

陳明姿
台灣大學日文系教授

序文

在日本新紀元社Truth in Fantasy系列的《日本神妖博物誌》（原書名《幻想世界の住人たちIV》〈日本編〉）中，我們將前面三部中（同為新紀元社出版）僅有介紹一小部分的日本居民們，做更詳細且豐富（大約一千種左右）的介紹。

本書中，主要是介紹存在於萬物間的妖怪化身、怨靈以及依附物等同伴們，因此作為人們信仰對象的眾神們，則刪減一部分不加記載。

本書為使讀者了解從古日本到明治時代所記載的全貌，致力於不遺漏網羅各種日本的妖怪辭典或是圖像，而今集妖怪博物圖鑑之大成。不過，我們在收集的過程中，也忍痛捨棄不少過於負面、只有名字而沒有內容，或是太過現代的記載，如此精挑仍能夠整理出一本內容豐富的書冊，實在引以為榮。此外，我們也綜合了日本宗教觀，來敘述以往不為人知的護法、式神、四神、地震鯰等（為了數量方便，有關地獄或隱密鄉等他界，就不多加敘述）。

乍看之下，書中記載的妖怪們大多像是日本土著的化身，但令人意外的是，這其中也包含了許多來自海外的妖怪。這是因為宗教大國——印度的神話、鬼故事及世界觀，流入了日本民族之間。這麼一來，日本便成了世界上首屈一指，有著許多幻想世界居民的住所了。

時至今日，它們的存在已經在我們之間逐漸被淡忘了，但是如果各位能以這本書作為一個契機，重新確認它們的存在，將是我們無上的喜悅。

以下，本書將分成與它們相遇的山、水邊與海、里、家、街、社寺等六章來進行介紹。

多田克己

譯註方式

1. 內文下方註釋有三種表述方式：
　　註－原文書中註釋。
　　譯補－譯者補充說明。
　　編補－編者補充說明。
2. 書中部分日文名詞為原住民語或當地方言，因此並無相對應之中文名稱，故以「音譯名」表示。
　　並在本書後方的中文妖怪名索引中，以「＊」示之。

第一章
山之章

自繩文時代以來，山林就是獲得獵物的絕佳獵場，也是取得果實或樹果的重要場所。山林可說是孕育萬物，並且將食物賦予人們的神明。但一旦自大陸渡海而來、以農耕為主的人們征服了平地曠野，山林便成為僅存的狩獵人（日本原住民）的居所了。農耕民以「土蜘蛛」等名稱來稱呼這些山民，蔑視他們的存在。

同時山林也是生產銅、鐵等礦源的場所。而保護著這些礦山的諸神，曾受到人們崇奉而加以祭祀，但是最後信仰盡失，諸神凋零成為妖怪化身，而被世人所恐懼。八岐大蛇、百足、一本蹈韛就是這樣的神明。

對於無法適應人類社會的違逆者來說，山林就成了最後的居所。原本居住在鄉村的人們，則害怕地把它們稱為鬼、天狗等鬼怪。

天狗（てんぐ）

　　從前的人們對於未知總充滿恐懼，深信荒野山林是最接近天上神明國度的地方，也被當成是與人類世界隔絕、充滿魔性的恐怖魔界。普通鄉民若想進入這種山林，那可真是性命攸關的大事。

　　魔界中，能君臨天下的，就是「天狗」了。根據江戶時代中期的《天狗經》記載，在日本全國的山林中，棲息著十二萬五千五百隻天狗。

　　天狗並非安安靜靜地待在山中，它們對人類的權力鬥爭有著濃厚興趣，以擴大戰爭、擾亂歷史行進為樂。只要某個當權者變強，日本回歸統一、和平時，天狗就會援助反對勢力，持續一場永無止盡的戰爭。天狗確實是從平安末期到德川家康的「關原之戰」為止，暗中活躍於武家時代中。

❖日本神話中天狗的始祖

　　與《古事記》相比，在一本名為《舊事記》[注1]的古籍中，記錄了更早時代的神話。一股強猛之氣自素戔嗚尊體內吐出，其幻化為天狗神（請參天邪鬼）。江戶時代的天狗論者諦忍在《天狗名義考》中記載了此天狗神就是日本天狗的始祖。

❖善天狗與惡天狗

　　佛教僧人為了頓悟、積德而進行嚴酷的修業，最終死後就能轉生極樂淨土。然而若是過於自信，誤判佛道，或是仍帶著邪心、愛慾情仇、對世間的執著尚未頓悟就死去的話，就無法往生極樂，還會墮入魔道。這魔道就

注1 **舊事記**：聖德太子與蘇我馬子等人合編之日本最初的歷史書。

被稱為「天狗道」，普遍相信其轉生後的姿態，也會變成天狗。

但即使如此，生前心地善良的僧人，轉生之後仍會成為「善天狗」，暗地裡守護其他修業僧人，並保護前來險峻靈山參拜的人們，免於意外或魔性的危險。反之，要是人們心中存有惡念或是要將穢物帶入山中，那麼善天狗就會對他們惡作劇，使其恐懼。

另一方面，生前傲慢且懷有惡念的僧人則會成為「惡天狗」，妨礙其他僧人的修業，意圖使他們和自己一樣墮入天狗道中。

❖天狗的種類

①鞍馬天狗

鞍馬山（京都府）中，棲息著被稱為「魔王大僧正」的天狗。這天狗是鞍馬寺中的本尊多聞天祇在夜晚時的樣貌，具有除魔招福的力量，與棲息於京都愛宕山的「太郎坊」並列為日本最大的大天狗。此外，鞍馬山的天狗，也因教導牛若丸（後來的源義經）各種武術與兵法而馳名。

鞍馬山是日本最多天狗聚集的地方。據說不管山中任何地點，無論是樹蔭、草叢或樹葉縫隙中，都住著天狗。即使到了今日，鞍馬山依然是代表性的天狗崇拜地。另有一說，鞍馬天狗被稱為「魔王尊」（サナート・クマラ），身負指導人類救援的偉大使命，而被當成靈王對待。傳說中，它的外表永遠都是少年的模樣。

②大天狗（鼻高天狗）

天狗中，具有最強神力的大天狗，因為面貌赤紅且鼻子高長，所以也被稱為「鼻高天狗」。據說是因為它將所擁有的智慧（知識）與技能（超能力）都貫注在鼻子，因心感自滿，才變成了長鼻子。但也可能是由於教導人們劍術、賦予超人力氣，或是授與超能力等，因為喜歡教導別人而被稱為大師，於是鼻子就愈來愈長了。

人們開始認定天狗的鼻子長，是從室町時代後期開始的。將雅樂（朝廷正樂）所使用面具中的胡德面，當作假想的模樣。另有一種說法認為，將長長的鼻子作為除魔的治動面^{編補1}藍圖。

大天狗的模樣，據說也是有著長長白色鼻子的老人，留著長髮，穿著山伏（修行者）的服裝，腳穿單齒的高木屐，手持團扇招喚強風，或是在空中自由飛翔。背部曾長有一對巨大翅膀，但隨著後世流傳則慢慢消失不見。天狗之所以為山伏的模樣，是因為在鄉間里人的印象中，山伏們會在深山裡進行超乎想像的修業，而具備超乎常人的力量，因此成為天狗模樣的想像來源。此外，天狗似乎也與忍者的起源有關。

③烏天狗

烏（鴉）天狗也被稱為「小天狗」。《源平盛衰紀》記載，因為住吉神的神諭，而在天狗中，區分出「大天狗」與「小天狗」。大天狗被稱為「魔王」，後人則把小天狗想像成大天狗的部下。烏天狗也有著看似鷹或鳶的面貌，眼睛發出金光，有著尖銳的喙，兩腋長有一對翅膀，能在空中自由飛翔。外觀則是穿著山伏裝束的半人半鳥姿態，分成穿著高木屐和赤腳兩種。使用刀或長槍等武器，有時也會攻擊人類。

看似強悍的烏天狗，由於神力不如大天狗，所以有時也會敗給人類。因為高僧之法力而失去神力的烏天狗，會變身為馬糞鳶（一種大型鳶）而倉惶逃走。

烏天狗的臉是從迦樓羅面（印度的Garuda神）而來，身形則是根據佛教中的夜叉飛天，並混合日本最大的馬糞鳶而成。

編補1 治動面：伎樂的面具之一，是伎樂中主要負責導路的角色。

④木葉天狗

《諸國里人談》**註2**記載，靜岡縣人將烏天狗的同伴稱為「木葉天狗」，並在大井川見過其蹤跡。一到深夜，就會如鳶一般，展開長約一・五公尺以上的雙翅，飛過水面，或在水面捕魚。一旦感覺到人的氣息，就會馬上飛走。

木葉天狗的頭目在呼喚手下時，會把扇子像羽毛一樣張開，並發出「嘿嘿」的叫聲，而它的手下也會以「嘿嘿」的叫聲回應。

《甲子夜話》記載，木葉天狗並不是鳥，而是一種狼衰老變白之後，名為「白狼」的東西，後被當成木葉天狗的化身。此外也傳說，木葉天狗其實就是沒有術（神力）的天狗。

⑤狗賓

有著狗嘴、狼貌的天狗，就稱為「狗賓」。據說被當作大天狗與小天狗的使者，會在山中發出「歐咿歐咿」的聲音。人們若想進到有天狗居住的深山裡工作時，天狗就會發出有如砍倒大樹一般的怪聲音（即天狗倒，請參山靈）來嚇唬它們。這時就要供奉一種名叫「狗賓餅」的貢品來安撫它們。近年來，由於地方不同，狗賓變成了烏天狗等一般天狗的泛稱。

⑥飯綱系的天狗

在真言密教的荼吉尼天（請參護法）的故事，誕生了另外一種飯綱系的天狗。據說這類的天狗頭髮蓬鬆，模樣有如背後有著火焰燃燒的不動明王型，不但有翅膀、鳥喙，四肢還有蛇纏繞，並且拿著劍，是乘坐著白狐的烏天狗模樣。人們相信，這種天狗具有賦予人類使喚狐靈的力量，保護人民不受火災等災害。在長野縣飯綱山、靜岡縣秋葉山、東京都高尾山、群馬縣迦葉山等地，以「飯綱權現」的名字作為信仰的對象。

⑦西南群島的天狗

天狗信仰的最南端是在鹿兒島縣的西南群島。在這裡，天狗的樣貌被想像成是鬼或樹木的精靈等。在吐火羅列島或種子島則稱為「加藍坊」（ガラン坊），會對割草人或採竹人挑釁及惡作劇。「加藍」也意味著妖魔所住之地。此外，在屋久島則被稱為「一品寶珠權現」，也被當成大王杉

註2 諸國里人談：寬保三年（西元一七四三年）菊岡沾涼所著的地方誌。

（繩文杉）的樹精，或是神武天皇的父親（海幸彥）的亡靈。

❖天狗的超能力與怪異現象

天狗具有以下各種超能力或技能：

①幻術

消失蹤影；幻化出自己的幻影；變成僧侶、老人、美少年、鳥、狼……；讓人以為某處有佛或菩薩的身影；使人看見虛幻景色；丟落大石頭；欺騙人家是包子而使人吃下馬糞；使人聽見山的鳴動或是樹木倒下等幻聽。

②移動能力

能抱住一個人瞬間飛行數百公里，幾乎接近瞬間移動，但也可以靜止在空中。

③念力／魔術／預知能力

從空中降下石塊或沙雨；用天狗扇（羽毛團扇）捲起強風，使建築物毀損；用扇子在空中飛行；用扇子引起火災（傳說江戶和大阪的大火就是天狗的把戲。《甲子夜話》）反之，也能撲滅火災；能依附在人類身上，隨意操控；能預言未來；能判讀人心。

④製造武器

製造飛鏢（手裏劍）、槍支（鐵砲），傳授給各地忍者。

此外，也會使用以下能力，在人前展現各種怪異現象。

①天狗擄人（天狗さらい）

江戶時代，每當有小孩子無故失蹤時，總會被認為是天狗的把戲。傳說天狗總是偷偷將小孩抓到某處，經過數個月，甚至數年之後，再突然放他們回家。根據被抓走的孩子們敘述，他們是瞬間飛到空中，開始移動，欣賞日本各地名勝古蹟，或是被教導各種術法及知識。雖然難以相信，但這些孩子們卻能流暢地說出從沒見過的事情，或是一些如果沒有親自到過那個地方，就不會知道的事情。

文政年間（西元一八一八年～一八三〇年）的江戶，有個名叫寅吉的孩

童，在他七歲時被天狗抓走，事後從他口中說出的話，都讓大人們極為驚訝，並且成為當時的熱門話題。聽到這些傳聞的平田篤胤，從寅吉口中直接問出與天狗生活的一切，並記錄在《仙境異聞》中。

②天狗碎石（天狗礫て）

如果有人將不潔之物帶進天狗棲息的山中，天狗就會生氣並對他採取報復。有時它會警告要降下石塊雨，但有時這也只是幻影，即使下了也不會掉到地面、即使掉到河裡也不會出現漣漪。另外，如果在天狗所在的山裡搭建小屋，那麼整個小屋就會搖晃起來。

③天狗笑（天狗笑い）

當人類入侵山林時，它就會突然「咯咯咯」地放聲大笑來嚇唬人類。如果人們不肯回頭，它就會笑的愈來愈噁心；但要是反笑回去，天狗就會笑的更大聲。它的特徵是，你永遠看不到它的蹤影。

④天狗火

夜裡，天狗會點亮如同燈籠一般的火下山來捕魚，等捉到河裡的魚之後再回去。在闃黑的山林裡，就如同火球般飛來飛去，而這也被稱為「松明丸」。（《百鬼徒然袋》記載）

⑤天狗松

不論是分成兩半的樹枝，或是有著大塊突起並且適合坐下的松樹，都被

中國的天狗

天狗原自中國傳入日本。在古時中國，傳說天狗是有著狸（山貓）或獾等外貌的妖怪。這類天狗，是還沒結婚就死去的人所變成的惡靈，它們會抓走剛出生的嬰兒並殺掉他，目的是想取代這個嬰兒，重新再回到這個世上。具有這類特性的天狗外貌，可以從《山海經》或《本草綱目》中得知。

在司馬遷的《史記》及西漢史書《漢書》中，天狗被當成是會對地面帶來災禍的兇星（引起壞事的徵兆），只要它一出現，不是天下大亂，就是會有大事即將發生。

日本除了受到中國天狗的影響之外，也混了佛教的要素，而創造出獨特的天狗像。

稱為「天狗松」。傳說這些松樹就是天狗休息的地方。偶爾會從這類松樹的枝頭，傳來笛子或是大鼓的聲音。如果砍傷天狗松，就會被天狗狠狠地捉弄。

⑥天狗的相撲場（天狗の相撲場／天狗の土俵）

夏天山中繁茂的草地上，會出現十幾坪左右的苔地、砂地，或是在林地裡，會有地表露出，形成一塊小平地。人類若是來到這裡，就會有天狗來挑戰相撲。

（だいだらぼっち）

大太法師

身體異常巨大的人類，也就是巨人的由來，其實在世界各地都有類似的傳說。日本也有身子可達雲端、名為「大太法師」的巨人傳說。它的外型與普通人類相比，並無太大差別，但身形從數百公尺，到可以坐在富士山、用駿河灣洗手的大小都有。

巨大的身體與怪力

《常陸風土記》中，有著描述大太法師巨大身形的記載。內容提到，它所能吃掉的蛤蜊，足以堆成一座山丘，足跡長達三十餘步（約六十公尺），寬達二十餘步（約四十公尺），就連小便的痕跡都有二十餘步左右。甚至連尿水所沖擊出的洞穴大小都能加以計算，確實相當不得了，由此也可推想而知，它的確具有非常驚人的大小。

大太法師令人驚異之處，除了巨大的身形外，就是它孔武的氣力了。而富士山就是證明它們可怕力量的證據。

日本最高的富士山，傳說就是大太法師從近江（滋賀縣）地面挖掘土壤搬運堆成的，而挖掘後的窟窿就成了現今日本最大湖「琵琶湖」。而大太法師使用籃子或藤蔓在搬運土壤途中所掉落的土塊，就成為富士山與琵琶湖之間大大小小的山脈。

　　當然，還有其他有關大太法師的驚人傳說。例如某個大太法師曾嘗試堆砌一座比富士山更高的山（雖然中途遭遇挫折）。這個大太法師為了想讓秋葉山**註3**（靜岡縣）在高度勝過富士山，於是在夜裡拚命用圓鍬挖土，將土運到秋葉山所在地堆積。天亮之後，與富士山一比，發現還是自己的山比較低。它一生氣就用腳踢掉最後堆上去的部分土堆。傳說它所挖掘的窟窿，就是現今的「濱名湖」；而右腳踢掉的部分土堆，則成為「大崎湖」的邊岸，左腳踢掉的部分土堆則成為「村櫛湖」的邊岸。

　　當這些大太法師懷抱熱情想做些事，卻不能如原本所預料時，馬上就會生氣起來。它們常會撥散土壤、破壞大地，傳說八岳山、榛名山、妙義山等山頂有著怪異的形狀，就是它們生氣時所造成的。

　　它們不但能造山，另一方面也流傳它們會使用其巨大身體及怪力，幫助遭遇麻煩的人們，進行土木工程。接著，我們將介紹其中一個它們幫助人們的傳說，也就是東茨城郡內原町大足的大太法師。

　　據說從前這個地方的陽光是來自西南方，但卻偏偏在西南方有座高山，於是終日有大半時間都無法照到陽光，也因此讓農作不豐；不要說是冬天了，每年只要一過了夏天就變得非常寒冷。這讓地方村人感到非常困擾。知道這件事的大太法師，就幫它們把山移走了，而被移走的山就是今日的「朝房山」。只是，山雖然被移走了，但大太法師在搬移時所留下的指頭痕跡，卻變成十個水池，每遇下大雨的日子就會引發洪水。溢出來的水匯流成河，河的前方出現了大沼澤，而這個沼澤就是現今位於水戶市的「千波湖」。

　　但它們的工作似乎只限在晚上。因此與其說它們是神，可能更類似是妖怪的同伴。

註3　秋葉山：祭祀名為秋葉大權現之驅除火災的天狗神的山，相當有名。

大太法師的足跡

要了解大太法師的身形大小或是它們活動範圍的線索，就得靠著它們留存至今的足跡，只是所留下的並非完整的足形就是了。

在關東、中部或近畿等地區，相傳分布許多留有它們足跡的地點。這些地點大多因積水而成為池塘或沼澤，其由來有各種傳說。

雖然想要搬運土壤，但是沒有可以用的藤蔓，而踩著「地團駄」⓵4時所造成的「陣陀羅沼」（じんだら沼），或是造山（長野縣的綱繩山）時所出現的池子（大太法師池）等，就是很好的例子。

民俗學者柳田國男也在其著作⓵5中，也提到有關這種足跡的例子。他寫到，大太法師們也會在東京附近走動。在東京涉谷的笹塚地區，就留有窪地形狀，長度約一百間⓶2的足跡。如果跟真站在那裡的大太法師相比，新宿的超高大樓群，看起來應該很小吧！

❖手長腳長（手長足長）

在東北，也流傳類似大太法師的巨人傳說。鳥海山傳說曾住著一個名叫「手長腳長」的巨人。據說非常地不友善，常用手腳攻擊往來於日本海的船隻，並抓人來吃。即便是山麓裡的住民或旅人也難逃魔掌。由於山谷間埋著被吃掉人的骨骸，因此這裡也就被稱為「地獄谷」了。

了解此事之後，出羽國的「大物忌神」便差使靈鳥在手長腳長出現時，加以警告。出現時就叫著「有呀」，

⓵4 **地團駄**：為「地踏鞴」的轉意，與「風鼓」是一樣意思。
⓵5 柳田國男的著作《第一個小孩與其他人》之中，有〈大太法師的足跡〉這一項。
⓶2 **一百間**：一間（約六尺）近似於十八公尺。一百間約一千八百公尺。

若沒出現則叫著「無呀」。而這也是現今位於鳥海山山麓的三崎天巔，古時名為「有耶無耶關」的典故由來。

　　雖然靠著靈鳥發出警告，救了大家，但神明仍不能原諒巨人仗著自己手長腳長就對人類施暴的行為。於是大物忌神便從天空降下火焰（指火山爆發），燒毀了鳥海山，而當時飛散於日本海的，就是現在的「飛島」。

山男　大人

（やまおとこ）（おおびと）

　　雖然稱為「山男」，但並不是熱愛山林的登山者。在日本有名為「山男」、「大人」等著名的巨人。和大太法師那種高度可多到二公尺左右的身形相比，它們的尺寸仍有相當大的空間。外觀與人類相去不遠，通常為裸體，僅包裹樹葉或樹皮。在此介紹幾個種類：

❖山巨人（キムンアイヌ）[譯補1]

　　傳說居住在北海道十勝、日高地區的山男，身高約為一般人的三倍（約四、五公尺），全身長滿毛、暴牙，有著連熊都能被它輕易捏碎的怪力。

　　據說這種山男常常吃人，這讓愛奴人遭受到莫大的威脅。但另一方面，由於山男非常喜歡菸草，因此遇到山男時，只要讓它們吸菸草，山男就會高興的放過你，並且什麼都不做就離開。甚至，後來有人會收到山男的大斧

譯補1　キムン在愛奴語中是山的意思；アイヌ則是人類的意思。

頭當作禮物，但那可是巨人用的大斧頭啊，普通人根本不可能會使用的。

　　山男平常都棲息在洞窟中，但並非躲藏。冬天會穿著雪輪（一種雪橇鞋）四處走動。聽說山男只會留下一半的足跡，所以很快就會知道山男在附近。此外，它還會帶著樣貌與狼相似、名為「山犬」（キムン・セタ）譯補2的狗一起走動。

❖大人（おおびと）

　　流傳在津輕地方（青森縣）的巨人，也算是鬼怪的一種。津輕原本就是鬼怪傳說很多的地區，這裡流傳著許多像是坂上田村麻呂在蝦夷征討中所看到的惡路王（另一名為「阿弖流為（あてるい）」）等鬼怪傳說。但是在這個地區，並不將它們當成邪惡鬼怪，而是親密地稱為「大人」。

　　例如住在岩木山的大人，對附近的村人來說是可怕的存在，但也傳說它與部分人類有親密來往。例如會幫忙開墾水田、提供進步的製鐵技術，用岩木山所出產的鐵註6來製作許多農具，提供給村人。這農具至今依舊被供奉在山麓的鬼神社中。

❖大人彌五郎（大人弥五郎）

　　如同住在南九州的大太法師一樣，「大人彌五郎」也是會造山或沼澤的大人，暱稱為「彌五郎兄」。目前在岩川八幡神社的祭禮中，也以五公尺大的人偶的姿態登場。據說它是隼人征伐的事件中，被日本武尊打敗的人。此外，也傳說武內宿彌就是彌五郎。

❖山女（やまおんな）

　　既然有山男，當然也就有山女了。它們也是巨人族的一員。

譯補2　セタ或シタ在愛奴語中是狗的意思。
註6　以前東北地方曾經是世界上最大的鐵出產地。因此自古以來就有進行製鐵的人。蝦夷征討或許就是以這些鐵為目的的侵略也不一定。

山姥（請參山姥）被當成是它們的同伴，特徵是身長在二至三公尺以上，披頭散髮，長髮拖地。但還有一說，其實山姥是相當漂亮的女人。此外，據說也有嘴巴裂到耳根的山女（和歌山縣熊野）。

小人

有關日本小矮人的傳說似乎相當少。即使如此，以「一寸法師」為首的小人們的故事，還是以各種形式流傳著，廣受人們喜愛。在這裡，我們從中挑選出被認為是棲息在山上的小人來做介紹。

❖葉矮人（コロポックル、コロボックル）

所謂「葉矮人」，在愛奴語中指的是「住在款冬葉下的居民」。它們是流傳在北海道等愛奴人所居住的土地上的小人。另外也傳說它們有住在千島群島或庫頁島，分別被稱為「托意塞克恰卡姆伊」（トイセコチャッカムイ）、「托意塞烏索克魯」（トイセウソクル）。從這幾點來看，也有一說指出，它們比愛奴人更早移居到西伯利亞，是實際存在的民族。

傳言葉矮人就像西洋的妖精小矮人一樣，身高很矮，如同人類嬰兒一般。每當下雨時，會看見它們在款冬葉下躲雨，因而有此稱呼。據說在款冬葉底下可以排上十個葉矮人。或許有人會懷疑，因為即便是人類嬰兒，也不可能在款冬葉下排上十個。只是北海道的款冬葉相當大，甚至有些還可以讓一、二個大人輕鬆躲雨。

葉矮人的感覺極為敏銳，十分聰明，動作迅速靈敏，擅長狩獵及釣魚。它們的見聞廣博，據說愛奴人的女性之所以會在嘴巴周圍刺青，也是葉

矮人教的。葉矮人與愛奴人過著以物易物，互相幫忙，相處友好的生活。但卻生性害羞，似乎不喜歡被眾人看見，是個不擅猜忌人心的種族，因此愛奴人也小心翼翼地不去傷害葉矮人們。

　　但如今已不見它們的蹤影，傳說是因為有個男人拐走葉矮人中的一個美麗女孩的原故。這件事情讓它們徹底傷心、失望，因而消失不見蹤影。

❖袍奇（パウチ）

　　「袍奇」與葉矮人同樣是流傳在北海道的妖精小人，但與葉矮人並不相同。這些袍奇是邪惡的小人一族，有時會依附在人類身上，一旦被袍奇依附的人類就會發狂似地脫光衣服，開始跳舞。過去曾被稱為「袍奇神」，據說它們做衣服的手藝，那真是誰都比不上，就連眾神也穿它們做的衣服。此外，在大雪山入口，有個名為「層雲峽」的地方，在那有許多奇怪岩石相連，傳言這就是袍奇們的城堡。

❖一貫小僧（いっかんこぞう）

　　它們是小和尚模樣的矮人。穿著袈裟，手裡拿著佛珠。棲息在鳥取縣大山地區後方的蒜山，直到昭和時期，都還有它們存在的傳聞。
　　會在登山者面前，以念誦經文的方式出現，但是只要一跟它們說話，就會消失。

❖ 追人小僧（後追い小僧）

　　有時大白天走在山裡，會感覺好像有誰跟在後面，一回頭卻發現連個影子都沒有。通常都會以為是自己想太多，但有時可能是「追人小僧」從後面追著你呢！

　　追人小僧總是一語不發地保持沉默，當你一回頭，就會發現它正躲在一旁的樹木或岩石暗處。它的外表看似四至十歲的小孩，但某些時候，看起來也像十五歲左右。身上穿著簡陋的衣服、毛皮，並會將襤褸蓆編補3裹在身上。它並不會加害於人。有時也會像要帶路似的走在人類面前。

　　據說在白天出現的機率很低，但一過中午，出現的機率就會愈來愈大。儘管是在白天，一旦經過荒蕪人煙的深山，遇到追人小僧仍是件可怕的事，更何況出現在眼前的竟是一個小孩，這應該更讓人毛骨悚然吧！本書雖然就外形將追人小僧歸類在小人類，但是就它的性質來說，應該是屬於山的精靈（神奈川縣丹澤山系）。

（ふうじん）　　　（らいじん）

風神　雷神

❖ 風神（ふうじん）

　　能夠登上天際的恐怖鬼神，那就是「風神」了，與「雷神」是成對的存在。而風神雷神圖在日本是相當廣為人知的。

編補3　襤褸蓆：藺草編成的草蓆。

　在日本有幾位風的神明，例如級長津彥就是當伊邪那岐吹散了覆蓋日本的大霧時，從其氣息中產生的神明；而龍田風神則常常在颱風季節受到人們祭祀。

　此外，天照大神的弟弟須佐之男，也具有颱風般的性格。須佐之男具有從海上來破壞大地，然後再回到海中的特性。

　須佐之男的父親伊邪那岐命令它統管大海，也是擔憂祂會擾亂大地人民的原故。

　此外，每當須佐之男四處破壞地表及高天原，天照大神就會藏身在天之岩戶，這應該也是以暴風作為背景^{譯補}3。這種帶來狂暴災害的風神，不僅

<hr>

譯補3　天照大神是日本的太陽神，因此當須佐之男搗亂時，天照大神就會隱藏在天之岩戶中，象徵太陽在風暴來臨時躲起來一般。

可怕，更會威脅生命，因此在人們心中就漸漸改變了對祂的觀感，而愈來愈像鬼怪的樣貌。這就是風神的由來。

　　風神的外表讓人望而生畏。長髮如大浪般聳立，拿著裝有風源的巨大皮袋又開又闔，到處散布暴風。

　　風神並非只是代表在一個大範圍內支配風的神明。在小地方也有興風之神。宮澤賢治的作品《風三郎》也是以描述流傳在新潟或東北地區的風神──風三郎為其範本。

　　對於帶來強風的神明，人們用所謂「薙鎌」（ないがま）編補4、「風切鎌」（かざきりがま）編補5等方法來加以對抗，也就是每當吹起強風時，

編補4　薙鎌：將鎌刀立於屋頂上。
編補5　風切鎌：將鎌刀放在竹竿頭或是屋頂上。

就會在家裡的柱子或竹竿上豎起鐮刀的作法。人們認為，如果風神猛戾地四處飛行，就會被先前豎起的鐮刀割傷而減弱風力。此外，人們也認為風箏像鐮刀一樣，具有割傷風神的作用。在王子的稻荷神社（東京都），每年一到正月就會進行「風切風箏儀式」（風切り凧の神事）。冬天的火災較多，在江戶時代，常因強風不斷吹襲，使得火勢四處奔竄，釀成災害。江戶市內之所以會發生火災，就是因為季節風向的關係，但從表面看來，風勢就像是從王子稻荷方向吹過來的，因此才在王子稻荷舉行驅除火災的祈禱。

❖雷神（らいじん）

與風神如出一轍，雷神是荒暴神明的代表。祂會從天空對地面降下閃電**註**7與雷鳴。

雷神的外表相當具有特色。穿著虎紋兜襠布，背著撥浪鼓串連而成的輪太鼓。憤怒時的形象甚為勇猛，當祂用筋肉鼓漲的手臂揮舞手裡的啞鈴鼓槌**註**8時，輪狀的太鼓就會發出震耳欲聾的雷鳴。一頭怒髮衝冠，赤紅色的皮膚有如雷火一般，而頭上長出的牛角會浮現在雷光之上。

面對如此恐怖的雷神，人們也只能祈禱。為了平息雷神的怒氣，人們建造了許多神社，其中以賀茂別雷神社（位於京都府）最具代表。對於那些不習慣祈禱的人，在此建議改念「桑原」**編補**6。這是因為雷通常不會落在桑樹田裡的原故。此外，雷神也被認為害怕金屬器具，不過以現在的觀點看，要是真的帶著這種東西出門，遇上打雷時，肯定是會出問題呢！

雷神的個性

雷神雖然恐怖，但令人意外地，竟也有笨拙的地方。

註7 閃電：原文為稻光。日本人將打雷時的閃電稱為「稻光」或「稻妻」，代表稻穗的丈夫（つま）（譯補：「夫」的日文假名現為（おっと），但是古日本將夫妻雙方並稱為「つま」，故稻光也稱為「稻の夫」。）。由於稻子結穗時，常常會打雷，因此被認為是雷電使稻子結穗。
註8 啞鈴鼓槌：在鐵棒或木棒兩端加上球狀物而成的鼓槌。
編補6 桑原：防止落雷的咒語。

西元五世紀左右，雄略天皇命令小子部栖輕去逮捕雷神。被抓到天皇面前的雷神，用一副憤怒的表情，射出了幾道雷光。天皇非常害怕，而要人解開雷神的繩子。

　　但是這個雷神後來又被抓到了！栖輕死去之後，墓碑上寫著「取雷的栖輕之墓」，雷神看了之後大怒，擺起降雷姿態，落到墓碑上，並加以破壞。但沒想到，祂的身體剛好就這麼卡在裂縫裡。因為這件事而再次被捕的雷神雖然馬上就被釋放，但是祂卻對自己的愚昧感到不可思議，據說竟有七天的時間，祂因羞愧而沒臉回到天上去。

❖雷小僧（かみなりこぞう）

　　也有外表是小孩模樣的雷神，那就是「雷小僧」。

　　傳聞是在敏達天皇時代，因此時間約莫在西元五八〇年左右。

　　在尾張國阿育智郡（愛知縣愛知郡）的片絕里這個地方，雷神曾經隨著打雷，從天落下。因為祂有著小孩子的樣貌，附近有個農夫，想用鐵棒打祂。雷小僧求他饒命，並且應允如果能得救、回到天上的話，就會送給農夫一個小孩。農夫答應了這個要求，於是雷小僧就請農夫用楠樹做成一艘船，順利回到天上。據說，這位農夫之後所生下的孩子，因為具有驚人力氣而出名，並且成為一間名為「元興寺」寺廟的道場法師。

❖雷獸（らいじゅう）

　　隨著打雷而來到地面的怪獸就叫做「雷獸」。《萬曆大雜書三世相大全》稱得上是江戶時代的科學百科全書。根據其記載，雷獸平時棲息在深山中，會乘著從山上產生的雷雲而來，再隨著打雷落到地面，之後又被雲包著回到天上。

　　江戶時代的著作《甲子夜話》中記載著，雷獸是隨著巨大火球一起掉落的。附近的人們雖然想抓它，但卻不是它的對手，甚至還會被它揪掉臉頰，或是遭受雷獸的毒氣攻擊而睡著。

　　信濃地區則傳說雷獸棲息在地底，稱它為「千年鼬」。如同名稱一般，

外表像是鼬鼠，全身覆蓋著灰色的毛。江戶時代，兩國等地開設了不少展示小屋，其中雷獸也被當成實際存在的動物來展示。但據說是以真的鼬鼠或獾等動物，來加以改扮。

也有其他說法認為，它完全是怪物的外型。

元祿時代（江戶時代）隨著降雷而落到地面的雷獸，傳聞它的外表是深褐色，大小約二公尺左右，二隻前腳，四隻後腳。有著如同山豬一般的長牙，腳趾長著水晶一般的爪子，腳趾和腳趾之間還有蹼。（越後國：新潟縣）

（さんれい）

山靈

日本各地有許多被人類崇拜並加以祭祀的聖山，其中以富士山、比叡山、三輪山尤其有名，在《古事記》等神話中各自記載了眾神的住所**註9**。當然在其他高山或靈山裡，也住著各種的神或雜靈。

這些眾神或眾靈，為了禁止人類進入它們的聖地，會發出警告或是降下報應在人們身上，予以嚇阻。有時會發出怪聲音，有時則會發出噁心的叫聲或笑聲，甚至還會現出妖火……這些作為都是為了讓人類感到害怕而不能輕易接近的原故。

此外，山也是死者靈魂聚集、所謂「最接近來世的地方」。因此山也就成了死靈遊蕩的恐怖異域。

註9 聖山的眾神：傳說富士山有「木花開耶姬」；比叡山有「大山咋神」；三輪山則住著「大物主神」。

❖ 聲之怪（声の怪）

在山頂大叫時所聽到的回音，日本人稱之為「木魂」（こだま）。現今我們會以自然現象來解釋它，但真的是這麼回事嗎？

從前日本人把這種現象稱作「山彥」或「幽谷響」，把它當成是木魂（請參木魂）的一種，或是「天邪鬼」（請參天邪鬼）的把戲。在鳥取地方則稱之為「呼子」或「呼子鳥」，被當成是專門負責回應人類叫喊的妖怪。其實不管是哪一種，都會模仿人類的聲音叫回去。

相對地，還有一種是我們不出聲卻會主動喊叫來引誘我們的妖怪。一般人們認為這是山彥的同伴在作怪，但如果真的遇到了，可是相當危險的事情，甚至還會攸關性命，因為通常只能聽到聲音而不見身影，即便是想要應付都很困難。

例如長野縣的「晦日呼」（ミソカヨーイ）就是這樣。在大晦日^{譯補4}這天山上工作的話，就會從身後傳來「晦日呀～」的叫聲。雖然想要回頭，但無論如何脖子就是轉不過來。

此外，人們如果在山裡「呀呀」的叫，山就會以「呀呀」的聲音回叫回來。這點跟山彥並無太大不同，但聽說最後就會變成大聲喊叫並且被殺害。這時只要敲擊破掉的鐘，就能避免這種事情發生。這種妖怪在福岡縣被稱為「山吼」（ヤマオラビ）^{註10}，在佐賀縣則被稱為「吼宗家」（オラビソウケ）。

最可怕的一種，大概就是愛奴人所流傳、名為「呼怪」（カヨーオヤシ）的妖怪。它會主動用「喂～」來叫人，如果不小心走過去，就有可能被殺。

❖ 音之怪（音の怪）

深山裡的旅者或樵夫，有時會聽到不該聽到的怪聲音，例如只要一出

---

^{譯補4} 大晦日：指的是十二月的最後一天，相當於農曆除夕。
^{註10} 山吼（ヤマオラビ）：在九州地區的方言裡面，日文「オラブ」是大聲喊叫的意思，所以才有這種名字。

聲，身後就會傳來大樹倒下的聲音，或是在一片寂靜中，卻聽見身後有如山崩轟轟巨響的聲音。一旦小心翼翼地走到發出聲音的地點，卻什麼都沒發現。這種怪聲音即便在大白天也能聽見，甚至有時還會好幾個人一起聽見。真正的情況沒有人知道，但是人們想像了各種原因，並賦予它名字。

①古杣（高知縣）：會隨著「要倒囉～要倒囉～」的聲音而聽到樹木倒下的聲音。這是大樹底下的亡靈所發出的喊叫聲。

②天狗倒（天狗倒し）、天狗鞣（天狗なめし）、空木返（空木がえし）（日本全國）：會發出大樹倒下的聲音，或是斧頭砍樹的聲音。這是天狗的戲法。

此外，山林裡的眾神有時還會讓人聽見人聲或樂聲，這就叫做「山歌舞」（山囃子）。當人睡在山中小屋時，會聽到遠方笛子或太鼓的聲音。據說有一次，有幾十個人同時聽見這個聲音，所以應該不是出現幻覺或幻聽。科學家中，也有人承認這種現象，但認為這只是一種氣象學上的特殊現象。

❖妖火

山林裡的眾神不止會嚇唬人類的耳朵，還會嚇唬人類的眼睛，那就是暗夜裡看到漂浮在空中的火光了。

人們在黑夜裡看見火光，直覺上會認為是有人在生營火，而放心前往，一旦發現那不是人類所升起的火光，那麼恐懼對人們的襲擊就是無止盡的了。尤其山中雨後夜晚所出現的火光，可是被稱為「魔火」的恐怖現象。在竹原春泉齋的《桃山人夜話》➊11中，就留有在木曾山曾有此現象發生的記載。這種現象稱為「老人火」，會有老人隨著火光出現。這老人並非人類，對火光澆水也不會熄滅，但據說只要用獸皮打它就會消失。

有時也會從火光中浮現人的臉。這是流傳在山形縣的故事。出羽地區的湯殿山是修行悟道的聖山。參拜這座聖山的歸途中，會從杉木林裡出現團團火焰，而這些火焰就是被稱為「山火」的鬼火（請參鬼火）。而且不會

➊11 桃山人夜話：是記載日本各地傳奇故事的故事集。（天保年間著作）

只出現一張人臉，會一張又一張接連地跑出來。甚至每一個火光裡所浮現的人臉，還會一起發出呵呵的笑聲。

此外，在江戶時代的古文書《夜窗鬼談》中則記載了，如果在水無瀨山的水池裡抓了水鳥，就會受到山神加害。這時山神會變成浮有人頭的鬼火來攻擊人類。傳說薩摩守仲俊曾經將其制服。

❖吸肉鬼（肉吸い）

對一個曾有過在山中獨自行走經驗的人來說，如果問他遇過最恐怖的事情是什麼？通常得到的回答都是：「遇見陌生人吧！」因為你完全不知道遇到的人會不會害你，況且山裡杳無人煙，即便疾聲大呼，應該也不會有人聽見，而且這眼前的陌生人也可能是凶惡的山神或妖怪幻化成人類的樣貌出現也說不定。

據說「吸肉鬼」是住在和歌山縣果無山的妖怪。那是一個下午，某個獵人因為追捕獵物而進入深山裡，當時有個一眼看去大約十七、八歲的美麗女孩坐在岩石上，可是在這樣的深山裡，應該不會有人才對，但它卻慢慢地把手伸向了獵人，臉上還帶著微笑……。其實這個女孩就是「一旦人類被它觸碰到，全身的肉就會被吸走」的恐怖怪物。這個故事最後在人們之間，以「無名獵人遭受攻擊，但在千鈞一髮之際逃走了」的結局流傳著。此外，似乎也流傳有獵人用刻著「南無阿彌陀佛」的子彈打向吸肉鬼的故事，但是才剛瞄準，它就消失了。在南方熊楠的著作《南方隨筆》中則記載了明治二十六年，有個郵差遇到吸肉鬼的事情。這時只要點亮火繩，吸肉鬼就會消失。

❖油澄（油すまし）

據說在熊本縣天草群島‧上島的山路上，會出現有著大平頭、名叫「油澄」的妖怪。傳說這個妖怪是偷油的人死後亡靈所變成的，因為總是提著油瓶，一臉事不關己的表情，所以才有了這個名字。會全身覆蓋在簑衣之下，撐著枴杖走路。

傳說某天，有個老婆婆跟孫子一起走在山路上。老婆婆突然想起了油澄的故事。於是她就說了：「以前這裡好像會出現提著油瓶的妖怪喔！」結果，油澄就出現了。

此外，鄰近的下島也有以同樣方式出現的妖怪，它的名字叫做「現在也有」（イマモ）。只要旅行者走在山路上時說：「以前這裡好像會出現沾滿血的人手喔！」周圍就會傳來：「現在也有！」的聲音，然後滴著血的手掌就會從山坡上滾下來追人。當旅行者嚇得拚命逃走，而想在半路上暫時休息一下時，要是又不小心說了：「這裡好像會有人頭掉下來喔！」就會再次出現：「現在也有！」的聲音，並且掉下人頭。

（こだま）
木魂

森林有兩種面貌。陽光灑落的蒼翠綠葉能安撫人心，但是在蓊鬱的森林內部，也有著即使是白天，仍舊暗無天日的地帶，就像在警戒入侵者一般，空氣裡凝聚著凜冽的空氣。樹上的鳥兒有時會因為無法忍受那種緊張，而突然高聲鳴叫。凡是進入森林深處的人，都會感受到一股彷彿是入侵者般地忐忑不安。

此外，明明是一個人都沒有的森林，卻會讓你感覺到好像有某個東西，或是誰正在看著你。懸浮的冷氣吹過你的脖子，更是增添恐怖的感覺。確實，這是因為有著看不見的監視者的關係。

據說森林裡的古木寄宿著精靈，人們便將這種精靈稱作「木魂」或是「木靈」。

作為自然守護者的木魂

　　木魂選擇寄宿的樹木大多生長在禁止進入的聖地裡，能驅逐入侵者的進入。當整座山都是聖地時，則稱之為「禁入山」（イラズ山）、「詛咒山」（タタリ山）、「上山」（アゲ山）或是「伊勢地」（イセチ），據說是不能進行山上工作的可怕山區。一旦違反禁忌，大膽侵入聖山，恐怖經驗、受傷就不用說了，最糟糕情況，還可能因此而丟掉性命。因此經營林業的人們，即使在聖地以外，也因懼怕詛咒，而舉行木靈供養。

　　木魂有時會變成從樹木游離出來的怪聲音、詭異火焰，或是野獸人類的樣子**註12**。當木魂以這種模樣出現在人前，就代表著它已經準備要提出警告或訓斥了，例如出現在聖地被侵犯，或是自己寄宿的樹木要被砍伐的危機情況下。對於要砍伐寄宿有木魂的樹木的人，它會變成人類的樣貌出現在夢中。由於關係到自己的生死，所以木魂會努力勸告。如果聽從勸告，就會得到某些回禮，但如果是怎麼樣都說不聽的人，木魂就會毫不客氣地施加詛咒了。會對破壞自然的人給予天譴的，就是木魂了。

❖神木

　　神社或寺廟中的樹神（神木）也被稱為「古多万」（こだま），意指在神社或寺廟周圍的森林中的所有精靈。

　　被神聖崇拜的樹，是神明從天上來到地面的通路。也有可能是神明寄宿的憑代（よいまし）**註13**或暫居，尤其神社境內的樹木、祭祀山神的樹木、樹幹分成二枝或三枝的樹木，都被當成神木。

　　在日本最古老的書《古事記》中，記載著有一位名叫「久久能智神」（くくのちのかみ）**註14**的樹神。所謂「久久能智」就是木靈的意思，與山

註12 人類的樣貌：也有木魂愛上人類，變成人形去見愛人的故事。
註13 憑代：指神用以降臨地上的媒介。
註14 久久能智神：是由開天闢地的創造神「伊邪那岐命」（いざなきのみこと）與「伊邪那美命」（いざなみのみこと）所生下的神。其兄弟姊妹有「志那都比古神」（しなつひこのかみ）、山神的「大山津見神」（おおやまつみのかみ）、原野神的「鹿屋野比賣神」（かやのひめのかみ）。

靈（巨蟒）、雷靈、水靈（蛟‧水虬）、野靈（野椎‧野槌）等，同樣都是從古代所流傳的精靈之一。

在繩文時代，人所崇拜的是森羅萬象中所有的精靈。所謂「靈」應該是從繩文時代就有的用詞，並將靈的行動與力量稱為「チ」、「タマ」、「モノ」、「ミ」或「ヒヌシ」^{編補7}等而加以敬畏。

❖ 樹嬰（オゴメ）

在伊豆七島的三宅島上，有名為「樹嬰」的精靈，這或許也可以當成木魂的一種！

沒有人見過樹嬰的樣子，但卻有人曾經聽過從樹上傳來嬰兒哭泣的聲音，所以馬上就知道是它了。因為樹嬰常常會發出尖笑，所以島上居民就把這個現象稱為「樹嬰笑」。

此外，在伊豆七島的八丈島或青之島^{編補8}等地，還會在山中杉樹的巨木底下設置祠堂，稱為「樹魂樣」（キダマサマ）或「木魂樣」（コダマサマ）來加以信仰。

❖ 釣瓶火（つるべび）

在四國及九州地區，有時樹精會以火焰的形式出現。走在路上，偶而會看到垂吊在樹枝底下的藍白色火焰。

釣瓶火並不會燒到樹枝或樹葉，但據說如果一直注視著它，就會從火焰中浮現人或野獸的臉。

❖ 人面樹（じんめんじゅ）

在人煙罕至的深山山谷，存在著一種鮮為人知的人面樹，並且會開出許

編補7 中文皆為「靈」，但日文意義有所不同。
編補8 青之島：位於八丈島南方六十五公里之處。

多的花。而這些花就像人頭一樣，會說也會笑。如果笑的太激烈，有時還會因此掉落地面。因為整棵樹上開滿了像人頭般的花，並一起放聲大笑，這景象肯定是非常噁心的。

　　有關人面樹的記載，除了日本之外，在亞洲其他國家也可以發現。例如中國的仙果傳說中，曾出現一種像嬰兒一般、名為「人參果」的樹果。而這樹果也在《西遊記》裡出現過；另外，唐朝末年（六世紀左右）的《述異記》中，也有人參果存在於大食王國（阿拉伯）的西方海上的記載。

　　在印度或波斯傳說中的瓦庫瓦庫島（ワクワク島）上，據說有愛說話的樹以及長著許多年輕女孩頭顱的瓦庫瓦庫樹。據說這個「瓦庫瓦庫」是從「倭國」（わこく，古代日本的名稱）的發音所轉變來的。

　　人面樹之所以會說話、有感情，傳言是因為樹裡寄宿有精靈的原故！

中國的彭侯

　　在中國，認為樹齡超過千年的老樹，就會有精靈寄宿。如果砍伐此樹，就會在殘根中發現如黑狗一般的野獸，這野獸就稱為「彭侯」。彭侯沒有尾巴，但卻是有著人臉的妖獸。在日本的《和漢三才圖會》等書中，也可看到有關彭侯的記載。似乎木魂的同類也會以野獸的姿態活動。

（一本ダタラ）

一本蹈鞴

　　在下過大雪的山中，偶而會出現寬一尺（約三十公分）左右的單腳巨大足跡，一直延續到遠方。這是一種名叫「一本蹈鞴」的單腳妖怪行走在雪

地後所留下的痕跡。在雪國，也被稱為「雪入道」，因為是跳著前進，所以足跡也是一跳一跳地印在地面。

　　沒有人見過一本蹈鞴的模樣，但人們從足跡來想像著它應該是單眼、單腳，並有著像人類的外表。這或許是因為日本人認為住在山裡的妖怪或神明，全都只有單眼、單腳的關係。其他單眼或單腳的妖怪還包括有山爺、山精、山童、一眼小僧、一目連等，這些應該可以被認為有親屬關係吧！

❖鍛造之神與一本蹈鞴

　　一本蹈鞴的「蹈鞴」（ダタラ），傳說跟大太法師（ダイダラ法師）一樣念成「大太郎」，有巨人或巨大男人的意思。此外，也傳說與鍛造師有關。鍛造師的日文為「蹈鞴師」。所謂「蹈鞴」，就是鍛造師要熔化金屬時，用來灌注空氣的風鼓。鍛造師的工作，是今日無法想像的嚴苛勞動，長年工作下來，容易造成其中一眼的損壞，且因為其中一腳不停踩動風鼓，竟讓另一腳也萎縮了。

　　更不可思議的是，凡是一本蹈鞴曾經出沒過的地方，就有礦山的遺跡。根據近代日本偉大博物學者南方熊楠所說，一本蹈鞴一直棲息在紀州熊野（和歌山縣）的山中，不過聽說即使是在熊野，也是在妙法銅山的遺址的地方出現。

　　過去，人們曾經認為一本蹈鞴就是單眼的鍛造神──天目一箇神（あまのめひとつのかみ）淪落後的模樣。天目一箇神的別名為「天之御影命」（あまのみかげのみこと），在《古事記》中也有記載。

　　人們認為，當鍛造技術還在只有神話時代的鍛造師等少部分人才會的時代裡，它曾經受到尊崇；但隨著時代的進步，它也逐漸沒落，最後就變成了妖怪。

從前被當作神聖對象而加入祭祀的神明，若隨著時代而失去其意義，遲早會被人們捨棄，而被當成像妖怪一樣的存在，剩下的只有恐懼而已。或許一本蹈鞴只是期望著有一天能再次被當成神明祭祀，因而才在雪山中不停地徘徊吧！

❖熊笹王（くまざさおう）

下列我們將介紹有著鬼的外型的一本蹈鞴！

在奈良縣吉野郡的伯母峰，有專門抓旅行者來吃掉的單腳怪物，名叫「熊笹王」，但也有人叫它「猪笹王」。

熊笹王原是棲息在伯母峰的山豬，背上長滿了「熊笹」[譯補5]。後來被一位名叫射場兵庫的武士以火槍射殺，便成為亡靈，化身為單腳鬼來攻擊人類。幸好後來有位德高望重的高僧來到此地，請地藏菩薩封住了熊笹王。據說只在每年十二月二十日這天會放它自由。所以每年那天，人們是禁止上山的。即便到了今日，依然把這天當成伯母峰的厄日，加以警戒。戒律則用以下這首歌的形式來流傳。

「年尾的二十日別越過伯母峰啊！
　要是去了就會被一本蹈鞴吸血喔！」
「果ての二十日（十二月二十日）に伯母ヶ峰を越すな。
　越せば一本ダタラに生き血を吸われる。」

❖山爺（やまちち）

「山爺」是單眼、單腳的妖怪，外表像七十歲左右的老人是它的特徵。在四國的高知縣山中，曾有被人目擊的記載。雖然有著老人一般的外表，但卻十分有精神，牙齒也很硬朗，會獵捕山中野獸，就像是在咬蘿蔔一

[譯補5]「熊笹」也寫成「隈笹」（くまざさ），是一種竹子，冬天枯萎之後會變成白色，就像長了白斑一樣。

樣，從頭一口咬掉。除了「山爺」之外，也可以寫成「山丈」、「山父」或「山人」等。

雖然也被當成山姥的丈夫，但沒有兩人同時出現的記錄。此外，它不會像山姥一樣會殺人、吃人。相較之下，山爺的性情較溫和，個性也較穩重，因此被稱為是「會被人騙的山鬼」。

山爺的大嗓門

但像山爺這種好好先生也有可怕的力量，那就是大嗓門。它們的叫聲震耳欲聾，據說會響遍整座山，撼動天地，連樹葉都會被震落。如果當場聽到這聲音，就會被震破鼓膜而死。更令人困擾的是，山爺以它的大嗓門自豪，只要有人進到山裡，山爺就會找他來挑戰大嗓門。它會「咚！咚！」地用單腳飛跳過來，瞬間站在你面前，想逃都逃不掉。

據說獵人為了應付這種情況，會隨身攜帶刻有「八幡大菩薩的子彈」的槍彈，如果不幸遇到山爺，被它逼著比賽時，一定要照著以下的說法：

「好吧，我們就來比一下！不過有個條件，當你出聲的時候，要讓我搗住耳朵；而我出聲的時候，你要閉上眼睛。」

首先，山爺會大聲嘶吼，但是因為獵人用手搗住了耳朵，所以不論它嘶吼得多麼大聲，獵人都聽不見。接著輪到獵人，山爺遵照約定閉上眼睛，於是獵人就將預藏的那發子彈裝進槍裡，把槍身湊到山爺的耳朵旁邊開槍，這麼一來，就算是山爺，也會嚇得逃走了。

但這樣還不能放心。沒有什麼比發現自己被騙的山爺更可怕的了。隔天，山爺會為了報復而潛入了那戶人家。因為它變成小蜘蛛，所以要潛入很簡單。它會趁著對方睡覺時狠狠地攻擊它，發洩自己的怒氣。所以，如果發現蜘蛛從天花板慢慢降下來的話，只要用線把它纏住，再丟到火爐裡就可以了。

另外，在四國的愛媛縣，同樣也有類似山爺的妖怪，被稱之為「山伯」

（ヤマオジ）。據說腳異常的長，只要一蹲下來，膝蓋就會超過頭頂。

與山爺類似的單腳妖怪，在東亞可以發現不少。

東亞地區類似山爺的妖怪

朝鮮半島	獨腳鬼（トッケビ）	類似精神飽滿的野獸的妖怪
中國西南部	山蕭（さんしょう） 山繰（さんそう） 山蕭（さんしょう） 山燥（さんしょう）	身高不高，有著像鼓一般的身形。 與山爺一樣，會發出打雷般的巨響。 還有一種說法，認為它們的外表像猴子一樣。

（さんせい）
山精

單腳妖怪除了先前介紹的一本蹈鞴、山爺之外，下列要介紹其他有點不同的單腳妖怪們。

棲息在中國的單腳妖怪「山精」，據說也存在日本，但並沒有被發現的記錄。但是類似山精的妖怪，就有在日本出現。在介紹這些妖怪之前，首先從山精開始看起吧！

❖山精

《永嘉記》[注]15記載，山精棲息於中國河北省附近。外形像人，特徵為單腳，但是它的腳是向後長的。傳言山精是一公尺左右的矮人，因此在中

[注]15 永嘉記：是中國宋朝浙江省的地方誌。

國也被當成山繰的同類。

有人曾經目擊，說它常常會烤河裡的石蟹來吃，或是衝進樵夫家裡抓人來當調味料使用。要是有人存心加害它們，家中就會有人生病或是無故遭人縱火。

雖然不確定日本有沒有山精，但卻有名為山精的女神（群馬縣沼田市），人們稱祂為「十二樣」（じゅうにさま），被獵人或樵夫當成山的守護神來信仰。此外，十二樣也是個能保佑婦女順利生產的神。外形類似巨人或是山豬的模樣。其名稱的由來取自十二地支的最後一個「亥」，也就是十二生肖的「豬」，故稱「十二樣」。山神常常是山豬的模樣，日本武尊在伊吹山（滋賀縣）所遇到的山神也是山豬的模樣。

❖單腳上膊（片腳上膊）

也稱為「姬女郎」（ひめんじょろう），這個棲息在愛知縣山中的妖怪，跟山精同樣是單腳。據說有偷竊的嗜好，會偷走獵人扛在肩膀上的獵物，或是一旦穿著紙繩的草鞋，就一定會被偷走其中一腳。

❖魃（ひでりがみ）

別名為「旱母」（かんぼ），是棲息在中國的魔神，有著人類的面孔和野獸的身體。它不只是單腳，就連手也只有一隻而已。儘管如此，跑起來卻像風一樣快，絲毫不影響它的速度。

凡是魃所經過的廣大地域，都會出現旱象，因久旱不雨，導致田野乾枯，人們會相繼飢餓死去。雖然是個可恨的魔神，但只要一抓到它，立刻將它丟入混濁水中的話，很快就會痛苦地死去。

這個害人的魔神原本是個女神。遠古時代，在黃帝與大邪神蚩尤的交戰中，協助黃帝在危急關頭、逆勢突圍的，就是這位女神。不幸的是，據說它在這場戰爭中用盡力氣，再也無法回到天上，因而變成一邊帶來乾旱，一邊徘徊於大地的可悲存在了。

❖五通七郎諸神（ごっうしちろうしょしん）

　有關單腳的山鬼**注**16，道教**注**17將其統稱為「五通」或「五通七郎諸神」。在日本，將山精、魊、山繰、山丈等同樣歸為此類，加以祭祀。

　這些邪神的共通點不只是單腳，還愛好女色，常常擄掠人類女子並和她們生下小孩。此外，還有稱為「木客」、有著猴形人面的山神，會在衝進民家強暴婦女、散布疾病、偷取物品之後，放火逃走，讓人蒙受不少災害。

　即使用法術也無法擊退它們，而且它們所散布的疾病也無藥可醫。

（やまうば）

山姥

　深山裡棲息著名為「山姥」的老太婆妖怪。有關它的目擊證言或傳說，似乎比天狗和鬼都要來得多，而且內容也更為真實，甚至還有笑話的流傳，所以山姥被稱為是「最接近人類生活的存在」。

山姥的外形

　據說山姥的外形跟人類老太婆幾乎一樣，只是眼睛會閃爍著駭人的藍光，手指甲尖銳無比。每當攻擊人類時，會變成嘴巴裂到耳根的恐怖面貌。頭頂紅色或白色的長髮，有時會以稻草捆

注16 **山鬼**：是指棲息在山中，具有人類外形的妖怪、鬼、猿人、天狗的總稱。
注17 **道教**：是以黃帝、老子為教祖來信仰的多神教。發源於中國。其探求神仙思想或長生不老，還有宇宙與世界的奧祕，是通靈學和佛教同化之後所成立的宗教。

束，一旦生氣，就會怒髮沖冠，發出「沙沙沙」的聲音。滿是皺紋的身體布滿汙垢，身上穿著破布，或是僅在腰上纏著樹皮、樹葉來蔽體。

山姥的種類

山姥有二種；一種是會吃人的，另一種是會出現在人類村落並留下財富與幸福的。而吃人的山姥有專門抓走小孩再吃掉他們的，也有讓夜晚在山上迷路的旅行者住在自己家裡，再伺機切下他們熟睡的頭吃掉的。即使逃了出來，山姥也會以驚人的速度追趕上他們。

另一方面，山姥也會帶給人類財富。在高知縣，凡是山姥所依附的土地，每年農作都會豐收，家家富裕繁榮，歡喜連年。據說有位農夫覺得田裡實在豐收得可疑，於是在田裡放把火，結果出現一個渾身著火的老太婆倉皇地逃到山裡，當然從此那塊田地就變得貧瘠，家道中落的農夫也感到非常地後悔。

此外，在很多故事裡也提到，當邪惡的壞山姥被擊退之後，它燒焦屍體會變成草藥、黃金、錢幣、農作物、樹脂等，讓打倒它的人變得富有。而像蕎麥等農作物的根莖為紅色，據說就是被山姥的血給染紅的。從這些故事可以知道，山姥的存在代表著山林的豐饒與富裕。人類以開墾、火燒山（燒田）來得到財富的歷史，也就是破壞山林的歷史。可能一直破壞自然的人類畏懼山的詛咒，才會將想要復仇的山林形象與山姥的形象重疊吧！

山神與山姥

認為「山姥會帶來財富」就是山姥曾被當成山神來加以祭祀的佐證。目前依然有將山姥當成山神、生育神、農作神來祭祀的神社。岐阜縣美濃市，會在每年十一月七日舉行山講（山神祭），人們在這天是不能登山的。據說一旦上山就會遇到神婆。對於遇到自己的人，神婆一定會忠告他不要多說話，一旦不遵守約定，就會立刻死去。

有關燒死山姥，它的屍體會變成草藥、金錢或食物等說法，應該就是山姥傳說的起源了。《古事記》裡也有相類似的故事，就是在有關國家誕生

的神話中，眾所皆知的「伊邪那美」（いざなみ）的故事。

伊邪那美在產下火之神「迦具土」**註18**時，全身受到嚴重燒傷，但直到燒死前的這段期間，又產下下列所述，對人們有幫助的眾神。

・金山比古（かなやまびこ）／金山比賣（かなやまびめ）：從祂的嘔吐所產生的金屬之神。

・波邇夜須比古（はにやすびこ）／波邇夜須比賣（はにやすびめ）：從祂的糞便裡，產生陶器製作用黏土（植輪）之神。

・彌都波能賣（みつはのめ）：從祂的尿液裡，產生泉水、礦泉、溫泉和水的神明。

・和久產巢日（わくむすび）：沃土豐壤之神。《日本書紀》記載，從這位神明的身體上會生出五穀、蠶、桑樹等。此外，人們也知道「豐宇氣比賣」（とようけひうり）這位神是食物之神。

山姥流傳著類似伊邪那美的傳說，就是山姥曾經為山之女神的證據。

大胃王山姥

山姥雖然會抓人來吃，但大部分都是吃蟲、青蛙或是樹果等。每到春天，就會採摘香菇或蕨類來和村民交換味噌或醬油。基本上，山姥的飲食生活與人類雖然相差不遠，但仍是有一個最大的差異點，就是與體型完全不相稱的大食量。

「牛方山姥」就是毫無止盡、拚命吃魚的山姥。在日本，從海邊通到山上的街道被稱為「鹽道」、「魚道」，是重要的貿易路線。山姥會盯著運送在這條路上來來往往的魚（其中又以「石狗公」是它的最愛），並在趕著牛隻運貨的商人（牛方）面前出現，說：「給我一條魚。」如果給了，它就會囂張地一條要過一條，最後幾十公斤的魚都會被吃完，甚至連牛都會被吃掉；但如果發呆不動的話，連牛方都會被吃掉。

出雲地區（島根縣）所流傳的山姥，在長著濃密頭髮的頭頂上，還藏著

註18 迦具土：指灰燼的樣子。這位神明也有別名稱為「火之夜藝速男」（やぎはやお＝森林大火的樣子），或是「火之炫比古」（かかびこ＝炭火的樣子）。

另一張嘴。一旦被人看見時就不吃東西，要是沒人看見，就用頭上的嘴，一口氣吃掉好幾天份的食物。這種類型，與人們所熟知〈不吃飯的妻子〉的故事近似（請參二口女）。

大胃王山姥當然有著大胃王該有的食具。這是發生在長野縣某個黃昏市場的故事。據說山姥會主動向人要酒來喝，當時山姥拿出的葫蘆怎麼看都只能裝下三合[譯補6]左右的酒，但不可思議的是，竟然怎麼裝都裝不滿。

在靜岡縣，也流傳如果用山姥的飯鍋來煮兩合左右的米，愈煮米飯的量就會愈多，直到把整個飯鍋都裝滿。

❖山女（やまおんな）

「山女」與山姥同樣棲息在山裡，但不同的是，山女的皮膚白皙，是位年輕貌美的女子。可惜，它卻是個身高四公尺以上的巨人，單單頭顱就在六十公分以上，並留著及地且散亂糾結的長髮。

不過它依然是可怕的存在。它們會攻擊住在山中小屋裡的人，吸食人血。在熊本縣則傳言它們會嗤嗤地笑，在笑的時候吸著人血。此外，還會抓村落裡的人類來當夫婿，或是變身為大蜘蛛。

德島縣則有以下的傳說。

那是發生在某個夏天傍晚的故事。有個坐著木盆渡河的男子，被突然出現的山女，連同木盆一起抓走了。男人被山女扛在肩上的木盆裡，害怕得直發抖。幸好逮到機會，趁山女不注意時，抓住森林裡的樹枝逃走了。好奇地男人偷偷尾隨在山女後面，跟著它回到了洞穴。

洞穴裡傳來山女跟似乎是它母親談話的聲音。山女說，原以為自己抓了個丈夫，沒想到放下木盆後，人卻不見了。於是山女變成蜘蛛，說要再去抓一次。山女的母親為了提醒它，就問到記不記得一旦變成蜘蛛，要是被打到身體左邊就會死去的事情。偷聽到它們談話的男子立刻逃回家裡，準備應付山女的夜襲。

到了夜裡，天花板上果然出現了單腳大蜘蛛。於是男人就比照在洞穴外

偷聽到的作法，猛打蜘蛛身體左側，蜘蛛發出一陣痛苦的哀號，隨即就消失不見了。

北海道的山女

愛奴人流傳著，如果在山裡，將大熊身邊的小熊抓走並帶回家的話，晚上就會有個披頭散髮，名為「肯娜西可魯烏娜魯佩」（ケナシコルウナルペ）的怪女人來到家裡。只要怪女人一出現，小熊就會變成禿頭的少年，隨著怪女人拍打的節奏跳起舞來。此外，在某個地區，則將怪女人稱為「山之魔」（イワメテイェプ），對前來狩獵的人，則化身成大熊，對其作勢怒吼。傳說怪女人棲息在樹幹的空洞中。

另外，在某個地區，傳說在溼地會有溼地之「婆」、在森林深處則有林野之「婆」。雖然它們都是頭髮很長、邋遢得有點可怕的妖女，但據說被頭髮遮蓋的臉龐卻是驚人地美麗。獵人要是看到這個妖女，就會打不到獵物了。

（おおかみ）

狼

狼妖會在不知不覺間幻化為人形，混進家族或村里之中。「鍛造屋之母」和「彌三郎之婆」就是這種妖怪。

❖產之杉與鍛造屋之母

柳田國男在《桃太郎的誕生》中，介紹了位在高知縣的野根山（位在安

藝郡），有關於名為「產之杉」杉樹的故事。傳說在這樹附近會出現一隻大的白毛狼妖。

從前有個飛腳編補9在一位孕婦被狼群重重包圍的情況下出現。飛腳救了孕婦，並攀上一旁的產之杉。狼群們當然不肯罷手，齊力讓一隻踩上另一隻的肩膀，企圖藉著堆疊的方式爬到樹上。

飛腳見狀，拔出腰間的刀來砍殺狼群。狼群眼見情況不對，便互相商量說：「那麼就請崎濱的鍛造屋之母來吧！」於是派遣一匹狼飛奔前去通知。沒一會兒功夫，就來了一匹大白毛的狼，踩著狼群用身體所堆疊成的高塔，倏地就已經攀爬到樹上。

飛腳再次揮刀砍殺，卻傳來金屬碰撞的鏗然響聲，刀子立即彈了回來。仔細一看，原來白毛狼的頭上戴著鐵鍋。飛腳不放棄，再次用力一砍，這次鐵鍋破了，連同狼也倒在地上，於是頭上受傷的白毛狼與同夥的狼群一起逃走了。

逃過一劫的飛腳將孕婦平安送回村落後，來到狼群所說的鍛造屋，準備拜訪這戶人家。這時，屋裡突然傳來痛苦的呻吟聲。他一問家裡的其他人，據說是昨晚老母親去上廁所時，因為不小心讓頭給撞上石頭而受傷了。

飛腳不假思索，立刻衝到老婆婆面前將她給刺殺了。鍛造屋一家嚇了一大跳，飛腳這才說出昨晚的意外遭遇。一旁被刺死的老母親瞬間化為白毛狼，露出了真面目。

他們趕緊掀開床邊布底下一看，赫然發現床底竟散落著許多的人骨，果然是狼吃掉了老母親，然後再變成她的模樣。

❖彌三郎之婆的故事

在「鍛造屋之母」的故事中，野根山的狼群們是商量：「那麼就請鍛造屋之母來吧！」不過，在新潟縣彌彥山的故事裡，狼群們則是說：「那麼就拜託彌三郎之婆來吧！」

「彌三郎之婆」是懷有邪惡之心的人類所變成的鬼婆。它的殘酷，或許就像攻擊人類或動物時的狼，所以這個故事也被流傳為跟狼有密切相關的鬼婆故事。

在越後彌彥神社服務、名門出身的鍛造木匠彌三郎的祖母，因被修建社寺宮殿的木匠奪去建造神社第一的名譽，而懷恨在心。彌三郎的祖母每晚都會登上彌彥山，對著神木或邪神進行恐怖的詛咒祈禱，最後詛咒應驗了，可恨的人終因為不明原故而死去。另一方面，彌三郎的祖母則因為她的邪惡之心而變成恐怖的鬼婆。它的白髮沖天，雙眼如狼一般銳利，嘴角裂到耳根，指甲又長又尖，還能發揮飛舞在空中的神奇力量。它會挖開因為被詛咒而死的人們的墳墓，並吃掉它們的屍體。於是鬼婆就被稱為「彌彥之鬼婆」，不擇對象地對村里四處為虐。

這位鬼婆也跟鍛造屋之母在一樣的序幕下出現了。

山村裡，住著一位農夫與他年邁的母親。有一天，這個農夫來到彌彥山，中途卻慘遭狼群襲擊，農夫立刻爬到附近的松樹上，但狼群不死心，想藉著堆疊成高塔的方式，爬到樹上。眼見農夫就要放棄了，突然間，高塔最底層的狼卻失去平衡，整個狼群都跌到地上。於是狼群們互相商量說：「那麼就叫彌三郎之婆來吧！」隨即其中一匹狼消失。過了一陣子，天邊突然湧現令人不舒坦的烏雲，團團圍著農夫所爬上的那棵松樹。接著，烏雲中，突然伸出一隻長滿毛的巨腕，一把抓住農夫的脖子。

受到驚諤的農夫，隨即拔出插在腰間的短柄斧，用盡全身力氣朝那隻手腕砍了過去。剎時，烏雲響起一陣淒厲地尖叫，就慢慢往遠方飄走了。而那隻被砍落的巨腕則是染滿鮮血地掉落在樹底下。狼群見狀，因為害怕，就四處奔竄逃逸了。

農夫帶著那隻手腕回到家後，發現母親正蓋著棉被，嗚嗚地痛苦呻吟著。農夫相當擔心，並對母親說出方才的遭遇。老母親向農夫要求，想看

看那隻掉落的手腕。農夫一拿給她看，老母親瞬間就變成有著狼面的鬼婆，搶走那隻手腕，肩膀一邊流著血，一邊飛也似地逃走。

留在屋裡的農夫，後來翻遍整個房間，最後在地板底下發現一堆鳥獸以及人類的屍骨。這才知道，原來自己的母親，早就被那個鬼婆吃掉了。

彌彥的鬼婆後來在佐渡的北山、蒲元的古津、加賀的白山，以及信州的淺間山到越中的立山等地徘徊，大約經過八十年後，才又回到故鄉的彌彥，並棲息在寶光院後山的大杉樹裡。之後，因著一名道行高深的和尚為其講解佛法，而悔悟自身的罪孽，並歸入佛道，被賦予「妙多羅天女」（みようたてんによ）的名字。現今在彌彥神社旁，建有妙多羅天堂，祂那恐怖面貌的神體，被當成祈求婦人平安生產的神來祭拜。

《桃山人夜話》裡，將這類故事以「鍛造婆婆」為題材來加以記載。當然，書中的婆婆也是有著狼面的鬼婆。

伊吹山的彌三郎

流傳在越後（相當於現在的新潟縣，除佐渡區域之外）彌彥山的鬼婆，原本是鍛造木匠戶長——彌三郎的老母親，但位在近江（相當於現在的滋賀縣）的伊吹山也住著一個名叫彌三郎的鐵人。

伊吹的彌三郎除了天生神力外，全身就像鋼鐵一樣，即使朝他射箭，也會被彈回來，是個無論用刀刃怎麼砍都不會感到疼痛的怪人。彌三郎就是憑著這股怪力，搶奪進貢朝廷的貢品，雖然眾人曾試著去擊退它，但仍無人能對付這個銅筋鐵骨的怪人。當時有個名叫「三上」的兵法高手，將一位女孩送給彌三郎，要她去找出彌三郎的弱點。最後發現，彌三郎的弱點就在腋下的「阿基里斯腱」。原來雖然彌三郎全身就像鋼鐵一樣堅硬，但是左右腋下就跟普通人一樣。在了解彌三郎的弱點之後，某次，三上邀來彌三郎，要他發揮巨大神力，幫忙搬動一塊巨大的園石。結果，當彌三郎一抬起園石，三上見機不可失，立即刺穿彌三郎的腋下，將他給殺死了。

但死去的彌三郎其實還有個孩子，名叫「伊吹童子」，是個傳承自父親血脈的粗暴傢伙，之後改名為「酒吞童子」。比起他的父親，酒吞童子更為凶暴。（請參酒吞童子）。

此外，雲州（島根縣）則是流傳檜山的狼群說：「快叫小池婆婆來！」小池婆婆是頭戴茶鍋蓋子的大貓，在富山縣的吳服山，它被稱為「狼婆」（ヨウユウ），會以老婆婆的樣貌攻擊人類等，在各地有不同的出現方式。

（おに）

鬼

日本三大妖怪，分別是「鬼」、「河童」及「天狗」。這三大妖怪就知名度、分布範圍、特徵種類數量及性質的多樣化來說，都遠遠超過其他妖怪。其中，以鬼佔日本妖怪整體的大部分，毫無疑問是以第一名的姿態存在於其間。日本的鬼，是將「佛教（印度）系的鬼」或是「中國系的鬼」，拿來和「日本土著的鬼」做印象重疊，而變得相當多樣。

鬼的外型

現代人對鬼的印象多如下列所述。

身高要比常人高上許多；虎背熊腰的怪力漢子；有著紅、藍或鬢黑膚色；頭上長角；眼光銳利；嘴裡可見尖牙；身體赤裸且多毛；穿著虎紋兜襠布，打著赤腳；拿著大鐵棒，恣意迫害萬物和人類，並對其造成傷害。

它們主要棲息在人煙罕至的山中，像是洞穴等地方。

早在古代，似乎有著今日我們無法想像的各種鬼存在，像是一隻眼、三隻眼、幾十隻眼的鬼，或是沒有角或嘴、身高幾十公尺的巨人，也有單腳的鬼。還有混合牛、馬等動物外形，或是有著老人、美女外形的鬼。據說鬼的手指只有三根，而像渡邊綱斬殺茨木童子（請參街道之鬼）時所掉下來的手腕，也只有四根手指。

鬼的性質

鬼不只出現在山裡，也會出現在村落或鄉鎮中，攻擊來往過橋或大門的人，甚至還會衝進人的家裡吃人。

鬼的身體就好像殺不死的一樣，非常地頑強。即使砍掉它的一隻手，過了一個星期再接到肩膀上，還是會癒合。如果砍掉它的頭，那顆頭就會飛向砍頭的人，企圖想要咬死他。有個名叫「溫羅」的鬼，就算將它砍下來的頭埋在土裡，也能聽見它持續吼叫個好幾年。不過即便是鬼，沒有頭還是不能打鬥的。

鬼是相當驚人的怪力漢子。可以扔出比自己重好幾倍的巨石，連馬都能徒手打死。如果再拿起大鐵棒，那就像日本諺語「鬼に金棒」（給鬼鐵棒）譯補7一樣，瞬間就能打死幾十個人。但這種怪力漢子，令人難以置信地，竟然可以化身為女性，就這麼順利朦騙前來打鬼的武者們，趁他們鬆懈時，再變回鬼的模樣吃了他們。有時為了報仇，還會變成對手的親戚，侵入對手的家裡攻擊他。此外，還有一部分的鬼，具有像天狗一樣的飛行能力。

鬼如果集體行動，就會奪取人類村落，抓走人類。鬼的基本特質就是反社會、反體制，所以江戶時代以後，在封建社會的體制下，就很難再產生鬼了。

鬼最害怕的，就是法力高強的高僧了。有時在敗給法力高強的高僧後，就會變成該位高僧的護法（請參護法），在其麾下工作。此外，有時也會被

譯補7 「鬼に金棒」中譯為「給鬼鐵棒」，也就是如虎添翼的意思。

合作的高強武者殺死。這種武者是受到神佛庇祐，計畫性地去斬殺鬼的。

　　鬼很討厭桃子和豆子。因為據說桃子會驅除邪氣，除去邪惡的鬼；豆子則用於日本的節分^{譯補8}，把鬼當成災禍的象徵來加以驅除。日本各地的這種驅邪儀式稱之為「追儺」（ついな），在應永年間（西元一三九四年～一四二七年）從中國傳到了日本。

　　有趣的是，鬼所討厭的豆子，也是它們喜歡吃的東西。鬼尤其喜歡大豆作成的豆腐或味噌，其他的也還會吃葡萄或喝酒。不過吃人這點就挺困擾的，在《今昔物語集》中所出現的平安時代的鬼，它們吃了人之後，只會留下人頭。

　　從這些特徵來看，鬼雖然沒血沒淚，但那是對抗朝廷或幕府的鬼故事，原則上都是屬於都市的鬼故事；其實日本鄉下的鬼故事中，鬼的個性都非常豪爽，如果招待它們免費喝酒，它們就會拿來超過酒錢以上的木柴，或是藉由幫助人們工作來作為報酬。在有名的〈取瘤爺爺〉（瘤取りお爺さん）故事裡，鬼就是常常聚在一起，舉辦大陣仗的酒宴享樂，沉浸在友善與嬉鬧的氣氛裡。

廣義的鬼

　　截至目前為止，我們所寫到關於「鬼」的印象，都只不過是狹義地描述鬼的外貌或性質而已。所謂鬼，就像妖怪或怪物等名詞一樣，是廣義表示一種超自然存在的名詞，因此很多情況都可以稱為「鬼」。但大體上，我們還是會在山現下列情況時，才將它稱之為「鬼」。

　　①醜惡、身體有部分缺陷等奇形怪狀的人。

　　②沒有形體，卻有著恐怖感覺的存在、力量或氣息。

　　③帶領前往死之國度的靈異存在。

　　④邊境、尚未開化的野蠻人；繩文人的殘存者；外邦人。

　　⑤竊盜集團、脫離體制的集團。

　　⑥與神話世界的眾神具有同等力量的邪神。

譯補8　節分：指季節的轉換點，在日本尤指立春的前一天。

下列，我們根據日本鬼及中國鬼的形式，來將廣義的鬼作系統化分類。

在日本土著信仰中被稱為鬼的存在

邪神**註**19、禍日神**註**20	天津甕星（あまつみかぼし）、天探女（あまのさぐめ）、天邪鬼（あまのじゃく）
原住民的國度神	定居邊疆的人民（繩文系的原日本人）、地方豪族、大太法師、土蜘蛛、八束脛、國巢、蝦夷、惡路王、兩面宿儺、溫羅
黃泉（死者國度）的鬼	泉津醜女
從彼世（常世，根之國）來訪當世的鬼（祖先靈魂）	草莊神（來訪神）海難法師（伊豆七島）、龐土（パントゥ，沖繩縣宮古群島）、西奴古（シヌグ，沖繩本島）、馬由恩納卡亞（マユンナガシ，八重山群島）、生剝（なまはげ，秋田縣）、夜行者（夜行さん，德島縣） 來自邊境之奇異風俗的「渡來人」**編補**10 慎人（みしはせのひと）
不明的怪物	牛鬼、一本蹈鞴

日本的鬼

《倭名類聚鈔》**註**21記載，到平安時代為止，日本將鬼稱為「鬼」（おに）和「物」（もの）。「鬼」是稱呼眼睛看不見，但能感受其實體的靈異存在；「物」則是沒有伴隨明確型態，僅有感覺的靈異存在（氣息）。「物」也被稱為「物之怪」（もののけ），是一種之於心理恐怖的存在來命名的說法。日本「鬼」的和名稱為「於爾」（おに），「於」據說是「隱」（おん）的諧音，隱＝陰，也就是人類看不見的超自然存在，或是

註19 **邪神**：是具有與神同等力量的惡神。
註20 **禍日神**：まがつびのかみ，＝引起災害、壞事的神。
編補10 **渡來人**：從外國移居至日本的人。
註21 **倭名類聚鈔**：是日本最早的分類體漢和詞典。

隱藏於物體而不想被看見的存在。

　　自古以來，鬼所在的地方為古墳、洞穴等，是通往死者國度（黃泉）的墓穴。在這種場所被信仰的蛇神，似乎與日本自古以來的鬼有些關聯。蛇神也被相信是人類的祖靈（祖先的靈魂），而這又應該可以追溯到繩文時代的信仰。

融合日本與外來鬼神觀，所產生的鬼

雷神、風神	
山鬼 護法 人的死靈所變成的鬼 人的生靈所變成的鬼	天狗、鬼、山爺、山精、大人 護法童子 般若、泥田坊 窮鬼
百鬼夜行	
人鬼	人類因怨恨、憤怒、雪恥、瘋狂等原因而變成的鬼。像是彌三郎婆、酒吞童子、鬼女紅葉、橋姬、安達平原的鬼婆、三吉鬼、茨木童子

影響日本的中國鬼

　　集中國民間信仰於大成的就是「道教」。道教認為天地萬物都有其精靈，其中，能夠造成暴風或雷電、洪水或旱災、瘟疫或火災等恐怖災禍的超自然存在，便稱為「鬼神」。鬼神裡，有中國最強最大的武神「蚩尤」（在日本稱為「兵主部」）；乾旱女神「魃」；散布瘟疫的「疫鬼」。

　　而「鬼」(譯補9)也是影響日本鬼的一種存在。中國儒教認為人死之後，宿於身體的「魂魄」會分為兩種：「魂」會成仙而升天；「魄」則成為形魄（鬼）再回到地面，也就是「鬼即歸」（「鬼」與「歸」，日文皆發き的音）。而自殺的人，或是仍執著於人世的人，其魄就會變成幽靈出現。中

譯補9 在日本，稱呼日本本地的鬼為「おに」，稱呼中國傳統的鬼為「き」，而與中國鬼同義的詞則為「幽靈」（幽靈）。

國的幽靈外形與人類幾乎一樣，不但會吃飯，也會戀愛，甚至還會與人生下孩子。在中國將這種幽靈稱為「鬼」。

　　東漢和帝永元十二年所成書的《說文解字》中，有介紹「鬼」這個字的意思。首先，「鬼」字上半部的「由」，代表人頭，指的是死人的醜惡，而底部的「八」則代表身體。

佛教中被認為是鬼的存在

天（ダバ）	在佛教中被當成位於欲界最上層的他化自在天的天魔，也就是波旬。
龍（ナーガ）	被稱為「八大龍王」，據說棲息於日本的龍宮。
夜叉 （ヤクシャ）	媚惑人類，類似日本的天女，能在空中自由飛行。
乾闥婆 （ケンダツバ）	棲息於空中或水中，是服侍帝釋的男性樂神，負責在宮殿裡為眾神演奏美麗的樂音。
阿修羅 （アシュラ）	鬥爭的惡神，帝釋天的仇敵。
迦樓羅 （カルルラ）	吞食惡龍，烏天狗的雛型。是印度教和佛教典籍中記載的一種神鳥。
緊那羅 （キンナラ）	額上有獨角，歌聲美妙，是天上的樂神。男性緊那羅馬首人身，能歌善舞；女性緊那羅常以撩人姿態出現，美麗動人。
地獄卒	牛頭馬面的鬼，罪人的行刑者。
餓鬼	死者的亡靈化成的惡鬼，永遠處於飢餓狀態。
羅剎（ラセツ）	做盡極惡之事，專吃人血、人肉的惡鬼。

　　因為是充滿陰氣的靈，所以會害人（奪取人的精氣），於是在右下角寫上「厶」字，來表示這個意思。此外，《韓非子》記載，「厶」這個字代表著為了不讓他人進入自己的領域而築起一道圍牆，是一種認為只有自己，才能擁有某種東西的邪念。

　　這種鬼有死靈的鬼、自殺者死靈的吊死鬼，以及沒被供養的死靈的厲鬼等。

佛教系統的鬼

佛教最早是從印度傳來，到了中國後，許多佛經中所描述的鬼怪，藉由佛教流傳至日本，並對日本的各種鬼神產生文化性的影響。這些佛教系統的鬼，藉由《今昔物語集》等書而長存於日本，把日本的鬼的整體印象變得更加複雜。

❖鬼門

日本自古以來就盛行方位信仰（風水），時至今日，許多人還是會留意新蓋的房子是否符合方位風水的條件，尤其人們認為，傳言「鬼門」所在的東北角，其實是個相當不吉利的方位，所以不喜歡將鬼門的位置，設置成廁所或出入口，因為人們認為，鬼會從鬼門的方位侵入房子，害怕鬼會為家中帶來無法免除的災厄之故。

風水中，鬼門之所以稱為「丑寅」，鬼的頭之所以有著牛角，身上之所以穿著虎紋兜襠布，據說是因為地支中的「丑」、「寅」，與十二生肖中的「牛」、「虎」相互結合，丑→牛、寅→虎所合成的魔物之故。有關鬼門是鬼得以入侵的方位一說，起源於西元前六世紀左右，在中國古代地理神話筆記《山海經》中，備有記載。

據其記載，東海有座風景秀麗的「度朔山」，在山上有一棵蟠曲三千里的茂盛桃樹，而桃樹的東北一端，有座以枝幹形成的天然拱門，那裡住著兩位名叫「神荼」及「鬱壘」的神明，負責把守進山這位於東北之門的眾鬼，將有害的鬼以葦索（繩子）捉住，再讓猛虎吃了它。

所謂位於東北之門，其實就是「鬼門」，而門的另一邊就是鬼所棲息的異界了。

在日本的陰陽道中，鬼門的方位被認為是由北之陰（負能量）轉向東之陽（正能量）的轉換處，而被加以警戒。

（しゅてんどうじ）

酒吞童子

　　「酒吞童子」[注22]出現在平安時代的京都，高約一丈（約三公尺），有著一張大紅臉，頭髮短而零亂，就像小孩子變大之後的樣子，每到日落之後便會現出原形。「手足如同熊一般，怒髮衝冠。紅髮間，有角冒出，眉毛與鬍子恣意生長」，大概就是這種外貌了。

　　它會在入夜後的城鎮中出現，奪取財物、殺人擄掠，將貴族們的女孩抓到它所棲息的丹波國大江山[注23]，過著酒池肉林的生活。

　　但是這個吃人肉、喝鮮血的恐怖酒吞童子，原本也只是個普通人而已。

酒吞童子的起源

　　酒吞童子出生在越後國的一個鍛造屋家中。在母親腹中度過十六個月的他，一出生就能像五、六歲的孩子一樣說話、走路。四歲時，就已經具備十六歲應有的智能，並發揮驚人的腕力，於是周圍的人都叫他「鬼孩子」

[注22] 童子：指不論年齡，留著頭髮不綁而剃高的髮型，擔任寺廟所屬之雜務工作的人。
[注23] 大江山：有關大江山的位置有兩種說法。一種是位在丹波（京都府與兵庫縣的一部分）與山城（京都府中南部）國境上的「老人坂」（京都市西京區大枝山），這裡還留著「首塚」、「鬼之岩屋」等遺跡。另一種說法是在丹波與丹後（京都府北部）國境的「大江山」，也留下「賴光坐石（賴光腰掛石）」、「鬼之茶屋」、「鬼之足跡」和「鬼岳稻荷神社」等充滿傳說的遺跡。

並漸漸地疏遠他。除了因為他的異於常人外，他的暴戾天性也是人們疏遠他的重要原因。《前太平記》記載，酒吞童子「在六歲左右被扔到谷底」，因為這點，也有人說酒吞童子的語源來自於「捨棄童子」（捨て童子）[註24]。之後在各地流浪並犯下殺人罪行的他，終於走向邪惡之途。

鐵之御所

　　流浪各地之後，暫時棲息在比叡山的酒吞童子，被傳教大師（最澄）趕出了山，轉而逃往丹波國的大江山。在大江山，他又被弘法大師（空海）用法力趕了出去。不過這次，他在弘法大師過世之後又回到山裡，並在這裡建了名為「鐵之御所」的住處。所謂「鐵之御所」是垂掛著珠簾的琉璃宮殿，用鐵柵欄、鐵門包圍起來。決定住處據點的酒吞童子，便使喚手下的幾個鬼[註25]，開始過著日夜擾亂京都的生活。

酒吞童子的末日

　　《御伽草子》記載，酒吞童子最後是被源賴光及其率領的賴光四天王所打敗。下列我們就來介紹這個故事吧！

　　當時京城裡，由陰陽師的占卜發現，女孩們之所以一個一個消失的原因，是棲息在大江山的鬼所為。收到來自人民泣訴的皇帝，立刻組織討伐隊。成員有源賴光，以及被稱為「四天王」的渡邊綱、坂田金時、碓井貞光、卜部季武，還有藤原保昌等六個人。

　　這一行人為了騙過酒吞童子的眼睛，於是裝扮成山伏的樣子前往。祈求住吉明神、石清水八幡、熊野權現能夠庇護他們。途中，他們遇見三位老人，老人們送給討伐隊一種名為「神便鬼毒酒」的酒，更賜給領隊的源賴光一副盔甲。原來這幾個老人，就是住吉、石清水、熊野等神明的化身，

[註24] 酒吞童子的語源「捨棄童子」（すてどうし）發音近似於「酒吞童子」（しゅてんどうし）。另外，根據《御伽草子》記載，則是因為它常常都在喝酒，所以稱為「酒吞童子」。
[註25] 酒吞童子手下的鬼之中，有一個有名的「羅城門之鬼」──茨木童子。

而當時送給源賴光他們一行人的酒和盔甲，之後在危難時，必能救他們一命。接著，一行人向路上遇到的女人詢問方向，最後終於來到了酒吞童子的住處「鐵之御所」。

　　如願見到酒吞童子的一行人，在設宴款待的席間，藉著大口享用人肉、啜飲鮮血，好讓酒吞童子對他們失去戒心。他們的計謀成功了！終於成功讓酒吞童子喝下「神便鬼毒酒」。接著，他們趁鬼睡著時，備好武裝，前往酒吞童子的寢室。在寢室裡，三位老人又再次出現。祂們先用鏈條捆住酒吞童子，再打開寢室的鎖，叫源賴光一行人進來。等到酒吞童子驚醒、察覺情況不對時，全身已被眾神用鏈條捆綁，無法動彈。源賴光一行人見機不可失，一口氣將刀刃刺向酒吞童子，並斬下它的頭顱，而被砍下的頭顱卻衝向源賴光。慌亂間，源賴光緊張地閉上眼睛，索性身上穿的盔甲及時救了他一命，讓他毫髮無傷。

　　經過這次的討伐，他們順利救出被抓走的女孩們，一行人凱旋回到京都。當時是正曆元年（西元九九〇年）的一月二十五日。

鬼女

（きじょ）

　　傳說人類會因為業障而死後變成鬼。被社會捨棄、有著悲慘命運的人們，在當時可能因為復仇的怨念成為鬼，而山林則接受了這群人。
　　具有這種不幸遭遇的鬼，以女性居多，命運更加悲慘。

❖鬼女紅葉（きじょもみじ）

　　日本歌謠〈紅葉狩〉是描述平維茂識破舉行賞紅葉酒宴的美女，其實就

是鬼女，而將其誅殺的故事。這個故事，就是以戶隱的荒倉山（長野縣）為中心，所流傳「鬼女紅葉」傳說的來源。

鬼女紅葉是住在會津（福島縣）的笹丸・菊世夫妻所生下的孩子。原本一直沒有小孩的兩人，在向第六天魔王[譯補10]祈禱後，終於生下紅葉，但這孩子畢竟是魔王的託生子。紅葉長大後，成了一位絕世美女，但隱藏在她美貌的背後，卻是一顆邪惡之心。她不停地玩弄男人，騙取金錢，營營權勢，追求出人頭地的機會。

時機終於來臨了！紅葉的美貌傳到了京城，被源氏的始祖──源經基看上，順利成為他的側室，並懷了他的孩子。只是這麼一來，正室就顯得礙眼了。於是紅葉處心積慮想要殺掉正室，但結果卻被發現，因而才被流放到信濃國的戶隱（位於現今的長野縣）。

被流放的紅葉開始反省改過，教導村人讀書、寫字或是認識京城文化，據說她還以妖術治癒村人的疾病。因此在現今長野縣長野市的鬼無里地區（昔日的鬼無里村），依然敬它為「紅葉樣」。

然而，她的邪惡之心並未就此消失！察覺到自己魔力的紅葉，後來成為盜賊的首領，而逐漸變身成鬼，其麾下跟隨有號稱「平將門」遺臣的山賊，以及怪力鬼女阿滿[註26]。惡貫滿盈的紅葉，這次以鬼女的身分流傳到了京城，結果平維茂被任命為信濃守而前去討伐。維茂的軍隊一度被紅葉的妖力所破，但後來維茂向別所[編補11]的北向觀音祈禱，靠著神明的庇佑，終究手刃紅葉。至今人們依然追思鬼女的靈魂，在每年十月紅葉時期，舉行紅葉祭。

譯補10　第六天魔王是佛教中妨礙佛道修行的惡魔，也稱為「他化自在天」。
註26　阿滿（おまん）：住在戶隱山裡的女鬼。傳說具有十個壯漢的力氣，一個晚上可以跑一百二十公里。跟著紅葉戰到最後一刻，在投降之後，因為後悔自己的罪孽而自殺了。
編補11　別所：附屬於八大地獄之小地獄。

❖瀧夜叉姬（たきやしゃひめ）

「瀧夜叉姬」傳說是平將門的女兒。它被曾指導過它弟弟平太郎良門妖術的蟾蜍精附身，而變成復仇的鬼。

平將門是在關東一帶，對朝廷掀起叛亂的人物。它們的新國家建設夢想，被朝廷派來的平貞盛及田原藤太秀鄉所擊潰，就連將門本身也在此次戰役中被肅清。

將門死後，他的孩子們也失散到田澤湖（秋田縣）附近。公主為了供奉父親，奉獻自己的一生，成為了尼姑，名為「如月尼」。然而她的弟弟良門卻在筑波山中，從蟾蜍精那裡聽到父親的往事，被復仇的恨念控制思緒而學習起妖術來。後來良門毫不理會前來講解佛道的公主，蟾蜍精卻趁這機會用妖術附身在公主身上，由於公主的內心其實也想為父親報仇，而成了怨念凝聚的鬼女，自稱為「瀧夜叉姬」，而它的弟弟則改名為「將軍太郎」，跟隨妖魔燃起叛亂的烽火。

但最後仍無法抵抗朝廷大軍。公主被大軍包圍，在兵荒馬亂中悲憤而死。斷氣前一刻，蟾蜍精化成一股妖氣，從公主體內逃走，而公主的面容又回到以前那慈祥的表情了。

❖鈴鹿御前（すずかごぜん）

鎌倉時代的說話集《古今著聞集》中，出現一個名為「鈴鹿御前」的鬼女，棲息在近江（滋賀縣）和伊勢（三重縣）邊境上的鈴鹿山，也被稱為「立烏帽子」（たてえぼし）的女盜賊。

它與奧州（大約包含今日的福島縣、宮城縣、岩手縣、青森縣等四縣，以及秋田縣的一部分）的魔神——阿黑王（也就是惡路王）結成夫妻；另一方面，它卻愛上要打倒阿黑王的坂上田村麻呂。最後，它與坂上田村麻呂交戰，被一把名為「鬼丸」的劍所擊敗。

（あまのじゃく）
天邪鬼

　　所謂在日本，「天邪鬼」這個詞，也常用來作為日常生活中，不聽話的人的代名詞。原本天邪鬼就是有這種不聽話性格的邪鬼，但不清楚是屬於妖怪或惡神。

　　天邪鬼有著小鬼的外形，如同「覺」（さとり）（請參覺）一般，能看透人心，接連做出與人所想的事情相反的行動，讓人感到不愉快。玩弄人心是它的最大興趣。此外，因為它還會模仿人的聲音，所以也被稱為「山彥」。

　　儘管民間故事〈瓜子姬〉在各地以不同的故事情節流傳著，但從中可以知道的是，天邪鬼有變身的能力。

　　瓜子姬是從瓜裡誕生的女孩，這不禁讓人聯想起拇指公主和桃太郎。話說某天，沒有孩子的老爺爺跟老婆婆在河裡撿到了一粒瓜，並從瓜裡誕生了一位小公主。當小公主長大成人、待嫁之際，天邪鬼卻趁老夫妻不在時，擄走了公主，並變成她的模樣。幸好，後來發現公主的真面目竟是天邪鬼，並將它大卸八塊。據說當時天邪鬼所流出的血，將茅草和蕎麥的莖都給染紅了。

　　天邪鬼也稱為「天之魔雄神」（アマノサクガミ）。據說是因為母親天逆每（あまのざこ）吸入天的邪惡之氣後，才生下的孩子。《舊事記》記載，天逆每也是邪神，頭部是野獸模樣，鼻子像天狗一樣長。傳言因為素戔嗚尊胸中滿是強猛之氣，所以在吐氣時，產生了天逆每。

天邪鬼的其他樣子

　　天邪鬼傳說也是創造神。

　　被稱作「阿曼夏古曼」（アマンシャグマ）的天邪鬼是流傳在熊本縣的

巨人。傳言古時天空低垂於大地，巨人從午睡中醒來，突然站起身，頭頂就狠狠地撞到天空了。生氣的巨人於是拿著棒子將天空頂了上去。

而另一種被稱作「阿曼求」（アマンチュー）天邪鬼則是沖繩的巨人，也是因為天空太低，人們必須像青蛙一樣趴著前進，於是它用雙手，把天空推了上去。

以上是具有不同姿態的天邪鬼傳說。

（ヒダル神）

餓神

有時走在山路上，會突然感到飢餓及強烈的疲憊感，最後會連一步都走不動，嚴重的話，還可能就這樣死去。據說這是因為被名為「餓神」（一種看不見的餓鬼）給附身的原故。在西日本各地都有類似的現象發生。在餓神的日文中，「ヒダル」是由「だるい」（疲累）、「ひだるい」（飢餓）而來，根據地區的不同，也被稱為「餓神」（ヒダリ神）、「疲神」（ダリ神）、「疲佛」（ダリ仏）、「餓神」（ダル）、「餓神」（ダニ）、「自墮落」（ダラシ）等。

餓死者的靈魂

餓神被當成餓死者的靈魂，所以也被稱為「餓鬼」、「餓鬼佛」、「行逢」（イキアイ）、「筋飢鳥」（スジキトリ）、「空腹樣」（ヒモジイサマ）、「須佐神」（スサガミ）等。會被這種死靈附身的地點，通常都是在山路、十字路口等，容易讓人因體力不支而死去的地方。死在半路上的人，就是因為飢餓、疲勞讓他們無法動彈，才會就這樣孤獨地死去。那種

怨恨會留在世上，使它們成為餓鬼，並對往來的旅者施加一樣的痛苦。在升天之前，會在相同的地方不停地依附別人。雖然常會為這些途中死去的旅者，在他們死去的地點設置小祠堂或地藏菩薩，但它們卻很難升天。而且如果被依附的人死去了，反倒還會增加餓神的數量呢！

餓神會不擇對象地[注27]附身在人身上。為了避免這種事情發生，只要準備充分的食物再上路就可以了。即使被附身，只要馬上吃點東西，也不至於完全無法動彈。日本的登山者會有「便當不要全部吃完」的習慣，據說也是為了準備應付這種狀況的發生。但如果不小心把食物全部吃光的話，抓路邊的草來吃，同樣可以度過危機的。要是真的連草都沒有的時候，在手掌心寫個「米」字，再舔上幾口，似乎也是可行的。

（おろち）

巨蟒

「巨蟒」是棲息在山中的巨大蛇類，從古日語中的「領靈」（おろち），將文字改變後所傳下來的。連綿不絕的山巒，不禁讓人聯想，主要山脈其實就像是一條長長的蛇。「靈」（ち）這個字在古口文中，是表示自然所具有的強大力量，也是古人對自然所抱持的一種印象。

早自繩文時代人們就把大蛇當成是所信仰的神或地靈的樣貌，但一旦開始與其他國家交流之後，這些古代的神就慢慢變成展現大自然驚人威力的怪物了。

[注27] 不只是人，連牛、馬都有可能被餓神附身。其中有一種叫做「行逢神」（いきあいのかみ），雖然看不見它，但是一旦碰上，就會非常不舒服，還會使人發燒或想吐。

❖ 八俣遠呂智（やまたのおろち）

「八俣遠呂智」在《古事記》中，是被須佐之男打倒的大蛇。即使沒有讀過《古事記》的人也大多認識它，算是家喻戶曉的日本怪物之一了。

八俣遠呂智的身軀足以蓋住八座山峰、八條山谷。背上佈滿青苔，茂密地長著杉樹及檜木。頭和尾巴各有八個，能從嘴裡吐出如同火焰一般的毒氣。此外，據說腹部還經常流著鮮血。

這條大蛇每年都要人類獻上一位人類女孩作為祭品。適逢路經出雲國（島根縣）的須佐之男聽到這件事，便自告奮勇要收伏這隻為非作歹的妖怪。當須佐之男斬殺大蛇、剖開它的尾巴時，發現裡頭含有一把堅硬且鋒利的劍，而這把劍就是現在被供奉在熱田神宮的「天叢雲劍」（あめのむらくものつるぎ）。

打倒八俣遠呂智的故事，也被描述成是對產鐵民族的征服故事。大蛇所棲息的簸川流域（今日的斐伊川），是日本少數幾個產鐵地區之一，因此大蛇腹部滴落的血，據說就是被生鏽鐵砂染紅的河川，藉由打倒大蛇，須佐之男才得到了劍（鐵礦）。

八俣遠呂智棲息在一個叫做「天之淵」的地方，該地又被稱作「窟宅」。永正年間的《天淵記》所記載，天之淵總有一道八色的雲氣升起，向著「斗牛之間」🈯28的方向飄去。這或許就是八俣遠呂智身為邪惡魔物的證據也不一定。

❖ 九頭龍（くずりゅう）

在「九頭龍」的日文中，「くず」是「崩」的意思，就像土石流一樣，是根據山上崩落的土石印象而取的名字。九頭龍比八俣遠呂智還多一個頭。人們認為土石流或山崩等豪雨造成的土石災害，都是這條巨大的龍蛇所幹的好事。這條大蛇沉睡在地底數百、數千年，當它睡醒出現在地面

🈯28 **斗牛之間**：根據中國方位信仰或二十八星宿的農民曆，此方位指艮（東北）。這個方位為鬼門，邪氣聚集，被當成惡鬼入侵的方向。

時，就會引發山崩。山崩的痕跡也被稱為「蛇通洞」等。

　　它雖然是條足以引起山崩的凶暴大蛇，但是在戶隱山（長野縣）及箱根的葦湖（蘆之湖，神奈川縣）等地，則把它加以信仰。傳說因為葦湖的九頭龍太過凶暴，令箱根周邊的人們相當頭疼，於是有位名為「萬卷上人」

七人同志（しちにんどうし）

　　也有集體出現的妖怪，其數量通常是七個，尤其在四國地區常常會見到。下列所舉的妖怪，就像餓神一樣，都是意外而亡的死靈們。

　　七人同志是在「百姓一揆」譯補11中，被處死的七位同志，因為無法升天而成為死靈，在香川縣廣為流傳。據說會在雨天的黃昏等時間出現，以簑衣斗笠的裝扮，嘴裡一邊念念有詞，一邊行走。傳言只要碰上它們就會倒楣，而且一定會身體不舒服。

七人御崎（しちにんミサキ）

　　因意外或災害死去的人們，因為無法升天而成為死靈，並且會隨意殺害所遇到的人，這就是七人御崎（請參船幽靈）了。每殺掉一個人，御崎之中就有一人可以升天，而死去的（被殺的）人就要成為升天的那個御崎的替死鬼，所以數目一直維持七個。

　　另有一說，土佐的某個世族因為殺光了另一個世族，它們害怕遭到詛咒而祭祀的，就是七人御崎。

七人同行（しちにんどうぎょう）

　　雖然遇到它們就會被殺死，但通常是看不見它們的。據說只有能自己動耳朵的人，才能看見它們，或是從牛的大腿間也可以看見它們。根據曾親眼目睹的人的說法，從前有個趕牛的人，當牛來到十字路口時，突然停了下來，於是他從牛的大腿間看看發生了什麼事，結果他看到七人同行迎面走來，幸好這個人在它們面前移開了隊伍，才撿回一命。

　　其他還有外形為童子，稱為「七人童子」的妖怪。

譯補11　**百姓一揆**：是江戶時代的農民革命。農民要求降低年貢（稅金），或更換地方官及村官等，而群起越級投訴的事件。

的和尚，在一棵叫做「逆杉」^注29的山樹上畫上鐵鍊，用咒術將它封印，讓它沉寂了下來。

✤出世螺（しゅっせぼら）

根據江戶時代所寫的《魚鑑》記載，九頭龍所引起的山崩其實是由螺貝所引起的。

傳說深山裡棲息著一種螺貝，而這螺最後化為龍，於是稱為「出世螺」。

據說巨莽一類在冬天及春天會棲息在山上，到了夏天及秋天則棲息在水中。

出世螺在山裡三千年、人間三千年、海中三千年之後，就會化成龍。當它為了移動到海裡棲息，而從山裡爬出來時，就會引發山崩。在柳澤村（靜岡縣沼津），據說就有名為「八丈石」的螺貝通洞。

蛇與靈山

蛇的古日文為「奈備」。因為蛇會脫皮，所以人們把蛇當成反覆重生的不死神靈而加以敬畏。作為安撫蛇的靈山，則被稱為「神奈備山」，並祭祀有蛇神。

注29 逆杉：在西元一六〇〇年，因為地震而沉到葦湖湖底的杉木，維持倒立的樣子而成為化石，是棵不可思議的樹。

（おおむかで）

大百足

日文的「むかで」，漢字寫成「蜈蚣」或「百足」，與同樣有很多腳的馬陸、蚰蜒同類，都是會咬人的毒蟲。外表看來令人厭惡，如果這種百足還是幾百公尺、幾千公尺的話呢？有關這種巨大百足的傳說，的確流傳於日本各地。

俵藤太擊退大百足

從前在琵琶湖東南方，有個非常巨大的百足。據說它的大小在繞小山（三上山）七圈半之後，頭還能停留在地處大津之瀨田的唐橋。看來它應該有幾十公里那麼長，但終究還是被俵藤太，也就是藤原秀鄉所擊敗。

秀鄉是藤原鎌足的子孫，也是打倒平將門的人物。某天當他正要通過瀨田的唐橋時，有條大蛇橫跨在橋上，他看都不看一眼就過了橋。大蛇見他如此勇敢，便拜託他去打倒大百足。其實這條大蛇就是住在橋下這條河川裡的龍神，百足則是它的宿敵。

經過一番苦戰，秀鄉在箭矢前端塗上了他的口水，百足身中秀鄉的鏑矢而亡，因為口水具有殺死百足的力量[註30]。

龍神的宿敵

百足與蛇似乎自古以來就是宿敵。北關東還有它們為了爭奪國土而互相爭戰的傳說。

註30 據說只要對蜈蚣吐口水，牠就會死掉。此外，民間傳說，在殺了牠之後對牠說：「好兄弟，過來喝茶。」並向牠吐口水的話，那牠就不會復活來向你復仇。

棲息於赤城山（群馬縣）的百足之神，與棲息於日光之男體山（栃木縣）的蛇神曾經互相爭戰。

一開始是百足占上風，但後來蛇神得到鹿島（茨城縣）之神的協助，獲得弓箭名人小野猿麻呂前來增援，成功射穿百足的左眼，於是百足便傷痕累累地逃回赤城山，而當時雙方交戰的地方，就在日光的戰場原這個地方。

毘沙門天的使者

百足因為外觀令人厭惡，而被當成邪惡的怪物。不但有秀鄉擊退大百足的傳說，也把它當成龍神的宿敵。但最早人們相信它是毘沙門天🈲31的使者，也就是財神。

毘沙門天在印度神話中名為「庫貝拉」（クベラ），也就是財神。因此人們才認為百足也會帶來錢財。

此外，百足的腳（あし）很多，也被人認為是「錢」（おあし）很多，所以有很多商人都特意將店名取為「蜈蚣屋」。

百足與礦山

祭祀百足的場所，或是傳說百足出現的場所，通常都有礦山，蘊藏著金、銅等礦石。之前提到北關東有百足與蛇之爭，在它們分別棲息的赤城山與男體山之間，也有著足尾銅山。從秀鄉的故事裡，就可以讀到他獲得

🈲31 提到毘沙門天，那就是「鞍馬山」跟「信貴山」比較有名了。傳說鞍馬山棲息有白百足；此外，信貴山寺的正殿大門也畫有百足與龍。

礦山的故事。

西元四世紀左右，中國古籍《抱朴子》圭32中認為，百足具有搜尋礦藏的能力。書中記載著：「若為尋找礦藏而入山時，就把百足放進竹管中。」另外還寫到，百足是蛇的天敵。據說百足會用氣勢壓倒大蛇，也具有治癒大蛇所造成之傷害的能力。

土蜘蛛

是有著巨大蜘蛛外形的怪物，其外形可以從繪卷〈土蜘蛛草紙〉中看見。「土蜘蛛」之所以有名，就是因為源賴光圭33擊退惡鬼的傳說。

這是平安時代的故事。在京城流傳著巨大蜘蛛出沒的謠言。

當源賴光因不明疾病臥病在床時，一張開眼，枕邊竟出現了一名法師。那法師的身形像影子一般黑，並吐出絲線，企圖纏住賴光。賴光見狀，抓起「斬鬚之大刀」圭34，朝著法師砍了下去。

隔天一早，他就跟著隨從的四天王圭35，輾轉循著血跡前進，赫然發現原來法師的真面目，就是生存在大和國之葛城山（奈良縣）中數百年的巨大土蜘蛛。這土蜘蛛是神武天皇東征時，在葛城山一帶所打倒之土蜘蛛一族的魂魄所復活之後變成的妖怪。它有著大大的頭，長長的手腳，短短的

圭32 **抱朴子**：是中國道士葛洪所著，其中〈登涉篇〉便有提到百足。

圭33 **源賴光**：是多田滿仲的長子。在擊退惡鬼的故事中，與有名的渡邊綱等四天王一起打倒了酒吞童子跟牛鬼。

圭34 **斬鬚之大刀**：關於源賴光一族的多田家，是控制攝津國（兵庫縣）之鐵礦產的家族，其姓氏也是從風鼓（たたら）而來。「斬鬚之大刀」（ひげ切りの太刀）就是象徵其家族的名刀。

圭35 **四天王**：指渡邊綱、碓井貞光、卜部季武，以及身為童話中之金太郎而有名的坂田金時等人。

第一章 山之章

身軀。口中不僅能吐出毒氣，也能吐出絲線。賴光之所以會生病，就是受到土蜘蛛的詛咒。

土蜘蛛的由來

土蜘蛛原本是指因反抗大和朝廷而被消滅的人們。或許是因為它們的怨念，也或許是因為它們被當成亂賊，到了中世紀便被當成之前提到的巨大土蜘蛛了。

它們從《古事記》、《日本書紀》的時代就開始出現了，但是當時還沒被當成妖怪，而是被描述為大和朝廷的敵對族群**註**36。以山間為主而住在日本各地，是手腳細長的瘦長矮人，因為會挖洞居住而被稱為「土蜘蛛」或是「都知久母」。應該是延續繩文文化，依然持續著狩獵及穴居生活的原住民族吧！

註36 **敵對族群**：跟土蜘蛛一樣被征服的人們，另外還有國栖、夜刀神、佐伯等，它們如今也被傳說成妖怪了。

這些土蜘蛛接連被征服的故事，在《風土記》中有各種記載。

源賴光之所以被土蜘蛛詛咒是有原因的。

賴光的父親多田滿仲因為生產鐵而獲得財富，便趁機接近當時的當權者藤原氏，但另一方面也企圖造反。他的同伴，也就是曾經被征服、被稱為「土蜘蛛」或「鬼」的人們。然而，當滿仲發現事蹟即將敗露之時，為了自保，便背叛了這些曾經跟自己立下誓約的人們（西元九六九年，安和之變）。於是在源賴光與四天王的故事裡，就總是被鬼或妖怪追著跑。

兩面宿儺（りょうめんすくな）

當大和朝廷開始日本的統一大業時，日本各地有許多不願意臣服於其麾下的豪門。大和朝廷接連征服了他們，凡反抗者，便使其屈服。於是這些人們就像土蜘蛛一樣，被當成了各種妖怪。我們在這裡介紹其中被當成首領的兩種妖怪。

兩面宿儺是住在飛驒山中（岐阜縣），具有怪力的異人[註37]。身高兩公尺以上，因為頭部前後都有臉，所以被取了這個名字。據說兩面宿儺的臉像夜叉一樣恐怖，手腳各有四隻，但腳沒有關節等彎曲處，只用四隻手靈活使用弓與劍。即便不具有武器，也可以用怪力與數十人交戰。

《日本書紀》記載，它們並不順服朝廷，夜晚在洞穴裡飲酒作樂，白天則搗亂附近村莊，因此朝廷才派兵將其擊敗。

然而，在兩面宿儺所居住的飛驒地方，卻把它們當成英雄來流傳[註38]。傳說它們住在蜂賀的洞穴中，身穿鎧甲，四隻手分別拿著鉾、錫杖、斧、八角長槍。也傳說它打退了讓地方人民困擾的惡龍[註39]。

[註37] 也有傳說它乘著名為「天船」的船在天空中飛翔，來到飛驒的位山，對朝廷的人們傳授王法。

[註38] **流傳**：依據日龍峰寺（岐阜縣）所流傳延寶五年的《緣起》所記載。

[註39] 仁德天皇聽聞此事，便建造「日龍精舍」來讚頌其英勇。

惡路王　阿弖流爲（あてるい）

其名為高丸，也被稱為「阿布拉王」（アブラ王），它和它的家人——大武丸同住在岩手山（岩手縣）。它不但會攻擊村落並奪走錢財跟家畜，更企圖染指岩手山的姬神。

知道這件事的觀音菩薩，便命令坂上田村麻呂去擊退它。據說惡路王在此次戰役之後成了俘虜，但秋田縣的傳說則是它被射殺，當時它的頭飛得老遠，因此將該地點稱為「鬼首」。

有關惡路王傳說的遺跡，在平泉（岩手縣西盤井郡）有個傳說惡路王曾建造過的城堡「達谷窟」（たつこくのいわや）。另外，鹿島神宮（茨城縣）也有裝飾著惡路王首級的木雕。

（さとり）

覺

「覺」是具有神祕力量的猿人，可以讀取人心，預測對方之後將要採取的行動。只要你想著：「就這麼辦吧！」，它就會知道你再來要做什麼。

覺會使用這種能力，接連說出對方內心的想法。聽到的人會非常慌張，但覺並不會傷害人

類，它們會以開人類玩笑為樂。因此了解這件事的古代山民，並不會感到害怕。

即便人類想要抓到覺，最後也會發現一切只是徒然，因為覺會早一步發現你的想法而逃走，因此大家都認為，覺是絕對不會被抓到的。所以即使遇到了覺，還是當作沒看到比較好。雖然它是個囉唆的鄰居，但山民們最後還是決定要與覺和平共生了。

覺的外型與棲息地

如同猴子一般，覺的巨大身體長滿了毛，因為全身黑漆漆的，所以也被稱為「黑坊」（黒ん坊）。

覺雖然看似猴子，卻沒有尾巴，常常站著走路。因為覺會解讀人心，也會說人話，所以智能應該也跟人類差不多。

曾親眼目擊到覺的地區，大概在日本中部到關東地方一帶。也有地區把覺稱為「思」（思い），但是都一樣的。據說住在飛驒（現今的岐阜縣北部）、美濃（現在的岐阜縣南部）一帶、名為「玃」（やまこ）的野獸，就是覺的真面目。

覺與中國的玃

在中國，也有名為「玃」的獸。日本最早的百科全書《和漢三才圖會》中也有介紹，但只是引用中國明代博物學者李時珍的《本草綱目》，內容提到玃是猴子年老之後的樣子。就「外型」與「雙腳站立」這兩點來看，跟覺是一樣的。

玃棲息在蜀西的遠方，因擅長攫取人類攜帶的物品而得名。因為沒有母的，只有公的，所以又被稱為「玃父」或「貑玃」。它們會為了繁衍後代而擄走人類女子。

儘管中國的玃被認為與覺同種，但解讀人心的能力只有覺才有。因此雖然種類相近，但被當成其他物種來看也是很自然的。

（ひひ）
狒狒

雖然「狒狒」的外形跟人類很像，但更像巨大的猩猩，身高大約有三公尺，主要出沒於中部及其以西的地帶。但在有關狒狒的記錄中，並沒有提到它具有像妖怪的特徵，反而被當成生物來描述。與其說它是妖怪，不如說是抓到了像喜馬拉雅山的雪人那樣的奇幻生物！

昭和四十五年，在廣島縣東北部的比婆郡西城町附近的山林中，曾有人目睹到像猩猩一樣，渾身是毛的猿人，甚至在當時的報章雜誌上，造成一股轟動。這個猿人被命名為「比婆猿人」（ヒバゴン），或許就是狒狒的一種也不一定。

樣貌與性格

身體被黑色的毛覆蓋，頭髮（頭上的毛）比較長，臉就像人一樣。

據說狒狒不但懂人話，還可以跟人對話，甚至還有預測人類生死的能力。儘管智能很高，卻個性凶暴。跑起來相當快，只要一發現人或是野獸，便會加以攻擊並吃掉。即使是山豬或鹿，也可以用可怕的怪力，輕易將牠捏死吃掉。因此遇到狒狒的時候，就算想跟它對話，也有可能在那之前就被吃掉了也不一定。

據說狒狒的血可以當作紅色染料，用狒狒的血所染色的衣服，永遠都不會褪色。另有一說，人類若是喝了狒狒的血，就具有看得見鬼的能力。

名字的由來

據說當狒狒在吃人的時候，還會一邊發出笑聲。一笑起來，又長又厚的嘴唇就會往上掀開，這時所發出的笑聲聽來就像「狒狒」一樣，故得此名。狒狒這個名字到了明治時代，就成了專指實際存在於非洲，拉丁語名為papio、英語名為baboon、mandrill的大型猿類了，例如現在的吉拉達狒狒、斗篷狒狒等。

各式各樣的狒狒

下面我們來看看名稱不同，卻同樣被當成狒狒之一的其他物種吧！

「赤熊」（シャグマ）是一種面紅、頭頂覆蓋濃密毛髮的大猿。據說曾出現在靜岡縣山中，也留有捕捉成功的紀錄。

「猩猩」（しょうじょう）據說能理解人話，也能預測未來，這點跟狒狒是一樣的。身高跟人類小孩差不多，身上長滿黃色的毛，頭髮則相當長。臉孔長得十分端正，聲音像小孩的哭聲或是狗叫聲。傳言喜歡喝酒，有時會因為喝醉而被抓到。

❖猿神（さるがみ）

外形跟狒狒相差無幾，不過猿神卻是日吉神的使者。據說猿在太陽升起之前會大聲吵鬧，也因為如此，所以猿被賦予迎接太陽的使命。最早迎接自高天原降臨之天照大神的，就是別名為「國津神」的猿田彥神。

與其說猿神是神，不如說它是猿的化身。跟狒狒一樣，也有冷酷無情的猿神。把猿當作神體來祭祀的神社，有美作國（約在現今岡山縣的東北部）中山神社（岡山縣）。這個猿神雖稱為神，但卻要對它獻祭。

每年一到祭祀的日子，就要找未婚女性作為祭品，就這麼經過了數百年之後，據說剛好在某個祭典之日，有個獵人從東國[編補12]來到此地。他的

編補12 東國：古代指近畿以東的諸國（除北陸地方之外）。

名字叫做犬山，他從被選作祭品的女孩父母口中，了解了事情原委，於是他與那位被選為祭品的女孩訂下婚約，並受託前往擊退猿神。

犬山喬妝成被當成祭品女孩的模樣，帶著兩隻狗躲進長木箱中，等待猿神的到來。沒多久，身高七、八尺（約二至二・五公尺）的大猿終於出現，它還帶來了上百隻的猴子下屬。犬山立刻跟兩隻狗出來迎戰。經過一番苦戰，犬山終究打倒了猿神。而另一方面，猿神非但不憎恨犬山，還盛讚他的勇氣，更承諾之後不會再要求獻上人類作為祭品了。

相似的故事也在《今昔物語集》及《宇治拾遺物語》等書中流傳。

（おくりいぬ）

後送犬

「後送犬」是會跟在人身後的山犬（狼），也稱為「後送狼」。有關後送犬的故事，在西日本（主要是在兵庫縣）流傳。

害人獸與守護獸的矛盾性質

後送犬[註40]是會趁著人們不小心跌倒，再伺機攻擊的恐怖妖獸。但只要在到家前，小心並且不要跌倒，那就沒問題了。要是真的不小心跌倒的話，只要說：「先休息一下！」佯裝成在休息的樣子，也不會被攻擊。

後送犬是相當危險的野獸，因此在還沒回到家之前，都不能夠大意。但另一方面，後送犬也有保護走在前方的人，不受野狗攻擊的守護特性。

[註40] 後送犬：在伊豆北部，有名為「後送鼬」（おくりいたち）的後送犬同類。據說它也會咬著草鞋回去。

野狗有時會群起攻擊人類，甚至比後送犬更加兇殘。而後送犬之中，也有會跟在人們後面，保護人們不受野狗群攻擊的善犬（會攻擊人的就是惡犬）。只要在安全抵達後，丟給它單腳草鞋及一個飯糰作為送自己一程的回禮，據說它會吃下飯糰，然後叼著草鞋回去。

對山犬的信仰

後送犬的守護特性，可以想到是對山犬或狼的信仰所造成的。對山犬的信仰相當古老，山伏等人將其稱為「大口之神」、「大口之真神」的守護神。山犬是山神的使者，也是山獸的主人。如果能受它保護，那它的神力就會保護人不受山中魔物的侵襲。人們相信，山犬的頭骨特別具有神力，具有排除災難、邪惡的力量。山犬信仰裡，較為有名的神社，有位在埼玉縣奧秩父的三峰神社。

後送雀與小鳥妖怪

會吱吱叫、提醒人們「後送犬來了！」的鳥，就是「後送雀」。每當這種鳥一出現，幾乎後送犬就會出現。後送雀是外型像麻雀的小鳥，不過跟一般不會在晚上出現的鳥不一樣，也會在晚上出現，一邊在行人身邊警告，一邊飛來飛去。因為聲音的關係，日本人也把它稱為「蒿雀」，常出現在那智（和歌山縣）的妙法山。有時後送雀的出現，也是災禍的前兆。

下面有些跟後送雀不同，是有著小鳥外觀的妖怪。

①袂雀（ふところすずめ）

在夜間出沒，為了依附在人類身上而邊飛邊叫，但只要緊緊抓著衣領就沒事了。

②夜雀（よるすずめ）

會一邊發出「嘎嘎」的叫聲，一邊出現在夜晚的山路上。數量會慢慢增加，讓人覺得連斗笠跟衣服裡，都有叫聲一樣。此外，也在人們周圍像無數的黑色蝴蝶一樣飛來飛去，連走路都很困難，不過只要靜下心來就會消失。

❖ 等人犬（待ち犬）與接人犬（迎え犬）

「等人犬」與「接人犬」剛好跟後送犬相反，是會走在人的前面。

等人犬是發生在岐阜縣惠那郡附近的傳說，它會邊說著：「想要！想要！」邊出現在人的面前。而接人犬是出現在長野縣的善意妖獸，它會在山路上等待人們的到來，只要有人通過，就會跳過他的頭頂，再繞到他前面。民俗學者柳田國男，認為這是因為後送犬的信仰衰敗分化之後所產生的傳說。

（かいじゅう）

怪獸

從前的人們是很少進到山裡，因此認為山裡一定住著看都沒看過的怪獸。像熊之類的野獸，如果活得夠久，也會具有妖力。於是，住在山裡的人們，有時也不得不跟這些怪獸對決。

❖ 猥羅（わいら）

「猥羅」有著如同龐大的牛或犀牛一般的身軀，在地面爬行前進，是種噁心的怪獸。前腳有銳利勾狀的大爪子，從口中爆出尖牙。通常都是躲藏棲息著，因此人們即使從附近通過，也不會注意到這個怪獸的存在吧！

它似乎會利用勾爪挖土裡的小動物來吃，

不過有關它的真面目以及它與環境共生的詳細情形，當然沒人知道。

❖波山（ばさん）

　是一種鳥類的怪物，別名為「犬鳳凰」。棲息於四國的深山中，《桃山人夜話》裡有附圖說明。

　它的外貌就像巨大的鳥類，嘴裡會吐出如同雞冠一般的大紅色火焰，但這種火焰跟狐火或磷光一樣，並不會真的燒到其他東西。

　平時棲息在山中的竹林裡，不常出現在人們面前。據說有時會出現在有人居住的村落裡，拍著翅膀，發出「啪沙啪沙」的聲音。等人們探頭看外面的時候，卻已經不見了。也有人根據那種可怕的聲音，把它稱為「啪沙啪沙」（バサバサ）。

❖鬼熊（おにくま）

　這是活了很久的熊所變成的妖怪。有時會下山攻擊牛、馬等家畜，再把牠們拖回山上吃掉。

　它不但擁有可怕的怪力，還有比普通熊大上好幾倍的身軀。據說曾經有人把好不容易打倒的鬼熊毛皮攤開在地上，竟然有六個榻榻米那麼大，真是史上塊頭最大的巨熊。

　從前人們相信，只要殺了年邁的熊，那麼氣候一定會急轉惡劣，日本人稱這種現象叫做「熊荒」。之所以會突然竄起暴風雪或山風，是因為熊是山神使者的原故。若要舉例說明結合熊與山神的祭典，那麼愛奴人所舉行的「熊祭」（イヨマンテ）就相當有名。他們相信熊是神的化身，希望藉由這個祭典，將熊神送回神的國度（岐阜縣、長野縣）。

❖風狸（ふうり）

　也被稱為「風母」、「平猴」、「風生獸」。

風狸**註**41可以乘風飛翔在空中。它會爬到樹上，觀察風道，然後像滑翔翼一樣滑翔，還可以飛過一、兩座山呢！

　　風狸的大小大概跟狸或川獺一樣，但外型比起名字裡面的狸，反倒比較像猴。在鳥山石燕的《百鬼拾遺》中，則畫著跟浣熊一樣的外型。跟狸一樣在夜間行動，而食物的來源，則是捕食蜘蛛或享受著樹木的香氣。

　　有著極為驚人的生命力，據說就算殺了它，只要嘴巴吹到風，就會復活。即使打碎它的頭，只要吹到風，也能復活。但只要用石菖蒲**註**42塞住它的鼻子，就會死去。

其他的山中怪獸

歐波呢亞斯 （オボノヤス）	福島縣的不明怪獸。傳言只要一遇到人，就會從口中吐出霧來。
雙頭鹿	出現在《本草綱目》裡，是一種像鹿一樣的怪獸。身體前後都有頭，即使有一邊的頭在進食，另一邊還可以走路。
俙獮（スカベ）	棲息在越中立山（富山縣）的人面獸，腹部有眼睛。它會預言瘟疫的流行，只要看到它的人，就能免於瘟疫。

❖山地乳（やまちち）

　　傳說蝙蝠老了之後，會變成鼯鼠妖怪；再更老的話，就會變成山地乳了。

　　當旅者借宿在深山中時，它就會在夜裡，悄悄地湊到枕邊，觀察旅者的氣息。一旦確認旅者是熟睡的狀態，就會吸取他的氣息。如果沒人當場發現的話，那麼被吸走氣息的旅者，隔天就會死去。但如果有人能親眼目擊這一幕，

註41 **風狸**：在中國《本草綱目》中，將風狸稱為東南亞產的「日避猿」（ひよけざる）。
註42 **石菖蒲**：天南星科的常綠多年生草本植物。根被用作驅蟲、止痛藥。

反而會變得更長命。山地乳的外型雖然與猿近似，但嘴巴為了能好好吸取氣息而變得有點尖了。

❖木魂鼠（コダマネズミ）

生活在秋田等地的獵人們，是相信木魂鼠的存在。雖然木魂鼠看起來就像小山貓一樣，是不起眼的小動物，但獵人們可是非常地害怕它。儘管木魂鼠讓人感到害怕，但它並不會直接加害於人。它會突然出現在人的面前，發出像槍砲一般的聲音，把自己炸得四分五裂，肉跟內臟也四處飛散，是種令人難以置信的野獸。獵人們認為，這是山神的憤怒，於是就會馬上停止狩獵。就算勉強繼續打獵，也會毫無收穫，大家相信這一定是因為詛咒的關係。不過據說只要念著「南無阿布拉烏恩肯恩梭嫋卡」（南無アブラウンケンソワカ）的咒語，就可以避免這個災禍。

（ノヅチ）

野槌

野槌的外型就像是沒有握柄的槌子。但也有像蛇一樣的，而這種怪蛇從遠古時代就為人所知。

外型

江戶時代，根據《和漢三才圖會》所述，有曾經抓到野槌的真實記載，這證明了野槌是實際存在的生物。野槌棲息於山中，潛伏在樹木或樹叢裡，尾巴不尖，整個身體就像沒有柄的槌子。嘴巴很大，會用這張嘴來咬

人的腳。野槌在下坡時的速度非常快，但上坡就很慢，因此被攻擊時，只要往上坡走，它就不會追來了。

鳥山石燕參考《和漢三才圖會》，在《今昔續百鬼》中畫下它的圖畫，那是沒有眼睛、鼻子，正要吞下兔子的模樣。

原本是神明

被認為是食人妖獸的野槌，原本也是神明。《古事記》記載，伊邪那岐跟伊邪那美生下許多神明，其中有個原野神「鹿屋野比賣神」（カヤノヒメ），這位神的名字也叫做「野槌」。「鹿屋野比賣」就是「萱草姬」的意思，在神社等地會取萱茅草來作為屋頂，而祂就是萱草原的守護神。此外，也被認為是名為「草野姬」的草原守護神。

野槌與其兄弟中的山神——大山津見神🏷43結婚，並生下了霧之神、黑暗之神、幻惑之神，就像是棲息於山中之鬼怪（妖怪變化）的母親。本居宣長在《古事記傳》中寫到，野槌其實就是原野之主。

原本是守護神的野槌被人當成是生下妖怪的神，而自己也漸漸被當成妖怪看待。這似乎是因為佛教漸漸普及的原故。

鎌倉時代所著作的《沙石集》🏷44中，記載著野槌是由一位缺德僧人來投胎轉世的。故事如下：

比叡山曾經有兩位僧侶。這兩個人訂下某個約定，那就是先死的人一旦投胎之後，要告訴另一個人自己在哪裡。後來有一個僧侶先死了，死去的那個僧侶依照約定前來托夢，告訴另一個僧侶自己現在是什麼情況。而死去的僧侶在夢中所說的，就是自己已投胎變成了野槌。它的外型就是沒有眼睛、鼻子、手腳，只有嘴巴，會攻擊人類並且吃掉他們。這全是因為自己生前是為了追求名譽與利益才學習佛法，只會說而完全不懂佛法的關係，所以才會變成這種沒有臉的妖怪。

🏷43 **大山津見神**：傳說大山津見神也有著蛇的外觀。這位神的兩個女兒，手名椎神（テナヅチ）和足名椎神（アシナヅチ），因為奇稻田姬（くいなだひめ）的事件，在快要變成八俁遠呂智的祭品時，被須佐之男所救（請參巨莽）。
🏷44 **沙石集**：是一位名為無住法師的人物所整理的佛教故事集。

❖土龍（ツチノコ）

　「土龍」是在昭和四〇年代後半、引起媒體一大震撼的神祕蛇類。目擊說法雖然很多，但從來都沒有抓到過。它也可以想成是跟野槌一樣的生物。雖然未經確認，也沒有學術上的認知，但我們在這裡可以從目擊說法中，抽出幾項特徵，來試著描繪它的實際形象。

外型

①像是在啤酒瓶上裝了頭跟尾
　巴的形狀。

②身體很短，只有三十至八十
　公分左右。

③身體很寬，直徑七至十五公
　分左右，稍微扁平。

④頭就像日式飯糰一樣，是三
　角形頭。

⑤尾巴又細又短。

⑥身體有黑色、深褐色，或灰色，背上有斑紋，腹部為黃色或白色。

性質

①目擊到的時候，似乎都只有一隻單獨行動。

②目擊時間為白天或黃昏，似乎不是夜行性。

③似乎會冬眠，出沒時間為四月到十一月。

④有毒。

⑤會游泳。

　就上述特徵來看，或許只是蛇的一種，但再從下列特徵來看，就明顯是非蛇的怪物了。

①用有點可怕的眼神眨眼（蛇不會眨眼）。

土龍的目擊地點與稱呼

因為外形像槌子	野槌 槌蛇 槌 槌棒	秋田、宮城、岐阜北部 岐阜南部、大阪 大阪、兵庫北部 福島
因為外形像杵	杵之子	京都、兵庫
因為外形像包納豆的茅草束	苞蛇	愛知縣
聯想到俵 （米袋）	俵蛇	九州南部
因為尾巴很短（似蜂）	蜂蛇（バチヘビ）	秋田
因為是筒狀的，又很像蝮蛇	筒蝮（つつまむし）	新潟
因為會滾	可洛利（コロリ） 可洛卡利（コロガリ） 可洛蛇（コロ蛇） 可洛給（コロゲ）、可洛林 （コロリン） 可洛（コロ）、湯可洛（タンコロ）、多天可（ドテンコ） 祇其可洛（ツチコロ）、 土滾（土転ぶ） 托天可洛卡西（トッテンコロガシ）	廣島 福岡 大分 廣島 福井 鳥取 岡山
因為身體周圍有五寸，而長度有八寸	五八寸	滋賀、兵庫、岡山南部
其他	幾幾黑比（ギギヘビ） 卡面尼可（カメノコ） 由空波庫奇納娃（ヨコンボクチナワ）、滾者（ゴンジャ） 可烏卡伊其拉庫奇（コウガイヒラクチ）	秋田、岩手 新潟、長野 和歌山 福岡

※沒有目擊過的只有「沖繩」及「北海道」兩地。其土龍的名稱有四十種以上。

②睡覺會發出「嘶～嘶～」或「咕～咕～」的鼾聲。

③可以跳起二公尺左右（蝮蛇只能跳三十公分）。

④跳的時候會像尺蠖一樣縮起來，用尾巴當支點起跳。

⑤前進的時候是直線前進（蛇是扭動蛇行）。

⑥會從高高的樹上展開身體，像滑翔翼一樣滑翔。

⑦會把身體捲成像輪胎一樣滾動，也會直的滾動。

就現代幻獸「土龍」來說，也已經有酷似土龍而被當成妖怪傳說的生物了。好比說，被稱為「土滾」（土転び）（鳥取縣）的妖怪，其身體直徑三十公分，長九十公分。外表像是木桶的形狀，會一邊在土上滾動，一邊追著人跑。

另外，「尼達拉薩佩」（ニッタラサンペ）（北海道）的身體像球藻一樣圓圓的，直徑有二公尺左右。顏色為茶褐色，有長羽毛，據說看到它的人，運氣就會變差。

（転バシ）

滾怪

「滾怪」是種在地上一邊滾，一邊移動的妖怪。下面就讓我們來認識這個妖怪吧！

有著槌子外形的滾怪

在《北國奇談巡杖記》註45中，記載著有關「槌子坂之怪」的故事。根

註45　北國奇談巡杖記：是鳥翠北𦊆的著作。作者在文化四年（西元一八〇八年）遊覽北陸各地時的見聞錄。

據其記載，在下著小雨的夜裡，金澤（石川縣）的某個坡道上，就會出現一種槌子妖怪。一身黑，像個沒有柄的大槌頭，到處轉來轉去並嘻嘻地笑，突然間發出雷鳴般的聲音，緊接著一陣光亮後就消失了。

銀槌（ぎん槌）（德島縣）則是掉在路上，或是漂流在河裡，讓人想去撿它。如果想去撿起河中的銀槌，就會被引誘而溺水。

同樣在德島縣的槌子狸（槌の子狸），會一邊喊著：「救命、救命」一邊纏著路過的行人。一個不小心就會被它纏住腳，然後被扔出去而跌倒。

槌子以外形狀的滾怪

滾怪的種類裡，也有不是槌子形狀的。

「立繰返」（タテクリカエシ）（新潟縣），會拿著形狀像手杵註46的東西，從遠方「咚咚咚」地跳過來，它會讓遇到它的人四腳朝天。不過由於它要換方向是很困難的，所以在被抓到之前，只要跟它擦身而過逃走，它就不會追來了。

夜裡，走在沒人的坡道上時，如果有聽到「喀隆喀隆」的金屬聲音朝你滾了過來，那就是岡山縣的「藥罐滾怪」（やかんころばし）了；長崎縣則把它叫做「藥罐捲」（やかんまくり）。一旦這種怪音現象出現，通常會真的有什麼東西滾了下來。

福島縣會出現一種有著金屬製、像是燒水用的茶壺的「鑵子滾怪」（鑵子転バシ），它會絆住路過人的腳，讓他跌倒。

其他，在德島縣還有外形像日本小酒瓶的「德利滾怪」（德利廻し）；香川縣有外形像牛馬飼料桶的「桶滾怪」（タゴマクリ）；長野縣有外形像竹簍且會變成人形的「竹簍滾怪」（イジャロコロガシ）。

註46 **手杵**：是棒子中央較細的杵，握住中央較細的地方，用其上、下兩端來搗碎東西。長度在一公尺以上。

釣瓶落

滾怪一類是從路的那一頭滾過來的，所以大家還能有心理準備。但是釣瓶落一類卻是突然從上面掉下來，所以不可能不被嚇到的。在這裡，我們介紹一些能夠代表釣瓶落，從上面掉下來的妖怪吧！

釣瓶落與其同類

也稱作「釣瓶降」（つるべおろし）。從水井汲水時，用繩子吊著的水桶，在日文裡叫做「釣瓶」，但在滋賀縣彥根市這裡，它卻會突然從頭頂上掉下來，這似乎是棲息在樹上的妖怪在搞鬼。在京都龜岡市則是會聽到有人說：「晚上工作完了，來打個水吧！嘎嘎嘎～」然後掉下的不是水桶，而是一顆大大的人頭。人頭會嘻嘻地笑，或是咻一下又回到樹上。有時候會掉下五個或六個人頭，那可真是嚇死人了。（也有人說，那些頭是被妖怪吃掉的人們）

如果只是單純被嚇那也就算了，據說釣瓶落之中，也有會把人拉到樹上再吃掉的。吃了一次之後，飽足感能持續一段時間，所以二、三天內不會再掉下來，但只要肚子一餓，又會重複一樣的動作了。

在愛知縣，則有住在樹上的鬼，會用黃金水桶把人吊上去吃掉的恐怖傳說。

「藥罐吊」（藥罐ズル）則是長野縣所熟知的妖怪，它的外表並不是水桶的樣子，而是水壺的樣子。路經深夜裡的森林時，會有像水壺的妖怪從上方落下，不過因為出現的地點都是一樣的，所以可以用繞路的方式避開它，但要是真的不幸看到它，據說就會患病。總之，這是一種用各種姿態掉下來的妖怪。

❖妖怪垂掛（妖怪下がり）

垂吊下來的妖怪不只是物品，也
有長得像生物外形的妖怪。「妖怪
垂掛」（岡山縣）就是只有馬頭的
妖怪，會從朴樹上垂掛下來，發出
馬的嘶嘶聲來嚇人。福島縣的會津
也有出現類似的妖怪，而這種妖怪
的真面目，據說是在路上病死的馬
所變成的。

有時掉下來的並非馬頭，而是腳。在福岡縣，如果樹從老舊的圍牆裡冒
出在外，就有可能會從樹上垂下腳來，要是沒注意就這樣走過，就會被它
踢到頭。

從上面垂吊下來，並有物品外形的妖怪

文福茶壺	秋田縣	會掉下燒水的茶壺。
茶袋	高知縣	一碰到就會生病。
袋落（袋下げ）	長野縣	白色的袋子，應該是狸的把戲。
嬰兒籠落 （エンツコ下がり）	青森縣	裝著嬰兒的嬰兒籠會隨著嬰兒哭聲垂吊下來。
棺桶落（棺桶下がり）	青森縣	會掉下棺材。

（みこしにゅうどう）

見越入道

聽說如果走在荒寂的山道或坡道上，就會遇到手上拿著提桶或提燈[註]47 的小孩。如果你覺得怪異而跟它對看的話，那麼眼前的小孩就會突然大上一圈。要是繼續看，它就會愈來愈大，最後變成要抬頭才能看著它的大入道。這就是名為「見越入道」的妖怪。

見越入道之害

愈是盯著見越入道看，它就會愈變愈大，最後甚至會大到要抬著頭，就像看著一個高到天邊的巨人一樣。但如果能冷靜地把視線調回到原來的高度，那見越入道的身高也會慢慢地縮回來。因為這樣，見越入道的同類「抬頭坊主」（見上げ坊主）（神奈川縣）也被稱為「低頭坊主」（見下げ坊主）。看來這應該是妖怪讓人產生的幻覺而已。

如果單純只是幻覺，那就沒有什麼危害。但有些時候，見越入道也是會殺人的。

在壹岐島（長崎縣），它會躲起來（因為它已經變大了，所以人們不知道是它），在路過人的頭上，讓竹葉沙沙作響。如果不留意而要通過的話，那就會有竹林突然掉落在眼前而被殺死。

[註]47　提燈：另外有一種妖怪叫「提燈小僧」，跟見越入道一樣，手裡拿著提燈。外表是臉上泛著紅暈的小孩，會出現在有人被毫無理由殺死的地方。

見越入道的真面目與應變對策

也有認為見越入道其實是鼬鼠（請參變化）。如果一直抬頭看著它變大，它就會突然變回鼬鼠，咬斷人的喉嚨。愛媛縣及福岡縣則把它稱為「入道坊主」，會突然出現在路人面前，然後一直變大，如果路人把頭抬得太高，它就會變回鼬鼠來咬人的喉嚨。如果不想被咬，據說只要大叫：「我看到囉！」它就會消失，或是安靜地抓住它的腳去敲地面，它就會死。

也有人認為，某些種類的見越入道，它的真面目就是狸。「高坊主」（德島・香川縣）是會在十字路口或田邊小路上出現的妖怪。它會用非常驚人的身高出現，但只要從高處往下看，它就會變小。根據江戶時代的鬼故事集《百物語評判》記載，它曾在京都的大宮四條坊門附近出現，嚇壞了民眾，而且一定會從背後出現。

「高入道」（兵庫・德島縣）也被人認為它的真面目是狸或狐。如果用量尺一尺、兩尺……來量它的身高，它就會消失。

各地所見的見越入道一類

跟見越入道一樣，會讓身體愈來愈大的妖怪，除了上述所介紹的以外，在日本各地也有其蹤跡。下列我們就做些介紹吧！

①抬頭入道（見上げ入道，佐渡島・新潟縣）：只要念著：「我看穿抬頭入道囉！」再趴在它前面，它就會消失。

②見越（お見越し，靜岡縣）：因為有著一隻眼睛或三隻眼睛，所以也稱為「一目入道」、「三目入道」。只要叫著：「看穿囉、看穿囉！」它就會消失。

③大入道（靜岡縣）：聽說它會在墓地裡出現，並且也會壓在女性的背上，或是以飛起來的布的樣子出現。人們若不幸遇到它，會有丟掉性命的危險。

④次第高（鳥取・島根・山口縣）：如其名一般，一抬頭看它，它就會變高；低頭看它，它就變矮。雖然見越入道通常是人的外形，但也有很多沒有特定形狀。這些妖怪就像影法師一樣低調。下列就是這類的見越入

道。

①乘越（岩手縣）：據說外表就像理著平頭的小孩，不過跟影法師一樣，還不清楚它確切地樣貌。被人看到的話，就會變大。在柳田國男的《遠野物語》中也有記載這個妖怪。

②伸高（伸び上がり，德島縣）：是出現在三好郡的竹林附近的妖怪，但外表就像人影一般，所以不好分辨，只要移開視線就會消失。此外，聽說往距離地面三十公分左右的高度踢下去也會消失。真面目可能是狸或川獺。

③山法師（ヤンボシ，鹿兒島縣）：到了晚上，會以巨人影子的模樣出現。據說會出現在以前有小孩上吊自殺的地方，在宮崎縣則稱為「ヤンブシ」。一般認為「ヤンボシ」或「ヤンブシ」是由「山伏」（やまふし）這個詞所轉化來的。

④影怪（ズンベラ，日本各地）：會變成黑影，在地面匍匐爬行的妖怪。只要有人來，它就會站起來，並抓著人的腳，將他拖到地底下去。

⑤影坊（ズンベラ坊，日本各地）：會變成像大山一樣的影子來嚇人。

⑥白坊主（大阪府）：跟黑色的影法師不同，是一種全身雪白的妖怪，出沒在攝津和泉。雖然看不出有沒有五官及手腳，但外表就像是穿著破損衣物的小孩，所以稱為「白坊主」。據說是一種狸的化身，並不會害人，但因為它不會變大，所以或許很難當成見越入道的一種吧！

中國的見越入道——山都

　　江戶時代的百科全書《和漢三才圖會》中，引用了中國的《述異記》，介紹一種見越入道的同類——山都。

　　山都是有著黑色皮膚、黃色頭髮的紅眼巨人，很難有機會看見它。它的巢穴在深山裡的樹木中，呈蛋型。巢穴內側非常漂亮，地上還舖了鳥的羽毛。

（子泣き爺）

嬰啼爺

「嬰啼爺」是外表有著嬰兒樣貌的妖怪。它的樣子在水木茂的漫畫裡，為人所熟知。在這裡，我們就介紹一些有著嬰兒樣貌的妖怪或死靈吧！

嬰啼爺與其同伴

嬰啼爺是出現在德島縣山中的妖怪。當你夜晚走在路上，路旁出現一個哭鬧嬰兒時，通常人們都會可憐這個嬰兒，而將它抱起來，但仔細一看卻會發現，眼前的這個嬰兒不是嬰兒，而是有著「老人」臉孔的嬰啼爺。

這時，受到驚嚇的你，就算想把它丟掉也不行。因為嬰啼爺會緊緊地抓住你，絲毫不肯放手。然後漸漸地，它會變得跟石頭一樣重，直到把你壓死為止。

在四國所流傳同為嬰啼爺同伴的妖怪，有以下幾種：

①嗚哭（オギャナキ）：無法看見它的樣貌，只能聽到哭聲，但要是真的看到它，它就會拜託說：「背我吧！」。

②哇哭（ゴギャナキ）：跟單腳妖怪一樣，是只有一隻腳的妖怪，可以把它當成山爺的同類。也有人說，嬰啼爺只有一隻腳。它會在高知縣的山中出現，一邊哇哇大哭，一邊搖搖晃晃地跟過來。由於它一出現就會引發地震而讓人害怕。

此外，在德島縣內一個名為彥太郎谷的地方，據說有種叫做「芥子坊

主」（けしぼうず）的嬰兒妖怪集團會攻擊人類。它們只留著頭頂的頭髮，其他部分都剃掉的芥子坊主頭。會鼓譟同伴群起攻擊人類。

❖ 嬰靈（赤ん坊の死靈）

「嬰靈」在日本各地都有出現，我們就在這裡作個介紹吧！

「阿康瓜馬吉姆恩」（アカングヮーマジムン）是出現在沖繩縣的嬰靈。它有著嬰兒的樣貌，會用四肢在地上到處爬動。只要一遇到人，就會想鑽到他的跨下。如果被它鑽進來，馬上就會被吸走魂魄而死。因此，遇到嬰靈時，只要交叉雙腿讓它鑽不進來，它就會放棄離開。

出現在新潟縣佐渡島的「產」（ウブ），有著巨型蜘蛛的外表，會一邊哇哇哭，一邊出現。如果將死掉的嬰兒或不想要的孩子丟在荒郊野嶺中，就會變成「產」，那可是會纏著路人並取其性命的恐怖妖怪。如果腳被抓住了，就要立即脫下另一腳的鞋子，越過肩頭扔出去大叫：「你的媽媽在這裡！」那麼「產」就會消失。而同樣妖怪還有發生在愛媛縣的「產女」（ウブメ）。

傳說在山谷河川或沼澤等地，會出現「川赤子」。剛開始，人們會聽到嬰兒的哭聲，想說是不是有嬰兒溺水了，但怎麼看都看不到嬰兒的蹤跡。「川赤子」這個名字是鳥山石燕在《今昔續百鬼》中所命名的。根據其中記載，川赤子可能是河童的一種。

在愛媛縣南部也流傳有嬰靈。傳說走在夜路上，腳會突然被纏住，然後一步都走不動。而且還會聽見某處傳來恐怖的叫聲，或是嬰兒的哭聲。只要遇到這種情況，據說就是被「野津子」（ノヅコ）所附身了。

野津子是被拋棄的嬰靈，因為沒有被供養，所以才會出現。只要給它草鞋的腳繩或是繩環🈺48，它就會消失。

在整個四國地區，散布著許多名為野津子樣、野津子塚的小祠堂及墳墓，不過這些是害怕死牛作祟所建立的，應該跟野津子沒有關係才是。

❖ 產怪（さんかい）……人類生下妖怪

人類有時也會生下妖怪小孩。人們將生下來的妖怪，統稱為「產怪」，其中有名為「血塊」（ケッカイ）、「血怪」（オケツ）等的產怪。這種妖怪一生下來，如果不馬上殺死它，那麼生下它的產婦就會有生命危險。

「血怪」（岡山縣）與其說它像人，其實更像烏龜的樣子。血怪的背上有著像海龜一樣的鬃毛。自母體生出後，就會開始爬動，逃到地板底下。如果沒殺了它，讓它逃走的話，它就會跑到產後坐月子的熟睡婦人身體正下方，殺了婦人。

神奈川縣的足柄上郡，把這個妖怪稱為「血塊」。血塊一出生就會爬到日本圍爐上方用來吊掛茶壺的自在鉤上。因此人們會預先在鉤子的中途綁上飯匙，等它一開始爬，就將它打下來。此外，在埼玉縣，則是以漢字來寫成血塊。在浦和地方，為了不讓血塊逃到地板底下，會在孕婦周圍事先用屏風圍起來。這似乎是要對血塊做結界🈯49的意思。

日野巖的著作《動物妖怪譚》中，見世物小屋🈴補13裡似乎經常會拿出猿猴來展示。它的外型跟小貓差不多大，色白，平常總是在睡覺，偶而會喝牛奶。據說有紅色及白色兩片舌頭，但這其實是印尼產的夜行性猴子。

先不管見世物小屋的事情，產怪其實有著不能用胡扯想像來撇清的黑暗面。在人類生下妖怪的故事裡，也有河童侵犯人類處女而生下河童小孩的故事🈯50。生下來的河童小孩會在不為人知的情況下，被扔進河童淵。如果比較現實地解釋這種故事，那就是水子🈴補14的故事了。受精一個月左右的胎兒就像蝌蚪或烏龜一樣，由於手指尚未分開，反倒像是蹼。因為流產或早產而離開母體小孩，或許就是因為尚未發育成形就被產下，才會被人當成河童的孩子或是妖怪而如此忌諱。

🈯48 繩環：是讓細繩穿過的小環，被日本人當成供養幼兒或意外死亡亡者的供品。
🈯49 結界：佛教用語，指區別寺廟內外的邊界。在日本，「結界」就慢慢變成靈異存在無法進出的邊界了。
🈴補13 見世物小屋：展示各種稀奇珍品的展示小屋。
🈯50 在日本東北等地方流傳。柳田國男的《遠野物語》裡，也有記載類似的故事。
🈴補14 水子：指流產的胎兒。

（ぬりかべ）

塗壁

有時一個人夜晚走在無人通行的山路或是寂靜的海岸道路上時，會突然被看不見的牆壁給擋住去路，這種現象在福岡縣的遠賀地方則稱為「塗壁」，認為是妖怪的把戲。一旦遇到塗壁，就算往旁邊走，牆壁也會無止盡地延續下去，讓人無法通行，無論怎麼打它、踢它都沒有用，但據說只要用棒子敲下面的部分就可以了。

塗壁的同伴

「塗坊」（ぬりぼう）是出現在長崎縣壹岐島，類似塗壁的怪物。塗坊雖然有形狀，也會堵住人的去路，但是它的形狀並不明確，是灰色的怪物。據說只要用棒子敲它，或是在石頭上坐著休息一下就會消失了。

出沒在高知縣幡多郡的「野衾」，就是在休息一下的期間裡會突然消失的妖怪，這點跟塗壁很相似。

此外，會突然出現並擋住去路的塗壁的同伴們，還有以下幾種：

① 「大樹怪」（シマーブ）是喜界島（鹿兒島縣）的妖怪，外形像枝葉茂盛的大樹，不過真面目沒人清楚。

② 「衝立狸」是出現在德島縣美馬郡，一個名叫「高須」的荒涼地方。如果深夜走在路上，在路中央突然豎起巨大的路障而無法前進，這應該就是衝立狸在搞鬼。許多人應該都會受到驚嚇而不敢再往前吧！不過如果有大膽的人依然前進的話，據說就會二話不說地讓他通過。傳說這個妖怪，後來有某位僧侶念了四萬八千次的光明真言51，並建造高三公尺

注51　光明真言：是密宗真言的一種，據說只要念誦它，就能消除一切罪業。內容如下：「唵阿謨伽尾盧遮那（おんあぼきゃべいしろやのう）摩訶穆陀羅摩尼婆頭摩（まかぼたらまにはんどま）蘇婆羅波羅波喇多耶吽（じんばらはらばりたやうん）」。

左右的石碑，把它封印在裡面。而現今這座石碑依然留在路邊。

❖妨礙通行的妖怪

除了有以牆壁阻礙通行的妖怪以外，還有以其他方式妨礙通行的妖怪。下列我們將介紹其中幾種：

「掛蚊帳狸」（かやつりたぬき）跟「衝立狸」一樣，都是德島縣的妖怪，似乎在阿波地方（德島縣），什麼現象都會被當成狸的把戲了。

有時走在夜路上，路的正中央會沒來由地掛起蚊帳。因為不穿過蚊帳就不能前進，所以即使再怎麼覺得奇怪，還是會穿過去看看。結果發現，穿過這個蚊帳之後，後面又掛著其他蚊帳，不管怎麼掀，都會跑出新的蚊帳來。就算你覺得這樣不是辦法而想要回頭，後面也是掀不完的蚊帳，而無法回到原處。人們就只能這樣在原地徘徊，直到天亮為止。但據說只要靜下心來掀開蚊帳的話，到第三十六張蚊帳就能出去了。

也有纏住人的腳，讓他不能走路的妖怪。出現在高松地方（香川縣）的「折腳怪」（あしまがり），是一種像棉花一樣軟綿綿的妖怪，會來纏住人的腳。據說這種妖怪的真面目也是狸，如果去抓它，就會抓到像尾巴的東西。相類似的妖怪還有「赤足」（香川縣鹽飽群島）、「纏轉」（てんころばし）、「跌倒怪」（コロビ）（島根縣美濃郡）。

而「尾怪」（オボ）（群馬縣利根郡）則是有著鼯鼠的外型，會纏上人的腳。「磨脛」（すねこすり）（岡山縣小田部）則是看不見它的樣貌，

野衾（のぶすま）

野衾是實際存在的鼯鼠或飛鼠的日本別名。牠們是松鼠或老鼠的同類，在前後腳之間有皮膜，可以在樹木之間滑翔幾十公尺。因為有時會撲到人的臉上嚇人，所以被當成妖怪。在《今昔續百鬼》中，也把牠記載為是吃火焰的妖怪。此外，人們認為當牠老了之後，就會變成「山地乳」（やまちち）或「百百爺」（ももんじじい）（請參道路之怪）。

不過聽說腳被纏上的感覺很像小狗。

（一反木棉）
木棉妖

有時會出現像布或棉被的東西湧過來，把人包覆之後再殺掉。這類妖怪中最有名的，應該就是「木棉妖」了。

出現在鹿兒島縣的木棉妖，外表就像又白又薄的一片木棉布，會在夜裡飄來攻擊人類。它會捲住人的頭部，有時會因而窒息死亡。

木棉妖的同類

「蓋棉被」（布団被せ）也會飄來蓋住人的臉，即使想拉下來也沒辦法，最後會就這樣窒息而死。

「衾」（ぶすま）應該是實際存在的動物鼯鼠的親戚吧！據說它曾出現在新潟縣佐渡島，是會飛在空中、像巨大浴室踏墊一樣的妖怪。無法預知它會從何處飛來，然後就這樣緊緊捲住無辜路人的頭。傳言在江戶時代經常出現，就算用刀去砍它也砍不斷，可是人們卻認為，只要用塗上鐵漿**註**52的牙齒咬過一次這個妖怪，之後就能用刀砍斷了。

「野鐵砲」也是一種類似鼯鼠外型的妖怪。棲息在森林深處或山谷之間，每當有人路經時，就會從嘴裡吐出像蝙蝠一樣的東西，黏在人的臉上。這麼一來，人就無法行動，而食物等東西也會被它搶走。在《桃山人夜話》中也有記載。

註52　鐵漿：也叫做「御齒黑」（おばくろ），是一種把牙齒染黑的化妝，也可以預防蛀牙。一直到明治初期都還有人使用。

水邊與海

第二章

之章

河川會從山中流往海洋。山上落葉林所產生的腐土，溶在河水裡，滋潤了稻田，而製造出肥沃的土壤。河童在春天從山中來到村里，成為田之神，等到秋天則又回到山裡，這代表著河川的作息。但河川偶爾會發生洪水肆虐，襲擊人類，釀成嚴重的災害，因此也是一種可怕的存在。河川中有漩渦的河川水流，也有蛇行的河川姿態，因此在人們的想像中，水神應該就是蛇了。

日本自古以來，相信在海的另一端，是所謂「常世」的樂園，而人死了之後，就會變成常世的居民。但隨著時代演進，樂園的印象逐漸被人遺忘，海（尤其是夜裡的海）則慢慢成為充滿死靈的危險世界，「船幽靈」跟「磯女」就是其中的代表。此外，人們也認為海中棲息著未知的生物或怪物，像是身長數百公尺的怪魚或不明的海怪，都會襲擊船隻。

（かっぱ）

河童

　　我想應該很少有人沒聽過河童的吧！河童與鬼、天狗齊名，出沒範圍遍及日本各地，是著名的妖怪之一。河川、水池、沼澤、湖等，皆是它棲息的地方**註**1，但也有能棲息在海中的河童。因為極為適應水中生活，因此能在水裡活上一整天。另外，據說河童的骨頭只要碰到水，就會看不見，所以很難找到它們的骨骸。在此，我們將詳細介紹有關河童的外型、特徵、起源，以及河童的同類。

河童的外型

　　河童看起來就像是介於二至十歲左右的小孩。頭髮也是河童髮型（跟名字一樣，中文的意思就是指西瓜皮頭），頭頂則放著一個盤子。臉通常是紅色的，眼睛則是圓滾滾的黃色大眼。身上黏黏滑滑又有腥味，而且帶有斑點。有些河童的背上還會長出像烏龜一般的甲殼，但也有背上沒有長出甲殼的這兩種。沒有甲殼的，就像猴子一樣，全身長滿濃密的毛。它們手腳的指頭之間有蹼，腳底板還有吸盤，屁股上長著小小的尾巴。至於有沒有類似生殖器的器官，從外觀來看，似乎無法發現。

　　河童最不可思議的特徵，就是雙臂似乎是連在一起行動的。例如當你拉它一邊的手臂，那麼你拉多少，另一邊的手臂就會縮進去多少。要是太用力拉它一邊的手臂，那就可能會把它的手臂給拔了下來。另一個特徵就是，河童的肛門似乎有三個，它從肛門放出來的屁非常地臭，要是吸個正著，有時可是會猝死的。

註1　**棲息的地方**：在九州，據說河童到了冬天會棲息在山裡。

河童愛吃的東西

據說河童最愛吃小黃瓜了，尤其是小黃瓜頂端生長的花的部分。而其他像茄子、南瓜、油麻的莖等，也是它喜愛的蔬菜。為了得到這些蔬菜，河童會去搗壞田地，所以對農民來說，河童確實是個麻煩的存在。

另一方面，也有人認為河童其實是更可怕的東西。這種恐怖的河童，最喜歡的食物是尻子玉（被認為是在肛門裡的一顆珠子），於是會把人拉進水中去取那顆珠子🔘2。但也傳說河童會吃活人的肝，然後把尻子玉獻給龍王。

河童討厭的東西也不少，像是金屬（鐵）、玉米、大角豆（一種豆類）、麻的灰燼、鹿角、牽牛花、葫蘆🔘3等。不過根據地區的不同，這些討厭的東西有時也會變成喜歡的東西。動物之中，河童似乎非常討厭猴子，而且就像看到天敵一樣地害怕牠們。此外，如果有人曾經吃下供過佛的飯，似乎河童也不敢靠近這些人。

河童的力氣

河童一旦遇到人，一定會跟他挑戰相撲。儘管河童的外型像個小孩，但力氣之大，絕不會輸給人類的男子，也因為對這種力氣感到自豪，所以老是跟人挑戰相撲。有些河童如果相撲輸了，它就會一直挑戰到自己贏了為止，但也有些輸了之後覺得很有趣，打算繼續挑戰下去的河童。總之，河

🔘2 據說被河童攻擊而溺水的人，臉上都會充滿笑容。
🔘3 葫蘆：因為葫蘆不會沉到水裡，所以水中妖怪都很怕它。

童真的很喜歡相撲就是了。

人們認為，河童的力量來自於頭上的水。一旦不小心把水給潑了出來，就會變得非常虛弱。反之，如果在水裡，那它的力氣就會比人還大，大到足以把馬或牛拉進水裡的可怕怪力。

河童的超能力

河童除了具有能隱形的超能力外，它也可以變成人或動物，或是毽子等物品。但最可怕的就是，它也會進入人或家畜的體內。如果進到小孩的身體裡，那小孩就會一整天都看著河川或沼澤，最後走到水裡溺死。所以一旦發現河童進到身體裡來，就必須馬上拜託行者或是僧人來驅邪才行。

河童雖然有公母之分，但要生孩子的時候，有時還是會借用人類的身體。據說河童會挑選在河邊玩耍的女孩子，進入她的身體，讓她懷孕。三個月之後，就會生下十二隻河童，而河童的孩子也會馬上回到河裡。

河童也會製作對金屬割傷或是骨折特別有效的良藥，這是因為河童精通良藥處方的原故，而這種藥則稱為「河童膏」。當河童上岸、不幸被人抓住時，如果好心放它回到水中，它就會送人這種藥當作回禮。

河童的起源

①外來說

傳說河童原本棲息在中國的黃河上游，但其中某一族，為了尋找更好的棲息場所，便沿著黃河而下，往東方移動。老是找不到好地方的河童們，後來到了東海，就渡海登陸日本的九州註4，而這個地點據說就是熊本縣球磨川的河口註5。習慣了這裡的生活之後，河童們就開始往上游移動，後來這一族繁榮壯大，數量高達九千隻之多。因此，這裡的河童族長，被日本人稱為「九千坊」。

九千坊仗著人多勢眾，四處搗毀田地，誘拐婦孺，恣意妄為。目睹這些

註4 在河童之中，也有會在故鄉黃河上游之間往返的。
註5 球磨川的河口：目前這裡還有建造河童渡來的石碑。

動亂而憤怒的肥後國（熊本縣）領主加藤清正，決心集合整個九州地區的河童天敵——猴子，企圖攻滅河童們。河童們對這波攻擊束手無策，於是投降之後便離開了肥後國。

九千坊們後來得到鄰國筑後國（福岡縣）久留米城城主的允許，移居筑後川。從此，就變成一個名為「水天宮」，專司消除水災的神的使者**註6**，而後河童們也就遍布日本全國了。

②人偶說

有關河童的兩臂連在一起這件事，在前面〈河童的外型〉裡，就已經提過了，而這點跟河童由來的一個說法有很大關係，那就是「河童原本是人偶」的說法。

那已經是從前在奈良縣的三笠山，建造春日神社（今稱春日大社）時的事情了。有個從事工匠**註7**服務的內匠寮的長官，為了增加人手，於是將茅草綁成十字型，做出九十九個人偶，並對它們注入魂魄，讓這些人偶變成小孩子的樣子，協助建造工程的進行。靠著它們的幫忙，神社建造的進展非常順利，最後終於順利完成。神社完工之後，沒有用處的人偶就被扔進河中，但由於這些人偶已被注入生命，所以能繼續存活，後來就變成河童了。但即使變成了河童，由於左右手是用同一把茅草所做出來的，身體構造依然沒改變，所以雙臂才會連在一起。

③水神後裔說

也有河童其實是水神後裔的說法。就河童的方言來說，有「メドチ」、「メットウチ」、「ミンツチ」等名稱。人們認為，這是由所謂「ミズチ」的古代水神名字所轉變而來的。

有甲殼的河童

①山梨河童（カンチキ）　山梨縣

在山梨縣南都留郡，一片多沙野原裡的河川深淵，棲息著像烏龜一樣的甲殼，披頭散髮，臉呈藍黑色，很像「烏天狗」（請參天狗）的河童。它

註6 中國把水精靈稱為「河伯」，也有說法是這個河伯來到日本之後就變成河童了。
註7 工匠：從事大工、細工師等工作。

總是攻擊人的屁股，並迅速地抽出人的內臟來吃掉。

②權五（ゴンゴ）　岡山縣

是如同烏龜外型的河童。每當小孩在河裡游泳時，只要一邊念著：
「權五走了，再來玩水吧！」（ゴンゴおんじめ[譯補]1、また来て浴び
る）就不會被攻擊了。

有著猴子外型的河童

①芝天（シバテン）　高知縣

也叫做「芝天狗」。身長一公尺左右，全身像猴子一樣長滿毛，相撲技
巧絲毫不輸給大男人。

②猿猴（えんこう）　高知縣、香川縣、山口縣、廣島縣

手、臉像猴子，身體卻像鯰魚一樣滑溜溜的，不時會把馬拉進水裡，讓
牠溺死。它也會找人挑戰相撲，但人們只要在手上沾了口水，或事先吃了
供奉神佛的飯，那麼它就會逃走。在掃墓的季節裡，人們如果進到河中，
尻子玉就會被它取走，但只要拿著猴子的毛游泳，就不會被攻擊了。此
外，它也會傳授接骨良藥祕方給人。

③淵猿（ふちざる）　廣島縣

像猴子一樣毛量濃厚，且具有可與百人匹敵的怪力。

④川獲（カワエロ）　岐阜縣

它在河裡時，人們無法看見。當它一上岸，就會走來走去，並留下沒有
腳跟的足跡。

⑤川猿　靜岡縣

身上有魚腥味，性格膽小。如果馬遇到川猿就會生病而死。

變成人的河童

①青森河童（メドチ）　青森縣

[譯補]1 日文中「おんじめ」，中文解釋作「結束」的意思。

長得像猴子一樣的臉，身體黑漆漆的。看起來就像十歲左右的小孩，但有時會變成女孩，把人騙到水裡，讓他溺死。

曾經有個小孩被青森河童攻擊而溺水，在緊要關頭被救了上來，並讓他把水吐出來，結果從肛門跑出了五十公分左右的青森河童，痛苦掙扎，四處滾動，隨即又跳進河裡了。

②川入（ガワイロ）　岐阜縣

它會變成小孩的模樣來找人挑戰相撲。頭頂上的盤子裡裝了毒，一旦混到河水裡，就會讓水變黏而使人溺水。

③川童（カワッパ）　愛知縣

抽菸時，會以少女的樣貌出現，並跟人借火。

棲息在海中的河童

①尻翻（シリコボシ、ゴボシ）　三重縣

棲息在伊勢志摩地區的海底，在淺海裡打魚的女性們叫它「龍宮先生」。一旦遇到它，就會被拔取活肝而死，非常可怕。如果在山椒的枝上綁條線並掛在胸前的話，就不會被攻擊了。它很討厭鐵，如果把鐵丟到海裡，就會對人們作怪。

②海小僧　靜岡縣

頭髮垂到眼睛附近，就像戴著帽子一樣。當有人在釣魚時，它就會沿著釣魚線浮到海面上，並對人微笑。

③海童（ガワッパ）　熊本縣

據說一到夏天，它們就會聚集在海底的龍宮。最喜歡的食物是桃子，最討厭的東西是金屬。

與祇園祭有關的河童

祇園祭是用來驅除夏季疾病的祭典，牛頭天王為其祭神。因為人們認為河童是這位神的使者，所以河童的活動也跟這一天有密切關係。此外，牛頭天王的神紋（代表神的花紋）就像把小黃瓜直直剖開的形狀，而這似乎

也跟河童喜歡吃小黃瓜有關。

　　被稱為「川太郎」（ガアタロ，長崎縣）、「河小僧」（愛知縣）、「祇園坊主」（靜岡縣）、「岐阜河童」（ガオロ，岐阜縣）及「新潟河童」（シイジン，新潟縣）的河童，會在祇園祭當天出現在河川深處，攻擊在那天游泳的人。

❖河人（ミンツチカムイ）

　　北海道的愛奴人認為一種很像河童的精靈，那就是「河人」。河人支配著魚族，具有讓漁夫魚穫豐收或捕不到魚的力量。

　　根據愛奴傳說，在江戶時代為了跟日本人進行貿易，而用船來往時，日本人在船裡藏了「疱瘡神」（請參疫神）。愛奴人為了抵抗疱瘡神，便把蓬草註8做的人偶當成戰士來跟它交戰。交戰過程中死去的草人後來復活後，就變成河人了。

❖鹿兒島河童（ガラッパ、ガウル、ガラル）

　　這種河童的手腳非常長，只要一蹲下來，膝蓋就會超過頭頂。嘴巴總是流著口水，而且非常地臭。會附在人身上讓他肚子痛，或是迷路，或是發出不可思議的聲音來嚇人。總之，它們就是會做盡壞事。如果在山裡說它的壞話，它在好幾公里外就會聽見，然後找你報復。傳說只要看見它就會死，但也據說只要跟它打好關係，就會讓人變得很擅長釣魚。（鹿兒島縣西南群島）

❖彌彌子河童（弥々子河童）

　　是棲息在關東地區利根川的女河童，會把小孩、馬拉進河裡，也會偷漁塭裡的魚或是田裡的小黃瓜來吃，是讓人相當頭疼的搗蛋鬼。

註8 **蓬草**：在愛奴神話中，從天上降下而最先在土壤裡生長的植物，就是蓬草跟竹子。所以為了抵抗外侮，就會使用這種神聖的草。

不過這個搗蛋鬼有次想把馬拉到水裡卻失敗了，結果被武士給抓住，這時彌彌子河童為了讓武士放了它，便傳授他刀傷的良藥。

❖一目入道

是棲息在佐渡島湖水中的河童老大，頭上的盤子裡長著一隻眼睛。好奇心很強，曾經把馬騎走，到處遊玩，結果被馬主人發現因而被抓。結果為了求馬主人放它一馬，只好答應馬主人每天晚上都會送上一貫的魚。

❖鹿兒島小河童（ワロドン）

就算身體變成碎片，也能變回原來模樣的奇妙河童。但是如果身體的一部分被吃掉了，那就無法復活了。身體很小，在馬蹄印那麼大的水窪裡，就可以棲息幾千隻。狗一發現有它棲息的水窪，就會害怕地逃走。（鹿兒島縣）

（やまわろ）

山童

有一種河童的同類，春、夏二季會在水裡過著河童的生活，一到秋天，就會在夜裡集體移動到山上，或是從空中飛到山裡。當它們移居到山裡時，就把它稱為「山童」或是名為「背子」（セコ）的河童來加以區別。一旦來到山裡，性質跟身體特徵都會改變，等到隔年春天來臨時，又會回到水裡變成河童了。

❖山童

　　山童平時棲息在深山中，身長一公尺左右，儘管有著人類的外表，但全身上下有著像猴子一般的毛。它可以製造出樹木被砍或倒下的幻聽。遇到它的時候，如果給它飯糰之類的東西，它就會幫忙工作。但是如果想要殺它，意圖馬上就會被它發現並逃走。嚴重的話，它還會讓想要殺它的人生病，或是到人家家裡縱火。

　　到了春天的彼岸時期【譯補2】，它們就會變回河童，形成數千隻、為數龐大的團體，來到村里之間。這時它們經過的道路，就稱為「御先」（オサキ）。如果在這條路上蓋了建築物，就會惹惱山童，它們會在牆壁上挖洞。據說如果特地跑去看這群山童的人，那就一定會生病。（長崎、熊本、鹿兒島縣）

❖背子（セコ、セココ）

　　外型像六、七歲的小孩【註9】，最喜歡烤好的餅。身體像動物一樣輕盈，會發出「喲喲、呼呼」的叫聲。喜歡惡作劇，會發出樹木倒下的聲音或石頭碎裂的聲音來迷惑人類，有時也會使人受傷。如果在山裡遇到背子，只要開槍就可以嚇跑它，或是念誦經文也可驅離。背子被認為是單眼妖怪的一種（宮崎縣），也被認為會附身在牛、馬的身上（大分縣）等。（長崎、大分、熊本、宮崎、島根縣）

❖木子（木の子）

　　外型像兩、三歲的小孩，會穿著樹葉做成的衣服，成群在森林中遊玩。

【譯補2】**彼岸時期**：日本以春分、秋分為中心，並各自以其前後三天，共七天的時間，稱為彼岸。
【註9】在隱岐島，則流傳是一歲左右的嬰兒外型。

一有人來，就偷他們的便當，或是惡作劇來讓人困擾。（奈良縣）

❖奈良山童（カシャンボ）

外型就像是六、七歲的小孩。即便來到山上，還是有著像水鳥一樣的腳。雖然臉蛋長得可愛，但它卻是個可以輕鬆做出極惡劣惡作劇的壞傢伙。像是在牛的全身塗滿口水，讓牛生病，或是把馬牽到山裡藏起來之類的。此外，還會在來到山裡的人們耳邊大叫，讓人的耳朵聽不見聲音。（和歌山、奈良縣）

（ひょうすべ）

兵主部

兵主部是河童的同類，或許也代表著河童本身。在西日本，自古以來就存在著許多把兵主部當成水神、武神來祭祀的神社（兵主神社）。被當成妖怪的兵主部，會把它歸在河童、山童的項目裡，但在此我們就介紹被當成神的兵主部吧！

從中國傳來的

兵主部的原名為「兵主」，是被當成中國武神來祭祀的神，傳說其範本是蚩尤。蚩尤是半人半獸的怪物，以鐵為主食，而且力量無人能敵。如果是蚩尤的話，會被當成兵主（類似兵神之意）、武神來祭祀，也是理所當然的。由於它會吃鐵，所以蚩尤也被視為是有製鐵技術之外族人（非漢人）的恐怖形象之特徵。

兵主傳到日本，據說是在飛鳥時代以前，而其先祖為秦始皇的海外豪族秦氏。除了以上所敘述之外，在日本也把兵主當成水神來祭祀，這似乎跟冶鐵技術有關。如果要製鐵，首先要找出礦脈。這種技術跟找出水源的技術幾乎一樣。於是，把河童稱為「兵主部」，平常棲息在水中，到了秋天就變成山童進入山裡，就可以對照到是為了尋找礦脈而進到山裡、為了尋找水源而進到水裡。人們認為兵主部就是由兵主渡海到日本所演變的。實際上，兵主神社的所在地名，很多都加上有關製鐵的「穴師」（請參魔風）這個字。

兵主部與相撲

河童喜歡相撲，這早在河童的項目就已經提過了，不過這跟兵主部也有關係。一般認為，日本最早進行相撲的地方，就是位在奈良縣櫻井市的兵主神社。因為兵主部是武神，所以這也是理所當然的。之後，也在這附近建立了相撲神社。而這座相撲神社的分社，就是東京兩國的宿禰神社。宿禰指的就是第一次舉辦相撲比賽的冠軍，野見宿禰。

兵主部與菅原道真

據說野見宿禰在相撲競賽中取得勝利後，於垂仁天皇時任土師職。這時宿禰所做的事情就是製造埴輪^{譯補3}。宿禰在當時提出廢除在皇族葬禮中，不人道的殉葬者制度，而改以埴輪來代替。因為如此，宿禰便更名為「土師連」。

在此，請各位想一想埴輪的顏色。那是以紅土為底，也就是含有鐵的顏色。此外，燒製埴輪的爐子（竈）也被應用來當作鐵的鎔爐。之後宿禰的家族——土師氏，也就從事有關鐵的製造，並逐漸擁有勢力。

其子孫中最有名的應該就是菅原道真（請參怨靈）了。一直到他的曾祖父為止，都還是使用土師氏的名字，不過因為職務關係，後來就改名了。

譯補3 埴輪：日本土偶，頭大身體小，有著特別明顯的大眼睛，但眼睛都是做成閉起來的樣子。

在祭祀道真的太宰府天滿宮裡，也有祭祀兵主部。

我們可以說，日本對兵主部的信仰從宿禰時代就開始，以製鐵家族為中心，靜靜且確實地流傳著。

因為道真救過兵主部（河童），所以在驅逐河童的歌裡面也有唱到他。

「兵主部別忘了約定啊！川立男氏也是菅原啊！」（兵主部よ約束せしを忘れるな、川立男氏も菅原）

水虎

（すいこ）

在河裡還棲息著跟河童類似的妖怪，它的名字就叫「水虎」。在長野縣，據說水虎會把人騙進水裡，乾吸他的血、吃掉他的靈魂後，再把屍體送還回去。而在青森縣，則是傳說會把小孩拉進水裡殺掉，是比河童恐怖好幾倍的妖怪。

想要擊退水虎，最有效的方法就是不對被水虎殺死的屍體舉行葬禮，把屍體放在木板上，再在田裡搭個草屋，只要把屍體放在裡面，讓屍體自然腐化就行了。如此一來，吸了人血的水虎，就會跟屍體一起腐化而死。

水虎也被認為是龍宮的使者。之所以會抓小孩，就是為了要打響自己的名聲。傳說水虎底下還帶著四十八隻河童下屬。如果河童襲擊人類，還能提高水虎的地位。但不同的是，水虎並不像河童一樣在頭上有個盤子，而且也沒有甲殼。

在青森縣把水虎稱為「水虎樣」（スイコサマ、シッコサマ），並當作水神來祭祀。每年到了農曆的五、六月，為了不讓小孩子發生溺

水意外，會把水虎喜歡的小黃瓜當成供品，放流到河裡。這時從「水虎樣」神像可以看出與河童的外型很像，可見河童跟水虎果然還是關係密切的。此外，凡是被水虎依附的小孩子，會不由自主地想跑到水裡去，這時就要跟靈媒註10商量，拿綁上蔬菜的人偶作為替身，放流到河裡去。

❖水裡的妖怪們

除了水虎及河童外，水裡還棲息著很多不明的妖怪們。在這裡，我們就介紹幾個這樣子的妖怪吧！

①岸涯小僧（がんぎこぞう）

大約是小孩般的大小，像猴子一樣的身體則長滿了毛。屁股有尾巴，手腳則有蹼。牙齒很硬，抓到魚也是從頭開始喀拉喀拉地吃下肚。因為牙齒的形狀像雁木葉緣的鋸齒狀，所以取了這個名字。

②株曾（カブソ）　石川縣

外形像小貓，但尾巴前端較粗。不但會變成美女，還能使人產生幻覺，

中國的水虎

《本草綱目》記載，曾經在中國湖北省的河裡發現過水虎。這種水虎看起來像三、四歲的小孩，全身被堅硬鱗片所組合成的甲殼所覆蓋，即使用弓箭也射不穿。它總是潛在水裡，只有膝蓋會浮出水面給人看見。一到秋天，就會離開河川，做日光浴，也會趁機惡作劇。但大致上都很安分，只要不對它做什麼，就不會攻擊人。

後來水虎傳到了日本，就跟河童混在一起，而產生了與中國不同的水虎印象了。

註10 靈媒（イタコ）：以青森縣恐山為中心的東北地方，常常可以看見的一種巫女，主要是讓死者的靈魂附體，來替它說話。

而與石頭或樹木相撲。此外，它也可以說人話。

③川男 岐阜縣

　雖然外型像人，但身高很高，且身體黑黑的。常常出現在夜裡，會說故事給人聽。

（キジムナー、ケンモン）

樹精◯

　在沖繩及西南群島上，生長著許多日本本州所沒有的亞熱帶植物。其中，榕樹（カジュマル）、榕（アコウ）（兩種都是桑科常綠植物）的樹幹較細，且樹枝四處分叉，形狀怪異，所以人們認為，這些樹所存在的森林裡，棲息著樹精。但這些樹精同時也具備像河童這類水邊妖怪的性質。

❖ 樹精（キジムナー）

　名為「キジムナー」、「キジムン」或是「ブナガヤ」（以上皆指「樹精」）的樹精，被認為是樹人、妖魔的意思。它們棲息在沖繩老榕樹的空洞中，傳說只要榕樹老了之後，就會生出樹精。

　樹精有著孩童的樣貌，全身上下像猴子一樣長滿毛，而顏色就像沖繩的土壤，有的紅、有的黑。留著過肩的紅髮，並有著大睪丸。

　樹精平時住在森林裡，到了晚上，會不辭辛勞地走上幾公里來到海邊、

河邊，憑著高超的技巧抓螃蟹及魚來吃。如果晚上看見河裡的石頭自己動起來的話，那應該就是樹精在抓螃蟹了⊞11。據說它尤其喜歡吃魚的眼睛，常常吃掉魚的單邊眼睛之後，就把魚丟掉，所以沖繩的魚很多都只有單眼。雖然樹精很喜歡魚，但卻非常討厭章魚，一看到章魚就會逃走。此外，樹精似乎對很燙的鍋蓋也不太喜歡。

　　由於樹精的活動範圍廣，所以偶爾也會遇到人類。跟河童一樣，樹精也很喜歡相撲，一碰到人就會想找他挑戰，但因為它力大無窮，所以人類是不可能贏的。如果在山裡遇到它，就給它食物之類的東西來打好關係，它就會用它無比的力氣來幫忙工作。如果在海邊遇到它，可以請它上船來幫忙捕魚。捕到魚之後，只要把魚的單眼給樹精作為報酬，它就不會生氣了。據說也有這樣靠著樹精幫忙工作而發大財的人呢！

　　樹精有時也會侵入民宅中⊞12。它會讓身體變形，就算只有小空隙也可以侵入。侵入之後的樹精，會在睡著的人的胸口坐著，讓他做惡夢，或是讓他無法動彈。甚至，有時還會抓走小孩，為了預防這種事情發生，就要將芒草綁在屋裡的老樹上，如此一來，樹精就進不來了，尤其農曆八月是妖怪最為跋扈的時候，更要特別小心。不然，也可以丟出樹精討厭的章魚或熱鍋蓋。但這麼一來，樹精就會來報仇，所以要多加注意。

樹精的同類

①木之主（キーヌシ）

　　是一種棲息於大樹的木魂，人們看不見它的。在樹要倒下的前幾天，會發出如同倒下一般的痛苦聲音。

②小樹精（ギルマアナ）

　　三十至四十公分左右的小矮人，會在夜裡入侵民家。棲息在腐木的空洞裡，一早雞啼之後，就出海捕魚去了。

③樹精火（キジムナー火）

⊞11 據說這時候，如果旁觀的人不小心發出聲音而被樹精發現，就會被它吸走魂魄。
⊞12 傳說樹精也跟座敷童子一樣，在它所在的那戶人家家裡，就會繁榮，一旦走了，該戶人家就會沒落。

是在沖繩海上及溪谷中所發現的不明火焰。據說是樹精所發出來的，沿著海上前進的速度非常地快。

❖樹怪（ケンモン）

「樹怪」**註**13是棲息在以奄美大島為中心的奄美群島榕樹林裡的妖怪。樹怪也被稱為「クンムン」，據說是從「怪物」（バケモノ）、「奇怪之物」（ケノモノ）的發音所轉變來的。

樹怪的外型特徵跟樹精非常相似。外型像五、六歲的小孩，有著跟猴子一樣的體毛。頭是西瓜皮頭，有跟河童一樣的盤子，裡面裝的是油。臉紅紅的，目光尖銳，嘴巴尖尖的，腳細長得跟身體很不搭調。樹怪喜歡吃的東西跟樹精一樣是魚眼睛，但也會吃些貝殼跟蝸牛。吃完的殼會直接丟在自己住的樹附近，所以一看就知道那是樹怪棲息的樹了。如果砍掉它所棲息的樹木，它就會扎人的單眼來報仇，眼睛會因而腫起。此外，到了晚上，它會在頭頂的油盤裡點火並前往海岸，這火便稱為「樹怪火」。

樹怪跟樹精一樣，都喜歡相撲。一旦碰到人，馬上就會找他來挑戰。如果接受它的挑戰，那它的同伴也會跑過來，怎麼比都比不完。這時，只要在開始之前先敬禮，樹怪就會學你把頭低下，而它頭上油盤裡的油，就會傾灑出來而死。

樹怪的惡作劇也相當令人困擾。像是會變成馬、牛去嚇人，或是裝成像認識路一樣走在人家前面帶路，讓人迷路，還有偷人的食物。更糟糕的是，它會抓走小孩並抽走他們的魂魄，讓小孩變成跟樹怪一樣。而被抽走魂魄的小孩會坐在榕樹上，一碰到人就從這棵樹跳到那棵樹逃走。

這時，就要在那個小孩的頭上放上用茅草編成、像鍋蓋一樣的東西，然後用棒子敲他，就可以復原了。即使是大人，有時也會被害得意識不清而跑去吃蝸牛呢！

為了對抗樹怪的惡作劇，有以下幾種方法可行：

註13 德之島也有類似樹怪的妖怪，被稱為「波吉奇」（ボージキ）。棲息場所及點火等這些特徵跟樹怪一樣。

①丟章魚（樹怪跟樹精一樣，很討厭章魚）

②戴上茅草編成的鍋蓋帽子。

③在家門前吊著海桐的樹枝。

④在家門前吊著豬的腿骨。

　　但如果將樹怪整得太過分，它就會詛咒人，所以上述的方法只能做到不讓樹怪接近而已。樹怪之所以會惡作劇，原只是單純想要保護它們棲息場所而已。對它們來說，人類才是侵犯自己地盤的入侵者。可惜最近因為自然環境的被破壞，樹怪跟樹精都幾乎看不到了。

樹怪的起源

　　樹怪的起源有兩種說法。而這兩種說法都被認為不只是樹怪，也跟樹精的起源有關聯。

①外來說

　　這個說法是說，樹怪在一億年前出生在印尼的爪哇島，歷經漫長的歲月才來到奄美大島。但同樣來到島上的人們，卻不准樹怪上岸。所以樹怪們一開始是住在海岸的淺灘裡，但老是被章魚纏住腳，或是被噴墨汁，所以才變得不想住在海裡（討厭章魚也是因為這個原故），於是拜託人類讓它們移居到沒有人煙的深山樹木中。

②茅草人偶說

　　傳說當地的木工之神「天吾」（テンゴ）曾向某位女性求婚。那位女性提出一個條件，就是要在一天之內做出六十個榻榻米大小的房子。天吾為了在一天內完成，於是對兩千個茅草人偶注入生命，藉助它們的力量，順利完成房子的建造。之後，這些茅草人偶們就棲息在深山及河川裡，而成了樹怪。

❖一社（イッシャ）

　　棲息在奄美群島・德之島的「一社」，有著跟樹精及樹怪類似的特徵。外型就有些不同了。它頭戴破斗笠，身穿短簑衣，一邊搖著像玉蜀黍一

樣的尾巴，一邊走路。因為其中一隻腳不良於行，所以走起路來就像在跳一樣。

一旦碰到人，就會問他：「你是誰呀？」如果人們把玉蜀黍偽裝成尾巴，學一社一樣搖，讓它以為是自己同伴的話，一社就會安心，然後幫忙人類做許多工作。如果是漁夫的話，就會幫忙划船捕魚。只要有一社在，就很容易抓到魚。但要是仔細看魚的話，就會發現所有的魚都被挖掉一顆眼珠，那是因為一社不知何時已經把眼睛給吃掉了。

（水の神）

水神

在人類生活中最不可或缺的，就是水了。水一方面影響人類生活具有舉足輕重的地位；另一方面也是自然界中，能瞬間吞噬人命的恐怖存在。因此存在於水中的神或靈，當然也就具有保護人類及攻擊人類的兩種面貌。在此，我們以具有這種神力的對象為中心，來加以介紹吧！

❖水井的神與妖怪

水井的水是飲用水，也是不可或缺的重要水源。從前的人們認為水井裡有神明，所以可以防止水源混濁或是病菌滋長。因此會在水井旁邊設置神壇，來祭祀水井神。

但另一方面，水井也是黑暗深沉、深不見底的可怕存在，甚至有人說井底會通往死者的世界，想當然耳，也就變成妖怪的絕佳出現場所了。

在茨城縣，傳說水井裡有滿頭白髮，名為「手長婆」的妖怪，會用長長的手把靠近水井的小孩抓走。在大分縣，則有一種叫做「魅靈」（ミレ

イ）的妖怪，如果有人對著水井裡的水笑，它就會附在那個人的身上，使他發狂。

❖給你水（遣ろか水）

通常較大的河川都會有稱為「水神」的靈性存在。這些水神會不時讓人類見識到它無與倫比的強大力量，其中比較有名的，就是木曾川的「給你水」。

在下過大雨之後，會從河川上游傳來一個聲音，一直說著：「給你吧！給你吧！」好像在問人什麼問題一樣。這時下游的人如果對著這聲音說：「要給我就拿來吧！」那麼原本靜謐流淌的河川就會突然暴發大洪水，把村子淹沒。

但也有在暴發大洪水前，通知人們洪水即將來臨的靈，這個靈叫做「川女郎」。

在會津地方（福島縣），棲息著一種名為「舌長」（べ口長）的長舌妖怪。這種妖怪會用長長的舌頭吸取河川及沼澤的水，再把這些水對著村子吐出，引發洪災。有時它也會把水直接喝掉，讓河川及沼澤乾涸。如此的惡劣作為，讓當地居民極為困擾，於是當弘法大師來訪此地時，農民們便拜託他收伏舌長。接受請託的弘法大師馬上就去見舌長，要與舌長挑戰舌頭的長度。舌長伸出長長的舌頭，舌尖幾乎要消失在晚霞的那一端。弘法大師見機，拿出預藏的繩索，綁住那長長的舌頭，從此舌長就再也不能用它的舌頭胡作非為、擾亂百姓了。

❖河川的精靈

住在河川裡的美麗水精靈，就叫做「川姬」，就像名字一樣，是年輕貌美的女性精靈。有時會站在河邊，這時人們就算看到它，也要低頭裝做沒看見。因為男人要是看見川姬因而心動，精氣立刻就會被吸走。在北海道也有美麗的水靈，它的名字叫做「魯魯可西芙」（ルルコシンプ）。凡是被它所迷惑的男性，都會在數年後死去；但若是它所喜歡的男性，卻會為

他帶來好運。

也有擔心人們為爭奪用水而互相爭執的妖怪。這個妖怪因為總是吐出紅色的舌頭，所以被稱為「赤舌」。它們的頭上雖然沒有盤子，但外型卻跟河童很像。

這是棲息在津輕（青森縣）渠道的赤舌的故事。當時住在渠道上游村落的人們，關起水門，想為自家村落蓄積更多水源。當然生活在下游的人們就生氣了，因為上游阻斷水源，讓下游田地無水灌溉，整片都乾涸了。

後來下游的村子裡，有個人想在夜裡偷偷去開水門，結果被發現而被殺死。上游的人們為了獨占水源，更加強水門的戒備，但即使看守得再謹慎，被關起的水門，馬上又會被打開，不管再怎麼戒備都沒有用。後來上游村落的人們放棄了，水也就流到下游村落的田地裡了。

據說這是對人們彼此之間互相憎恨而感到悲傷的赤舌，偷偷去打開水門的關係。

（もうりょう）

魍魎

人們通常把怪物統稱為「魑魅魍魎」。「魑魅」指的是山中樹木或石頭的怪物，而「魍魎」則是河川等水中的怪物。魍魎跟許多妖怪一樣，是從中國傳到日本的一種妖怪，因為早在《日本書紀》中，就以一種水神的名字出現，所以應該在奈良時代就開始流傳了。

中國漢代的百科全書《淮南子》記載，魍魎的外形像三歲左右的小孩，身體為紅黑色，有著長耳朵及紅眼睛，頭髮非常明艷美麗，頭上則是理著西瓜皮頭[註]14。這些特徵與流傳在日本的，幾乎一樣。魍魎的食物是人類的屍體，尤其剛死不久的人腦[註]15是它們最愛吃的。從前日本採行土葬，所以魍魎會挖開墳墓找屍體來吃。

這麼令人忌諱的魍魎也是有弱點的。《和漢三才圖會》記載，有種名為「弗術」的魍魎同類，只要脖子被柏樹樹枝刺到就會死。此外，魍魎也怕

[註]14　這種髮型應該是受到河童外型的影響。
[註]15　新潟縣有種外形像山犬，名叫「尾怪」（オボ）的妖怪。而在中國，也有一種外型像狗，名為「野狗子」（やくし）的妖怪，這兩種妖怪都會挖開墳墓吃人腦。

老虎，所以只要在墳墓上放老虎像或是柏樹枝，就能驅逐魍魎。

　　或者，也可以讓方相氏（負責驅除惡疾、惡鬼的官職）穿著熊皮，戴上有四隻眼睛的面具，在葬禮上，用長矛敲擊墳墓四角，進行驅魔儀式，讓魍魎等魔物無法靠近。

吃靈魂的魍魎

　　魍魎是會吃人類屍體的可怕妖怪，但也有會吃死靈或生靈的魍魎。

　　在高知縣土佐地方，意外死亡的人，它的靈魂會變成叫做「不意死物」（フイシモン）的怨靈，引誘生前的舊識、朋友走上死亡之路。這時人們會祭祀魍魎，請它吃掉不意死物。有時魍魎也會保護人類，但並不是一直都這樣的。在沖繩，有種名叫「奇尼烏亞」（チーノウヤ）的魍魎同類，外型是有著美麗容顏及烏黑秀髮的女性，但會吃掉剛出生的嬰兒靈魂，所以人們也非常害怕它。

中國的魍魎

　　中國的魍魎除了跟日本的一樣，會破壞墓地之外，同時也是會散布傳染病的疫鬼的同伴。中國神怪小說《搜神記》曾記載有三個兄弟死去之後，變成鬼的故事。傳說這三個人變成了「魍魎鬼」、會傳播瘧疾等傳染病的「瘧鬼」，以及會嚇小孩的「小鬼」，為人們帶來災禍。

（小豆洗い）

洗豆妖

在靠近村里的小河或水路上，有一種會洗紅豆來發出令人舒服聲音的妖怪，那就是洗豆妖🈁16了。根據地方不同，也稱為「磨紅豆」（小豆磨ぎ）、「小豆沙拉沙拉」（小豆サラサラ）。傳說洗豆妖的真面目是由被殺死的小孩所變成的，或是變化🈁17（請參變化）所變成的，但是曾親眼目睹過它的人，幾乎一個都沒有。據說外型是身高跟小孩子一樣的老爺爺，或是老婆婆🈁18，但是要找它的人，通常都無法找到，還會掉進河裡。平時是只會發出聲音的無害妖怪，不過有時候會說：「拿紅豆來磨吧！抓人來吃吧！」等話來嚇人。島根縣還傳說它真的會拿笡籠來抓人，所以不能大意。

此外，還有會發出磨米聲音的「米淅」（コメカシ）、「磨米婆婆」（米磨ぎ婆）等同類。

❖付紐小僧（付紐小僧）與搖樹籬（クネユスリ）

「付紐小僧」是以洗豆妖的同夥身分出現的妖怪。付紐小僧會在黃昏時分，出現在洗豆妖出現的房子附近。外型是七、八歲的小孩，付紐（指縫在日式和服身體部位附近的細帶）是解開的，所以如果有人發現而好心去

🈁16 **洗豆妖**：中文或譯「洗小豆」。與天狗、鬼、河童齊名，是分布在日本全國（除了北海道、沖繩以外）的妖怪。
🈁17 **變化**：在靜岡縣有種狐狸的變化叫做「洗滌狐」（洗濯狐），會在夜裡發出「唰！唰！」的洗滌聲。
🈁18 **老婆婆**：這種老婆婆就稱為「磨紅豆婆婆」（小豆磨ぎ婆）。

幫它綁好，就會陷入被催眠的狀態，醒來之後已經是隔天早上了。

在秋田縣，每當洗豆妖出現的時候，會另外出現一種名為「搖樹籬」（クネユスリ）的騷靈（poltergeist，喧鬧鬼）。所謂「クネ」就是樹籬的意思，它會搖動樹籬，發出沙沙聲來嚇人。

❖ 貝吹坊（かいふきぼう）

跟洗豆妖一樣，會在水邊發出聲音的妖怪還有「貝吹坊」。它會發出一種像在吹法號「Booo」的聲音。由於它總是把身體沉在水裡，所以沒辦法看見全身，但據說有雙藍色的大眼睛。在岡山縣，則傳說它棲息在山中某座古城的遺跡裡。

出現在屋裡的洗豆妖

在洗豆妖之中，也有會來到寺廟或屋裡的。《怪談老之杖》記載，在江戶麻布地區的房屋裡，一到夜晚，就會從天花板傳來灑紅豆的聲音。這就是天花板上的洗豆妖，或稱為「量豆妖」（小豆ハカリ）。

有件關係密切的事情，令人感到相當有趣，那就是在江戶時代，有種名為「洗紅豆」（アズキアライ）的昆蟲，這就是現代被稱為「茶柱蟲」的同類。這種蟲是長度只有三‧五公釐左右的小蟲，因為吃紙類的澱粉質，所以常停留在屏風上。每當牠一鼓動翅膀，就會發出小小的聲音，而這個聲音透過緊繃的屏風產生共鳴之後所發出的聲音，就跟洗紅豆的聲音很像了。

可惜現代的住宅構造變化及噪音公害，已經把小蟲跟牠們的小聲音給抹殺掉了。從前人們憑著想像所建立起來的景象，我們已經無法親身體會了，真的是非常可惜呀！

（はしひめ）
橋姫

　　自古以來，習慣把大河用來當成國界分界。就連人死之後，死者要前往冥界時，日本人也把這個世界跟那個世界的邊界稱作「三途川」。現代不管要在哪條河上搭橋，都是相當簡單的事情，但對以前的人來說，大河的另一邊卻是文化與方言完全截然不同的異鄉土地。因此橫跨兩地的橋樑便成了最接近異界的地點。另外，為了架橋，許多人會因工程困難或為求順利完工而成了人柱**註**19祭品。於是，橋也被當成眾多妖怪及怨靈棲息的場所。可是，橋同時也是防止敵人或疾病入侵的要衝，所以有時也會祭祀這些對抗災害的強力神靈。

❖橋姬

「橋姬」是橋的守護神，同時也是抵禦外侮的要塞神。只要是大橋，通常都會祭祀這位女神。傳說這位女神單身又年輕，而且非常容易嫉妒。據說只要有婚禮隊伍從橋上通過，這對夫妻就會遭遇不幸而離婚。此外，要是在橋上談論其他橋的事情，也會讓橋姬生氣。日文中，「橋」（はし）與「愛

註19　**人柱**：從前日本在進行架橋、造城等困難工程之際，為祈禱順利，會把活人當成祭品，埋在水中或土裡，獻給神明。

戀」的古日文「愛し」（はし）同音，而愛人則稱為「愛姬」（はしひめ），於是人們便創造出了單身而且愛嫉妒的橋姬個性了。

但橋姬也跟許多妖怪一樣，有著各種說法。例如被選為人柱而死的男人，他的妻子追隨丈夫來到橋上自殺身亡，而妻子的靈魂就成為橋姬的悲傷故事。

傳說橋姬在遙遠的橋上有姊妹，但橋姬本身並無法從該處離開，於是會拜託路過橋上的人幫忙送信。如果被請託的人不答應幫忙把信交給橋姬所託付的對象，那麼橋姬就會降災在他的身上。

宇治橋的橋姬

橋姬故事裡最有名的，是發生在京都府宇治市的宇治橋。這座橋的歷史非常古老，是大化二年（西元六四六年）元興寺的高麗僧人——道登所建造的。橋的南側欄杆有個被稱為「三之間」的平台，那裡以前就是祭祀橋姬的地方。如果有年輕俊美的男子站在台邊看河的話，就會被看上他的橋姬拉到水裡去。現今在離橋不遠的地方，有座橋姬神社，裡頭所祭祀的橋姬名為瀨織津姬，其神像的形象，就是鬼女穿著朱紅色的長褲裙，右手拿鉤針，左手握著蛇的座像。

這位橋姬也會對結婚的人造成不幸，所以一直到今天，即將結婚的男女，依然會避免路經神社前的橋。

嫉妒發狂的橋姬

宇治橋也流傳著因嫉妒而瘋狂的女人變成了鬼，最後成為橋姬的故事 **註**20。

從前，在京都有個非常善於嫉妒的女人。這個女人因為丈夫的心被其他女人奪走而憤怒瘋狂，為了得到能奪走那個女人生命的詛咒力量，於是到京城北方的貴船神社祈禱。這個女人在三十七天裡，每天以宇治川的水淋

註20 有名的謠曲〈金輪〉，正是在描述橋姬的故事。

浴淨身，把後面的頭髮紮成角形，臉因為法術的關係染成了紅色，頭上戴著裝有三隻腳的鐵輪，在神社裡，立起蠟燭、點燃火焰，終於在她還活著的時候，便成為了鬼，把奪走她丈夫的心的女人給咒殺掉了。之後，這個女人投身在宇治川中，從那天起，它便成了會攻擊不相關人們的恐怖惡鬼，讓人們相當困擾。感到困擾的人們便把它當成橋姬，在橋頭祭祀它，來安撫它的靈魂。傳說這就是宇治橋神社的由來。

❖橋之怪（橋の怪）

　　如同這個段落一開始所說的，橋也被認為是通往異界的場所，所以傳說妖怪也會來來往往的。因此在某些橋上，雖然看不見人，但卻會聽到許多人過橋的聲音。這種橋就叫做「喀噠喀噠橋」（ガタガタ橋），傳說這種聲音就是死者們渡橋，往死者國度前進時的聲音。

　　在沖繩某座名為「一日橋」的橋上，有個叫做「拉人怪」（カムロ）的妖怪，會把行人拉到河裡。在兵庫縣西宮市有座名為「抱歉橋」（ゴメン橋）的橋，當你通過時，如果不說聲「抱歉」來拒絕它的話，它就會把你丟到河裡。這兩種都被認為是棲息在橋上的橋之主。

（みずち）
蛟

　　「蛟」**註**21與巨蟒是並列日本最古老的神明之一。蛟的日文「みずち」裡面，「みず」代表水，「ち」代表靈，組合起來就代表住在水邊的巨

註21　**蛟**：蛟是蛇與雉交配數十年後，產下的卵所孵化而生者。

蛇。蛇因為具有會反覆脫皮的習性，所以也被當成重複生與死、不老不死的神靈。從繩文時代開始就受到敬畏，被人們尊敬著。而蛟便是這種古代神的後裔。在這裡，我們可以看到棲息在水邊的古代大神，祂逐漸衰敗的過程。

古代的大蛇神

根據神話及傳說，由於巫女具有跟古代眾神做靈性交談的靈力，如此才得以進行法事或神明代言。在日本號稱最古老的神社──大神神社中，祭祀著「三輪山大物主」，據說它的外表就是蛇。

長野縣諏訪湖的諏訪大社所祭祀的「御左口神」（ミシャグチの神），也是大蛇的樣子。每年一到冬天，諏訪湖就會出現裂冰的自然現象，當地人們把這種現象稱為「神渡」，並對引發這種現象的御左口神，加以敬畏及信仰。

逐漸凋零的蛇神

有關對古代眾神的信仰，隨著佛教傳入日本等事件，逐漸變了個樣，被加以擬人化，於是蛇神等動物神開始式微，就成了風土民俗神或是魔物之類的了。

在仁德天皇時代（西元五世紀前半），蛇神已經完全失去身為神的力量。當時，仁德天皇將皇宮定在難波（約今大阪市中部的一區），準備開始建造工程，但是在「茨田」（現今大阪府守口市、門真市及其周邊的淀川河川公園區域），這裡的堤防建設總是無法順利進行。有兩個地方的水流就是堵不住，水神告知人們，必須要有人柱才能完成工程。

在這兩個地方之中，其中一個地方確實跟水神的告知一樣，水流藉由人柱的犧牲而停止了。但在另一個地方，原本要成為人柱的河內衣子這個人，對水神的告知抱持疑問，反而跑去詢問水神。他拿著兩個葫蘆，對水神挑戰說：「如果您能讓葫蘆沉下去，那我就心甘情願地犧牲。但如果沉不下去的話，那您一定是假神了。」當他話一說出口，天上便刮起大風，水神在河上掀起了波瀾。但葫蘆依舊只是漂在水面，之後順著河川，流到下游去了。結果水神輸給了人的智慧，而被譏為假神。

這個事件的數年之後，在吉備的中國（岡山縣玉島市）的川嶋河（阿部川）棲息著一條巨大的蛟（水虬）。它頭上長角，身體為青色，會噴出毒氣攻擊路過的行人，造成多人因而死亡。但是這蛟也跟茨田的水神一樣，輸給拿著葫蘆的縣守而被擊退了🈺22。在這裡，蛟連假神都當不成了。

❖夜叉池的大蛇

「夜叉池」是位於福井縣南條郡日野川上游的山上池。《美濃國諸日記》記載，平安時代初期，此地受到嚴重旱災的侵襲。傷透腦筋的太夫🈹補1於是請託水神（也就是大蛇），期望能夠降下雨水。雖然成功了，但大蛇卻變成男人的樣子，把太夫的女兒帶進夜叉池，作為自己的新娘。之後，太夫因為女兒想要化妝品，於是帶著口紅及胭脂前往夜叉池。沒想到，他的女兒卻已經變成大蛇的模樣。此後，只要每逢旱災，村人就會拿著獻給變成大蛇的女孩的化妝品，到夜叉池祈禱降下雨水🈺23。

❖夜刀神（やとのかみ）

「谷」的日本古文是「ヤト」，而蘆葦草原等溼地則稱為「ヤチ」。「夜刀神」🈺24就是從這個發音所轉來的名字，代表曾經住在溼地、山谷

🈺22 從那之後，該處就被稱為「縣守淵」了。
🈹補1 太夫：古代官制中之「五位」的通稱。
🈺23 大正時代，泉鏡花曾發表一齣以傳說為基礎的戲曲〈夜叉池〉。
🈺24 夜刀神：茨城縣行方郡玉造町，有祭祀夜刀神的夜刀神社。

或沼澤的神。夜刀神的外型像長角的蛇，據說只要看見它的人，就會落得家破人亡的下場。

有關夜刀神的傳說記載於《常陸風土記》的〈行方郡〉條目。在繼體天皇時代（西元六世紀前半），箭括氏的麻多智[註25]這個人，從郡的公所開始開發西側的蘆葦草原，想要開闢新田地。這時夜刀神就成群出現，想要干擾他。麻多智一怒之下便穿上甲冑，開始斬殺夜刀神。然後在山的入口立下大木杖，在上面刻字宣稱：「此處以上為眾夜刀神的土地，此處以下則屬於老百姓工作的田地。從今以後，我將在此進行祭祀來祭拜神明，希望您不要作祟，也不要怨恨。」

之後經過一百多年，來到孝德天皇時代。壬生連麻呂打算在這座山谷的池邊建造堤防，這時夜刀神又再次出現來搗亂。只因壬生連麻呂命令說：「不服從天皇教化者，即便是神也殺之！」隨即夜刀神便一溜煙地逃走，不敢再出來危害了。

箭括氏的由來

箭括氏是物部氏的同族。物部氏是神武天皇東征以來的貴族，與大伴氏一同掌管大和朝廷的軍事，勢力相當龐大。另外，「麻多智」的名字意味著「真大刀」之意（「麻多智」與「真大刀」日文皆為「またち」），他們被認為是製鐵集團的始祖。有關「夜刀神傳說」，也就是講述使用鐵製工具、開發水田的器具或異族征服的故事。

[註25] 麻多智：麻多智家族至今仍然延續著，其子孫以夜刀神社的祭祀者身分生活。

（ぬし）

主

在河川、湖泊、水池、沼澤等水域，分別都棲息著具有支配該區生物的力量的「主」。主是具有強韌生命力的生物，在經過長久歲月之後而具有靈力，並得到掌管自己棲息水域的力量。像牛鬼、龍、大蜘蛛等妖怪，也可以稱為主。如果毫無理由地殺了這些主，那可是會遭到報應的。

❖ 女郎蜘蛛（じょろうぐも）

從前日本到處都有不受汙染，如同寶石一般閃耀著的山川浚水或是瀑布名潭。在這麼美的地方，竟棲息著一種有被稱為「水神使者」的大蜘蛛。這種蜘蛛因為會變成女性，所以被稱為「女郎蜘蛛」。

女郎蜘蛛會吐絲，纏住接近它的人或是釣魚的人，把他們抓走。所以知道的人都把這種深淵稱為「蜘蛛淵」，絕對不可以靠近。另外，在這個深淵，也會聽到它用蜘蛛絲紡織時所發出的織布機聲音，所以也稱為「機織淵」。

女郎蜘蛛在變成女性時，會變成一個妖艷的美女。凡是男人見過它的美貌，必定久久無法忘懷。但是，主是住在與人類完全不同的世界，如果主被人類發現自己的真面目，就會威脅人類保守祕密。可惜對人來說，要信守承諾是很難的，更何況是要隱瞞自己遇到絕世美人的事情……

在伊豆天城山麓的淨蓮瀑布，棲息著女郎蜘蛛。有一天，有個從外地搬來的樵夫來到此地砍樹。當他在瀑布旁邊工作時，一不小心滑了手，就把斧頭掉到瀑布潭裡去了。

因為那把斧頭非常重要，所以樵夫立刻跳進瀑布，潛到水底。沒想到，卻從水底出現一位從未見過的美女，拿著他的斧頭浮了上來。這位美女把斧頭還給樵夫，並要他答應，千萬不能告訴別人在這裡遇到自己的事情。

還說如果不守約定，樵夫必死無疑。樵夫雖然覺得這個女人說的話很奇怪，但如果是真的，那就真是什麼都不能說了。他回到村子之後，若無其事地打聽有關瀑布的事情，才知道原來那個瀑布住著女郎蜘蛛。樵夫認為那位美女一定就是女郎蜘蛛，所以從來都沒有說出當時在瀑布邊所發生的遭遇。但沒過多久，有一次當他和朋友喝酒時，突然很想跟朋友描述之前自己所遇到的女人到底有多美，所以一不小心就說了出來。樵夫就像要把之前的壓抑一吐為快一樣，拚命地說個不停，說完之後，樵夫便心滿意足地想要回去睡個舒服的覺，但從那之後，他就再也沒有醒過來了。

❖岩魚（いわな）

　從前在飛驒地方，曾經使用一種被稱為「毒流」的方法來捕捉溪裡的魚。這個方法是煎煮樹皮等來製作毒藥，然後再將毒汁流進河川裡，這麼一來，下游的魚就會被毒死，也就可以一網打盡了。

某次，當村人正在煮要倒進河川裡的毒藥時，突然有位從沒見過的僧人來到村子裡。僧侶見村人正在熬煮毒汁，便急忙勸告村人：「不要做這種把毒倒進河川、荼害生靈的事情比較好。」儘管僧人如此勸誡，但村人們也不可能因此而不去抓自己的食物。村人們心想：「真是個怪和尚！」於是便將剛做好的丸子送給他，想作為打發，要他快點離開。僧侶拿了丸子之後好像還想說什麼，但村人們硬是把他趕了出去。其中，有個村人覺得這位僧侶很奇怪，便偷偷跟在他後面，小心翼翼地不使自己被發現。結果僧侶在村人準備要下毒的深淵附近，突然消失了蹤影。

隔天，村人在僧侶消失的深淵裡下毒，結果有隻從沒見過的大岩魚中毒，浮上水面。高興的村人立刻把它剖開來看，沒想到從肚子裡竟跑出了昨天送給僧侶的丸子。這下村人才知道，原來昨天的僧侶就是岩魚所變成的。

❖山椒魚（さんしょううお）

日本岡山縣把山椒魚叫做「半裂」（ハンザキ），這是因為「山椒魚」具有就算被切成兩半，也能活下來的強韌生命力。

四百年前，在一個名為相川之淵的地方，有隻身長十公尺左右的巨大半裂出沒。半裂是會吃人的怪獸，所以村人們連水邊都不能靠近。

這時，村裡住著一個名叫彥四郎的年輕人，魯莽地只帶著一支短刀就要去對付半裂。村民們雖然想阻止他，但實在沒辦法阻擋年輕人徒具勇力，卻欠缺思慮的衝動個性。彥四郎咬著短刀，便跳進深淵裡。當然，半裂也不費吹灰之力就把彥四郎給吞進肚子。但是，彥四郎沒有因此就被打敗，他反而靠著那把短刀，切開半裂的肚子，成功地打倒了這隻怪物。據說當時那條河幾乎被染成了血河。

當晚為了讚頌彥四郎的勇氣，村裡舉辦了慶祝晚宴。當大家正為了怪物的死而高興時，只有彥四郎的臉色很難看，慢慢地愈來愈沒有精神，最後終於在夜裡發高燒死去。村人認為，這一定是半裂作祟而大肆騷動起來。為了避免更多類似報應的事情發生，於是村人們便興建祠堂，祭祀半裂的靈魂。而這座祠堂就是現在位於湯原溫泉的「半裂大明神」。

❖ 梁（ヤナ）

在武藏國（埼玉縣）川越城的護城河裡，住著名為「梁」的主。有關梁的外型並沒有留下相關記載，但是當敵人進攻川越城時，梁曾經用靈力拯救了城池。當時敵人進攻川越城，就在敵軍逼近護城河時，梁就突然出現並吐出濃霧，興起烏雲，吹起怪風，讓周圍一片黑暗，甚至還引發洪水來擊退敵軍。當然梁不只是要保護城池，也是對入侵自己住所的敵人展開攻擊。

但是要讓梁利用身為主的力量來護衛城堡，在城堡設計者太田道灌一開始的構想裡就有了。他知道在城堡附近一個叫做「伊佐沼」的沼澤裡住了梁，所以在築城時，他就把護城河跟沼澤連在一起，讓護城河也變成梁的地盤。

太田道灌在築城之際，也把平將門的首塚當成守護神，是個精通風水學
註26的武將。德川家康也對他的造城技術給予很高的評價，還曾經非常困惑，到底要把幕府定在江戶城或是川越城。

❖ 各種的主

①放下渠（おいてけ堀）

是江戶的本所七大不可思議之一。當釣客在這渠裡釣完魚，準備回家時，會從渠裡傳來「放下吧！放下吧！」的聲音。

②音棒鯰（オトボウ鯰）

註26 **風水學**：是一門看風土或水脈，來決定居住、埋葬方位等的學問。

棲息在群馬縣前橋市的清水川。會一邊對釣客說：「音棒鯰來了！音棒鯰來了！」（おとぼう、おとぼう），一邊追著他。

③雨鱒（アメマス）

棲息在北海道的摩周湖，是像鯨魚一樣巨大的主。只要有人想要渡湖，它就會把船弄翻。

④川熊

棲息在秋田縣的雄物川，是外型像野獸的主。會從水裡伸出長滿毛的黑手來偷取人的物品。

沼御前

在福島縣會津地方的金山谷裡，有一個名為沼澤的「沼」字的「深沼澤」。這裡棲息著一個叫做「沼御前」的大蛇主。沼御前會變成髮長有六公尺的年輕美女，跑出來迷惑人類或攻擊人類。這條大蛇就算被獵人用火槍打中也不會死，但後來在眾人的協力之下，總算把它給打倒了，不過卻從沼澤底傳來織布機的聲音。人們為了避免報應的發生，就建造了沼御前神社來祭祀它的靈魂。

這個湖畔，從平成二年（西元一九九〇年）開始，進行一個名為「妖精之村」的五年建設計畫。

怪魚

從海裡出現的可怕怪物是數都數不清的。有關怪魚，最古老的應該就是由日本武尊所打倒、出現在瀨戶內海、有著鯨魚般大小的「惡樓」了。在這裡，我們就介紹一下這種不可思議的怪魚。

❖攻擊船的怪魚

在西日本近海有一種名為「磯撫」（いそな），類似鯊魚的怪魚出沒。

在磯撫的巨大尾鰭上，掛著像磨泥器一樣的針，只要它用尾巴揮掃船隻，就能用針鉤住船上的人，再將他拖到水裡，而這時的磯撫看起來就像在撫摸船一樣，所以才有這個名字。在一本古書《本草異考》裡，它的名字被記載為「巨口鰐」（おおぐちわに），傳說出現在九州北部。日本古代，「鰐」字是代表鯊魚的意思。在島根縣的出雲地方，棲息著一種叫做「影鰐」（かげわに）的怪魚，會吞噬船夫從船上投射在海面的影子，據說被偷走影子的人會因而喪命。

❖北海的大魚

住在北海道的愛奴人之間，流傳著一種我們無法想像的巨大怪魚。

棲息在北海道的噴火灣，名為「海木幣」（アヅイイナウ）的大章魚（アッコロカムイ），大小約在一町（一百一十公尺）以上，身體則有四十公尺見方。不管是船或鯨魚，都能一口吞掉。大章魚的身體是發亮的紅色，因此有大章魚存在的周邊海域，連天空都會被染成紅色，從遠方就能辨識出了。所以愛奴人絕對不會靠近它，但為了預防萬一，出海時還是會帶著大鎌刀。

在大章魚所棲息的噴火灣裡，還棲息著一隻名叫「海灣長老」（レブンエカシ，沖の長老）的巨大怪魚。海灣長老曾經吞下一艘載著兩位老人的船，後來兩位老人在它的肚子裡點火，海灣長老嚇得趕緊把船吐出來，於是兩個人就得救了。但之後，兩人卻得到頭髮掉個精光的怪病。

❖越過船的海蛇

依據津村淙庵的著作《譚海》記載，在常陸國（茨城縣）的海中，棲息著長數千公尺、像海蛇一樣的怪魚，它叫做「伊口」（イクチ），會以船為目標，跨過整艘船。當它越過一艘船時，會從身上滴下大量的油，把整

艘船裝滿，所以船員要拚命把油撈出船外。據說伊口越過整艘船的時間要好幾個小時，在這期間，只要一個偷懶沒把油撈出去，船馬上就會被油灌滿而沉沒。

在鳥山石燕的《百鬼夜行拾遺》裡，出現的「大海蛇」（アヤカシ）[註]27，是比伊口還要大上許多的海蛇，光是越過一艘船就要二至三天。所以船員在這期間一定會體力耗盡，而船也必定會沉沒。

❖巨大魟魚（巨大エイ）

在《桃山人夜話》裡面，記載有長達三里（約十二公里）的巨大魟魚。這種魟魚浮在海面的樣子，就像一座島。如果有船不小心搞錯而上岸的話，魟魚就會突然下沉，把船拉進海底。

❖喚來海嘯的魚

這是發生在沖繩的故事。有個漁夫在海濱[註]28撒網，結果從網子裡傳來小小的聲音：「叫來一個浪吧！叫來兩個浪吧！叫來三個浪吧！」仔細一看，竟然是魚在說話。覺得毛骨悚然的漁夫正打算把這魚給放回去，但剛好有個路過那裡的地痞流氓，聽漁夫這麼說後，哈哈大笑，便把那條魚帶回家給煮來吃了。當他正要吃的時候，事情發生了。突然外頭捲起了大海嘯，男人就這樣被捲走，從此不知下落。原來這條魚是為了回到海裡，才呼喚海嘯的。

[註]27 大海蛇（アヤカシ）：長崎縣則稱為「イクジ」。
[註]28 海濱：據說這個海濱指的是琉球美里間切古謝村的海濱。

❖鳳耄魚（ほうそうぎょ）

　這種魚是天保九年（西元一八三八年）在東京灣入口所發現的怪魚。它的外型像蝦子，但頭是猴子、臉是馬，還有著如同手腳一般的鰭，腹部是金色的，眼睛就像鏡子一樣發光。據說白天待在海中，晚上才會到陸地上生活。

魚虎（しゃちほこ）

　各位是否知道日本的大城堡屋頂上，會有面面相對的龍頭魚？日本人把這個叫做「魚虎」（或是鯱）。據說只要裝有魚虎，就能避免火災。

　魚虎是從中國傳到日本的。傳說魚虎棲息在中國南海，外型就像魚一樣，只有頭是老虎，身體長滿有毒的針以及長長的鱗片，腹部下方還有羽毛。只要魚虎一上岸，就會變成老虎。

　魚虎通常都在鯨魚的嘴巴附近。據說這是為了監視鯨魚有沒有遵守只吃小魚，而不吃大魚的海洋規範。如果鯨魚違反規範吃了大魚，那魚虎就會立刻游進鯨魚的嘴裡，咬斷牠的舌頭，置牠於死。

（海の化物）

海中的怪物

　在這個項目裡，我們要介紹除了魚這種生物以外的怪物們。海裡確實存在著難以辨別是妖？是活？的東西。

❖蜃（しん）

　　現今「海市蜃樓」是一種氣候現象，已經是眾所皆知的事實了；不過以前的人們認為，海市蜃樓是一種名為「蜃」的蛤蜊妖怪在搞鬼。當蜃在海底開口吐氣時，它的氣息會讓人看見樓臺城市的幻覺。

　　《和漢三才圖會》記載，蜃在微陰且無風的夜裡，會吐出海市蜃樓。如果海市蜃樓是慢慢地消失，那麼隔天就是晴天；如果是很快地消失，那麼隔天就會有風雨。在東日本把它稱為「茂利太豆流」；西日本則稱之為「渡貝」。

　　實際上，蛤為了移動，會釋出自己的分泌物，可能是以前的人見到了這個情況，就把它跟人類吐氣聯想在一起了吧！

❖蛤女房

在日本有流傳很多異類婚姻譚^注29，其中也有蛤蜊變成女性而成為人類妻子的故事。

從前有個認真又孝順的男人，來到海邊釣魚，結果雖然沒釣到魚，卻捕到一個大蛤蜊。突然間，蛤蜊的殼打開了，從裡面跑出一位美麗動人的女子，由於兩人一見鍾情，因此沒多久便結了婚。女人非常勤奮，會織出美麗的布來幫忙養家，而且女人所煮的湯更是美味，但是有關湯的祕密，卻怎麼也不肯告訴她的丈夫。有一天，男人打算偷偷看自己的妻子是怎麼煮湯的，沒想到竟然看見她往鍋子裡小便！這時男人才了解原來妻子是蛤蜊所變成的。被發現真面目的女人，後來只好哭著變回蛤蜊的模樣，回到海裡去了。

❖蠑螺鬼（栄螺鬼）

存活超過三十年歲月的蠑螺會變化，變成有眼睛、有手腳的「蠑螺鬼」。此外，據說如果把好色的女人扔近海裡，也會變成蠑螺，經過多年後，就會變成蠑螺鬼。在千葉縣的房總半島流傳著，如果晚上遇到說自己是獨自出來旅行的女人想借宿一晚，那一定是蠑螺鬼變的，要來抓走那一家的男主人，所以大家都很害怕。

蠑螺鬼會在有月亮的夜晚出現，在海上開心地跳舞。傳說那種模樣就如同飛起來的龍一般。

---

^注29 **異類婚姻譚**：非人類之動物或精靈，幻化成人形後，與人類結婚的故事。

❖衣蛸（ころもたこ）

在京都府的與謝郡，有一種一疊六丈[編補]2那麼大的章魚出現。

這種章魚就叫做「衣蛸」。衣蛸看來跟普通章魚差不多，但如果為了抓它而把船靠過去，它就會突然把身體張開，然後把船包進去。據說平時會進到貝殼裡，漂流在海上。

❖水母火球（くらげの火玉）

水母中，也有會變成火球飛來飛去的，在加賀國（石川縣）便把它稱為「水母火球」。曾經有個武士遇到這個火球，想要拔刀砍它。但砍下去之後，卻完全沒有砍到東西的觸感，火球就像黏黏的松脂一樣，飛散開了。

❖白條海怪（シラミユウレン）

在愛媛縣的宇和島，會突然出現一種像巨大麵條一樣的白色物體在海面上，人們把它稱作「白條海怪」，或是簡稱「白條」（シラミ）。它的真面目沒人知道，就連是不是生物都不清楚。

只要有船靠近白條海怪，它就會用很快的速度在船周圍開始迴轉。如果這時對著它罵「笨蛋」，它就會惱怒而纏住船槳，讓漁夫困擾不已。

中國的蜃

蜃這個名字跟許多妖怪一樣，是從中國傳到日本的。在中國，它也是形容海市蜃樓的妖怪，但外型卻跟日本的截然不同。中國的蜃是棲息在海中的龍蛇一類，它所吐出的氣息會產生樓臺城市的景觀，所以才稱為「海市」。依據中國宋朝陸佃的著作《埤雅》所記載，蛇與龜交配之後，若生下龜，而這龜又跟雉交配的話，就會生出蜃。

[編補]2　一丈約三・〇三公尺；二疊約一坪（三・三平方公尺）。

在山口縣下關地區則把它稱作「挽舟玉」（ヒキフナダマ），只要將火炬丟進海裡，它就會逃走。在佐渡島則稱它為「夜海怪」（ボーコン），會發出「沙～～」的聲音；而在白天出現的則叫做「日海怪」（モーシコウ），來加以分別。

（ぎゅうき）
牛鬼

日文的漢字寫成「牛鬼」，發音為「ギュウキ」或是「ウシオニ」。它的外型通常是牛頭，脖子以下則是鬼的身體，但也有牛頭蜘蛛身體的。傳說牛鬼棲息在海中，尤其會出現在海岸，攻擊路過海濱的人。

牛鬼喜歡吃人，有著殘忍的個性，而且非常兇猛，具有怪力。另外，它也非常地執著，只要是它看上的人，絕對不會讓他逃走。如果為了收伏牛鬼而跟它結怨的話，那麼它永遠都不會忘記，並且總有一天會回來復仇。

牛鬼是種相當聰明的妖怪，它在攻擊人類時，會變成抱著小孩的女人註30。它會讓路過的行人抱小孩，手中的小孩會愈來愈重，等重到人動不了時，女人

註30 在島根縣的岩見地區認為，抱著小孩的女性不是牛鬼，而是叫做「溼女」（請參磯女）的妖怪。

就會變回牛鬼的樣子，把那個人吃掉。

棲息在海以外的地點的牛鬼

牛鬼不只棲息在海裡，也會棲息在瀑布、河川，或是山林之中。在牛鬼之中，有種是有著赤紅色的角，身體柔軟，走路時沒有腳步聲，就算撞到東西也不會發出聲音的。

這些牛鬼所棲息的深淵，稱為「牛鬼淵」，有時會從水面露出鬍鬚或尾巴。另外，據說當水變得混濁時，就表示牛鬼在附近，它會躲在水底突擊人類。

有時，牛鬼也會變成美女的樣子，但這時只要看她映在水面的模樣就可以辨別了，因為如果是牛鬼，那麼即使變成女性，它映在水面的樣子依然是牛鬼。和歌山縣，會在牛鬼淵祭祀牛鬼來避免災禍。

但也有留下牛鬼幫助人類的故事。這是位在和歌山縣三尾川的牛鬼淵的故事。

從前，有個名叫上田叉之助的青年經過這附近，突然間，眼前出現一位美麗的女孩。這女孩看起來非常飢餓，直說她需要食物，於是叉之助便把便當分給了她。兩個月之後，這條河川發生大洪水，叉之助也被捲進混濁的洪流之中，當他被沖到牛鬼淵附近時，發現之前的那位女孩竟然出現了，而且變成牛鬼的樣子，從激流中救起了叉之助。但是，牛鬼有個鐵則，就是只要救人，身體就會溶化而死。所以牛鬼在救起叉之助的瞬間，就化成紅色血水而被沖走了。

青峰的牛鬼

位在香川縣五色台的青峰山麓的牛鬼，有著奇怪的外型。在青峰的根香寺圖畫中，畫著在類似猴頭的上方長著牛角，還有張裂到耳根的大嘴，露出巨大的尖牙，有著老虎斑紋的身體。手指只有三根，具有鉤爪，腋下還有像蝙蝠一樣的翅膀。依寺方的記載，它曾出現在天正年間（西元一五七三年～一五九二年），擾亂青峰山麓的村落，會吃人類及家畜。而後打倒

牛鬼的，是一位名叫山田藏人高清的弓箭高手，他對根香寺的千手觀音祈禱，希望能打敗牛鬼。在祈禱完成的那天，高清發現了牛鬼，漂亮地拔弓射箭，成功射中牛鬼。牛鬼負傷逃走，直到一個叫做「獄淵」的地方才斷氣。據說原本屬於這牛鬼的角，現在還留在根香寺裡。

《太平記》裡的牛鬼

牛鬼的名字在平安時代就已經出現了。在《枕草子》的第一百四十八段中，被舉為「恐怖事物」的其中一項。到了室町時代，在軍記物語《太平記》裡，描述了源賴光與牛鬼的對決。

棲息在大和國（奈良縣）宇多郡的森林裡的牛鬼，一到了夜晚，就會出現在村里中，攻擊人或家畜。聽到傳聞的源賴光，便將名刀「鬼丸」交給

牛鬼的祭典

在愛媛縣的宇和島，每到祭典時，會有一種展示活動，那就是出現名為「烏休烏寧」（ウショウニン）、「布亞雷」（ブーヤレ）的牛鬼造形。它有著鬼的臉，身體約五、六公尺高，要幾十個年輕人才能讓它動起來。這個牛鬼會編成隊伍在城鎮裡慢慢前進，並把頭伸進每戶人家來驅趕惡魔，而家裡的倒楣神會附在牛鬼身上，從家裡被帶出去。最後牛鬼會被搬到海岸，藉由把身上的魔氣流進海中來淨身。

有關這個祭典的起源，其實眾說紛紜。比如說，以前在此地有個叫做藤內圖書的人，在周防國（現在的山口縣）打倒了牛鬼；或是位在德島縣，一個名叫牛鬼村的地方，而此地的人打倒了裡面住的牛鬼等。還有加藤清正在豐臣秀吉對朝鮮出兵之際，做出牛鬼來恫嚇敵人，於是開始牛鬼祭典的說法。

另外，在鹿兒島的大隅半島、奄美大島，分別祭祀名為「海牛」（ウンムシ）、「生斗糠主」（ナマトヌカヌシ）等，很像牛鬼的牛神註31。

註31 **牛神**：這些牛神有著八角、八足、八尾的奇怪模樣。

四天王之一的渡邊綱，讓他去打倒牛鬼。

　牛鬼雖然變成女性的模樣迎戰，卻反被鬼丸給砍下右手。綱將這隻右手帶回，打算獻給賴光，但是執著的牛鬼為了拿回右手，也隨後追了過來。它先變成綱年邁的母親，要求綱讓它看看牛鬼的手腕。就在綱獻出右手的瞬間，牛鬼立刻變回身長兩丈（約六公尺）的原形，成功取回了右手。及時趕來的賴光，用鬼丸對抗牛鬼，經過一番交戰，終於成功砍下了牛鬼的頭。

　據說那時牛鬼的頭，還狠狠緊咬刀尖，瘋狂叫了半個時辰，而身體則衝出屋頂，奔到遙遠的天邊。

（うみぼうず）
海坊主

　在廣闊的海面上，突然出現像巨人一樣的黑色物體，那就是「海坊主」了。海象險惡的時候，或是風平浪靜的時候，海坊主都有可能會出現。這個巨人的大小，光是頭就有好幾公尺，身體則因為太過龐大，以致於根本無法測量。它可以在海上行走，速度之快，連船都追不上。全身漆黑，只有雙眼閃耀著紅光，嘴角裂到耳根。此外，也有沒有臉、只是一片黑的海坊主。

　海坊主對船員來說，是會把船弄沉的恐怖存在。船員們只要看到海坊主

出現，就會緊緊閉上嘴，安靜地等它離開。如果海坊主聽到聲音，馬上就會把船打翻。據說只要是遇到海坊主的船隻，即使沒有被翻船，船員當中也一定有人會死。

有關海坊主的真面目眾說紛紜。有傳說是在海中死去的人的靈魂所聚集而成的，或是生活在海中龍宮的居民等，也有傳說是巨大章魚、海上強風等說法，甚至還有鯡魚長成成魚之後，由成魚再變成海坊主的說法**註**32。

❖海坊主的同類

海坊主也有具備各種外型，或是奇怪特徵的同伴。

①海座頭（うみざとう）

是一種背著琵琶，右手拿著枴杖，在海上行走的巨人。會使船沉沒。

②大笑海坊主　靜岡縣

是一種大眼睛會閃閃發光，並用裂到耳根的大嘴發出噁心笑聲的海坊主。只要有船接近，它就會像船幽靈一樣，要求「給我杓子～」，再把船弄沉。

③說話海坊主　千葉縣

是一種出現在除夕夜晚，會靠近漁船並問船員：「你怕的東西是什麼？」的海坊主。這時只要回答說：「我最怕自己所從事的船上工作！」那麼它就會消失了。

④滑溜坊主（ぬるぬる坊主）　島根縣

是一種全身滑溜，外型像人類身體般人的樹根的海坊主。只有一隻眼睛，會漂流在海上，也會垂掛在路過的行人身上。

⑤立烏帽子（タテエボシ）　新潟縣佐渡島

它是突然出現，比船緣還要高上二十公尺的物體，然後會倒向船上。

⑥滑溜海怪（ヌラリヒョン）　岡山縣

漂流在海上，是像人頭般大的圓球。就算想抓它，它也會又浮又沉地，

註32 鯡魚是棲息在河口附近的食用魚。隨著成長，日本人會將其稱為「幼魚」（オボコ）、「幼魚」（イナ）（幼魚有二個稱呼）及「鯔」（ボラ）、「老魚」（トド）等不同名稱。

讓你抓不到。

⑦海和尚（うみおしょう）

　　在福井縣若狹灣把它叫做「龜入道」。外型像二公尺左右的烏龜，但卻有張人的面孔，理著小平頭。據說只要看到它，就會在那個人的身上降下災禍。一看到人，就會用裂到耳根的大嘴笑起來。有時會不小心被漁網捕到，那時它就會把雙手合在胸前，流著眼淚求人們救它。漁夫們為了不受到報應，都會給海和尚喝點酒，再放它回海裡。

（なみこぞう）

浪小僧

　　有個住在遠州（靜岡縣）的少年，那是他在某個雨過天晴的日子裡，耕田耕到一半在休息時的故事。當時他在小河裡洗腳，突然旁邊傳來「喂～喂～」的叫聲。他心想：「怪了，旁邊不是沒有人嗎？」轉頭一看，發出聲音的方向，竟然有個拇指大小的小矮人。

　　小矮人說：「請救救我！我的名字是浪小僧，就住在前面的海裡。被前幾天的大雨給沖到這裡來了。但是太陽這麼大，我實在沒辦法回到海裡呀！」這個名叫浪小僧的矮人，拜託少年帶它回到海邊。少年覺得它很可憐，所以讓小人坐在自己的肩膀上，帶它回海邊去了。

　　可是這次的奇遇，馬上就因為襲擊村莊的強烈日曬而讓少年忘得一乾二淨。河川的水乾涸了，稻子也一天一天失去精神。少年雖然擔心的不得了，但也無計可施。於是少年走到海邊看海發呆，這時有個小東西朝他走過來。原來就是之前少年幫助過的浪小僧。浪小僧走過來對少年說：「前幾天謝謝你的幫忙。我看你們的村子，最近因為乾旱而相當困擾的樣子。所以我拜託了我那祈雨高手的爸爸，請他快點讓雨水降下來。從今以後，

每當要下雨的時候，我就會打響東側的海浪；雨要停的時候，我就打響西側的海浪，來通知你們。」說完，浪小僧就消失了。

　　沒多久，東側果然就傳來海浪聲，而且愈來愈大，接著天空就忽然間下起了雨來。因為這場及時雨，村民們總算不必挨餓過年了。從那之後，這個地區就可以用海浪的聲音來預測天氣了。

（にんぎょ）
人魚

　　「人魚」的傳說不只存在於西歐，日本自古以來，也有流傳人魚的故事。早在《日本書紀》中，就記載著在推古天皇時代（西元六一九年）的攝津國（現今的大阪府），漁夫的網子曾經抓到有著怪物臉孔的人魚。

　　雖然人魚被漁夫的網子給抓住，但傳說如果殺了人魚或吃人魚的肉都會遭到報應，所以漁夫又將它放回海裡。另一方面，也有吃人魚肉會長生不老的傳說，所以也流傳著有人吃了人魚肉之後，活了好幾百年的故事。

人魚的外型

　　從《諸國里人談》、《甲子夜話》、《和漢三才圖會》等文獻裡，可以一窺人魚的一般外型。首先，就整體來說，人魚的上半身是人類，下半身是魚，這點跟西歐沒有太大不同。但就臉部特徵來看，頭髮又長又紅，或是混入黑色的紅色，眉毛左右相連，嘴巴像猴子一樣突出，牙齒像魚一樣小，可以想像是一種非常可怕的人魚。手上有蹼，皮膚呈現藍白色，胸部有著像女性一般的乳房，腰部以下的鱗片閃著金色光芒，身上會散發出濃郁的香氣。聲音就像人類一樣，據說是有如雲雀歌唱或是鹿鳴一般，在耳邊愉悅繚繞的天籟。因為也會流眼淚，所以應該有著人類的情感。

　　人魚通常出現在海裡，但也有在河川或湖裡被發現的**註**33。而發現地點也遍布日本全國。

人魚的預言

　　傳說每當人魚出現，就是有什麼大事要發生的前兆。有時是好預兆，但也有可能是壞預兆。據說在奄美大島有種名叫「求奇賴由」（チュンチライユ）的人魚，只要一出現，不久後必定會颳起狂風暴雨。所以漁夫們只要看見這種人魚，就要全速回島，進港避風。另外，也會有出現在岸邊，對人們傳達預言的人魚。

　　那是琉球國（沖繩縣）的尚穆王在位時的故事。桑（ザン）是出現在沖繩，有著美麗年輕女孩外貌的人魚。有一天一不小心被網住，就被人抓了起來。桑流著眼淚，求漁夫們放它回去。漁夫們覺得桑很可憐，所以就把它放回海裡。

　　之後過了不久，當這些漁夫又來捕魚時，之前被好心漁夫放生的桑又出現了。桑為了報答不殺之恩，就告訴他們即將有海嘯要來，於是漁夫們趕緊回到村子裡，叫大家趕緊分頭避難。但是村人們一聽到是人魚出現告訴

註33 在大阪蒲生川所發現（西元一八○一年左右）的人魚，是有著小孩子模樣的人魚，被稱為「髮魚」（はつぎょ）。

他們的，卻沒有一個人要相信，無計可施的漁夫們只好自己躲到山裡去避難。後來果真如人魚所說的一樣，發生了大海嘯，整個村子全都被淹沒。據說這就是發生在明和八年（西元一七七六年）的大海嘯。

肥後國（熊本縣）曾經在弘加三年（西元一八四六年）出現一種名叫「尼海老」（アマエビ）的半人半魚，而臉像怪物的人魚同類，來傳達預言。尼海老全身發出光芒，從海中出現，對官員留下「吾乃棲息於海中的尼海老。從本年開始，將有六年豐收。若要是流行起疾病來，將吾之圖像給眾人看過，即可除魔🎴34。」這樣的預言，然後又回到海裡去了。之後預言果然正確，而尼海老的圖像也就變成除魔畫了。

人魚的報應

這是流傳在福井縣的人魚故事。據說這人魚是御淺明神的使者，在寶永二年（西元一七〇五年）被抓到。這人魚雖然有著人的外型，但卻長著像雞冠一樣紅的領子的奇怪東西，於是漁夫們用槳打死了這隻人魚並丟進海裡。隔天，原本平靜的海面就開始狂風大作，怒吼了將近一個月，最後發生大地震。地表從海邊一直裂到御淺神社所在的御淺月山麓，而漁夫們的村子當然也隨著地震而消失的無影無蹤了。

人魚的肉

在島根縣隱岐島的州崎村裡，傳說有個女人因為不知情而吃下來路不明男人所帶來的人魚肉，結果她變得年輕貌美，可以看穿人心，並且成了能自由行走在山海間、長生不老的海仙了。此外，傳說棲息在北海道噴火灣一種名叫「愛奴人魚」（アイヌソッキ）的人魚，吃了它的肉也可以長壽。禁忌之肉，也就是人魚肉，具有讓吃下它的人獲得長壽的奇妙力量。其中，八百比丘尼活到八百歲的故事尤其有名。

🎴34 除魔：江戶時代的文政期（西元一八〇八年～一八三〇年）左右，人們把人魚的畫像當成除魔用品帶在身上，或是貼在門口。那是在胸口拿著一支劍，尾巴拿著三支劍，頭髮散亂的詭異人魚畫像。

八百比丘尼在當尼姑的孩提時代，因為吃了父親秦道滿在佐渡從怪人手中得到的人魚肉，而獲得了千年的壽命。但她將其中兩百年的壽命讓給了國主，自己便得到八百年的壽命。而且，她的外貌總是保持在年輕時的模樣。存活了長久歲月之後，她成了比丘尼，戴著山茶花的帽子，手裡拿著玉與白山茶花，到處種植山茶樹。據說在這段期間裡，她微服走訪平泉的途中，也曾遇到源義經與弁慶一行人。就這樣，比丘尼走遍日本各地，最後在若狹國（福井縣）結束了八百年的生命。

（いそおんな）
磯女

在海岸有浪打上來時會出現，會出聲引誘經過附近的人，當那個人一靠近，它的長髮就會像生物一樣動起來把人纏住，再把人拉進海裡，吸他的血。這種恐怖的妖怪就叫做「磯女」，或是「磯女子」、「磯姬」、「海姬」，常出現在西日本地區。所以在海岸邊走路時，不管有多美的女人，都不能靠過去。

磯女[註35]會以全身溼淋淋的模樣坐在岸邊的石頭上，靜靜地看著夜裡那片漆黑的海。頭髮的長度幾乎可以碰到地面，直直地垂下來。仔細一看，它的下半身還有些模糊不清。磯女的行動範圍只限於海浪能打到的地方，所以沒有辦法上到陸地上。但如果是在海上，它甚至可以上到船上來。像船停靠在港口時，它就會沿著纜繩潛入船艙裡。因此在九州的島原半島，船要停泊在港口時，只會用錨，而有不使用纜繩的習慣。此外，據說只要

註35 磯女：磯女也被認為是溺死女性的幽靈。在宮崎縣或大分縣被稱為「達琪」（ダキ），是棲息在海岸峭壁上的兇猛幽靈，會攻擊人類並吸血。

將三根茅草放在衣服上睡覺，磯女就不會攻擊你了。

❖投石女（イシナゲンジョ）

在長崎縣的江之島海岸，如果在每年五月出現濃霧的夜裡出海捕魚，就會突然聽見巨石崩落的巨響，把漁夫們嚇一大跳，而這個聲響就叫做「投石女」。當隔天來到發出這個聲音的地點，想要一探究竟時，會發現根本沒有什麼事發生。傳說這種聲音也是磯女搞得鬼。

此外，海上有時也會出現不知從何處傳來的太鼓聲音，這就是所謂「虛空太鼓」的怪音現象。據說聽到這個聲音的時候，如果把耳朵蓋住不去聽，就會遭到報應。

❖溼女（濡れ女）

「溼女」是一種上半身像人，下半身像大蛇的詭異妖怪，同時也是會吸血的妖怪。它不只會出現在海裡，也會出現在河川或沼澤。溼女平常會藏起像蛇一般的下半身，在無人的水邊洗頭髮。只要有人靠近，它就會用長長的尾巴來抓人。

溼女的尾巴約有三町（約三百三十公尺）那麼長，凡是被它盯上的人，是絕對逃不掉的。

在島根縣的岩見地區，認為溼女是牛鬼的斥侯。這裡的溼女會像產女（請參產女）一樣抱著嬰兒出現，有人經過的時候，就會拜託他抱一下嬰兒。如果抱了那個嬰兒，溼女就會消失在海裡，取代它出現的是恐怖的牛鬼（請參牛鬼）。這時雖然想逃，但手中抱著的嬰兒卻愈來愈重，連一步都動不了，然後就會被殘忍地殺死了。

❖淫女童（濡れ女子）與針女（はりおんな）

　　磯女、淫女的同類中，也有會上到陸地來的，而其中被稱為「淫女童」或是「淫嫁娘」的妖怪，就是會登陸的麻煩代表。

　　在愛媛縣的宇和地區，由於它會對著人笑，所以也被稱為「笑女子」。當它對著人笑時，如果對方也微笑回去，那它就會一輩子跟著那個人。

　　被稱為「針女」、「針女子」，同樣具有美麗女孩外表的妖怪，會出現在海岸附近的路上。這個妖怪的特徵就是每根頭髮前面都有鉤針，用來抓它盯上的人。因為是外表非常美麗的妖怪，所以年輕男子只要看見它笑，就會迷上它，一不小心就會被頭髮纏上而動彈不得。

　　曾經有個被針女攻擊的青年，沒命似地逃回家裡，關上大門（木製門板），整晚害怕的直發抖，直到針女離開。等到隔天早上他出來一看，大門上留下了無數的鉤針痕跡。

　　如果是紙門的話，應該一下就破了吧！青年因為那扇木製的大門而撿回了一條命。

（うみにょうぼう）
海女房

　　不知道各位是否知道半人魚的怪物？也就是人的身體上長了魚鱗和魚鰭的詭異怪物，而「海女房」注36就是這種樣子的怪物。它有著長長的頭髮及人類的面孔與手腳，但手指間卻長著蹼。平常棲息在海裡，就算來到陸地上，幾天內也不會死。其中，也有會說人話的。

注36　**海女房**：在直海元周所著的《廣大和本草》這本古書中，就是用海夫人的名字來介紹它。

在島根縣的平田市十六島，流傳著海女房曾帶著孩子出現，去吃民家用鹽巴醃漬保存在小屋裡的青花魚的故事。

而在岩手縣三陸海岸的某個村莊，則是它變成人的樣貌出現的故事。當時村莊裡有幾個出門捕魚的男人沒有回來，所以男人的妻子們就聚集起來，請巫女占卜丈夫的安危。這時海女房出現了，它慢慢打開手裡拿著的布包，接著女人們就尖叫了起來，原來布包裡包著的是她們丈夫的人頭。海女房對她們說，這些男人們因為海難而溺死了，所以把他們帶回來。妻子們因為悲痛欲絕而投身海中，結果也變成了海女房。或許海女房的真面目，就是這種因為悲傷而跳入海中的女人所化身的也不一定註37。

（海の怨霊）

海之怨靈

不管從前或現在，航海總是充滿危險的。無論是在海上遇到暴風而沉船，或是因為迷航，無法順利著陸而活活餓死，都意味著在海中死亡，都會是一種痛苦的掙扎。因此，那些在海上死去的亡靈，因為當初那份痛苦以及對痛苦的怨恨，致使它們無法升天，而會在世上流連徘徊。為了讓活著的人也能體會自己的痛苦，很多幽

註37 也有這樣的一則小故事。從小就遭逢母親離家的漁夫，在出海捕魚的時出現了海女房，一邊哭，一邊對他說：「你長得這麼大啦！」。

靈會以殘暴的手段來攻擊人們，所以海上男兒是非常害怕這些幽靈的。

❖船幽靈（ふなゆうれい）

船幽靈是亡靈之中最常見的靈，而且會跑到船上來。它們會把船弄沉，並且讓勉強活下來的人變成自己的同伴，是一種很恐怖的幽靈。

船幽靈的出現

船幽靈通常出現在雨天、新月或滿月的日子，前兆是船的一側會變重，或是感覺周圍籠罩著一股詭異的氣息。這時船幽靈就會以跟普通船隻沒什麼兩樣的樣子出現。船幽靈本身會發光[註38]，就連在黑夜裡難以確認的船身細部，都能看得一清二楚。但是一旦認清那是船幽靈之後，它就會以非常快的速度追過來，怎麼逃都逃不掉。只要被追上，船幽靈上的亡者們，就會抓住船弦，登上你的船。死者的數量從幾個人到幾十人都有，它們會對船裡的人伸手，一起大叫：「給我杓子！給我杓子！」。

這是因為它們要用杓子把海水舀進船裡，把船弄沉的原故。此時，必須給它們沒有底的杓子才行。當亡者們用這沒有底的杓子舀水，不久之後它們就會發現，不管怎麼舀，都無法舀起完整的一勺水，於是它們就會放棄而離開了。

各地的船幽靈

船幽靈根據地方的不同，也有不同的特徵。在岩手縣的久慈市，船幽靈就被稱為「黑船幽靈」（ナモウレイ），是一艘不發光的黑色船隻。

另外，在日本的中國、四國地區，會出現一種拳頭般大小，像棉花一樣模糊又白白的東西。當你一直盯著它看，等它來到眼前時，就會變成幾十

[註]38 鹿兒島縣把發光的船幽靈稱為「亡靈火」；島根縣則稱為「悶死」（モンシ）。在海象惡劣的情況下，會發著藍光出現。

個幽靈。

當船上的亡者想把船弄沉時所要求的道具，還有很多種。在奄美大島是用水桶（當地方言寫作「たんご」）來把船弄沉，所以叫做「給我桶」（タンゴクレレ）；在愛媛縣則是要求長柄的杓杓，所以叫做「給我長柄」（エナガクレ）；長崎縣五島列島則叫做「灘幽靈」。除了會用杓子把船弄沉以外，也還會跟其他船競速，輸掉的船就會毫不留情地被翻覆。另外，也有變成島嶼，故意擋住船隻航線的幽靈🈂39。

此外，船幽靈會出現在近海，讓人看見有船在並排前進的幻影，或是海邊有燈塔的幻影，被騙的船隻就會因此沉沒。在青森縣的津輕地區，則把這個叫做「亡者火」，有時還會一路跟到家裡來🈂40。另外，它也會變成火球出現，在船帆周圍繞來繞去，有時也會停下來要杓子🈂41。

❖亡者船（もんじゃふね）

船幽靈是會把船弄沉的恐怖幽靈，不過這裡要介紹的亡者船，是只會出現在掃墓季節來見家人及朋友的亡靈，並不會殺人。亡者船的亡靈們都很怕寂寞，所以才會回來聽在世友人的聲音。

亡者船在掃墓季節，尤其是月亮出現的夜晚，經常顯現。當亡者船出現時，首先會從近海方向傳來划槳的聲音。當岸上的人聽見這個聲音並等待船靠岸時，會發現當船接近到一個程度時，就不會再更靠近了。如果岸上的人覺得奇怪而大叫「喂～」的時候，對方也會用「喂～」來回應，之後船會再稍微靠近一點。但是當岸上的人大叫：「把繩纜拋過來」時，船就會突然消失了。岸上的人這才知道，原來那艘船上的人並非這世界上的人。

香川縣小豆島的亡者船被稱為「休鳥卡拉彼」（ショウカラビー）。當人在海上看見這艘船時，會發現它就像自己的船在照鏡子，長得一模一

🈂39 這種現象在奄美大島稱為「海擋」（海塞ぎ）、「山擋」（山塞ぎ）。只要閉起眼睛虔心念佛，眼前的景象自然就會消失。
🈂40 一旦來到家裡，就會傳出有人在拍掉衣服上灰塵，或是洗手的聲音。
🈂41 在兵庫縣的沿海一帶稱之為「迷」（マヨイ）。

樣。更不可思議的是，那艘船會逆風前進。

　　但可不能因為亡者船什麼都不做，就掉以輕心了。如果被福岡縣一種名為「迷路船」的亡者船跟上，就一定會發生海難。因為這時會吹起一股名為「魂風」（タマカゼ）的詭異怪風，讓船隻翻覆。

❖底幽靈（そこゆうれい）

　　在海上罹難的幽靈裡，也有會漂浮在海中的**註**42。在長崎縣五島列島則把它叫做「底幽靈」，會黏在船底，讓船動彈不得，或是把船搖翻。顏色是白的，但因為是在海中，所以模樣並不清楚。在四國的高知縣，則把這種幽靈稱做「白身幽靈」（シラミ幽靈），只要拿著竹竿在海中攪動，它就會逃走了。

❖御崎（ミサキ）

　　這種幽靈是完全看不見它模樣的幽靈。這種看不見的幽靈，在四國地區就叫做「御崎」，它也像底幽靈一樣，會攻擊人類。在青森縣的津輕地區，一旦被附身，就會像全身被潑了冷水一樣，會不停地發抖。這時只要從船上的第三間**譯補**4撒下煮飯用的柴火灰燼，就能把它趕走。

　　在御崎的同類中，有一種叫做「七人御崎」。所謂「七人」，是指這種靈魂總共是由七個人所組成的。

　　如果有溺死在海中的人，它的靈魂就會加入到這個幽靈之中，而原本的七個人，其中就有一個可以升天。這種御崎也存在於陸地上，在四國地區就有專門祭祀御崎塚來安撫這種幽靈。

註42 日本人把這種無法升天的死靈稱為「迷惘佛」（迷い仏）；長崎縣則根據地區的不同也稱為「トボシ」、「ヒ」等等。
譯補4 日本船隻中，由第三根船梁與第四根船梁所分割出來的部分。

❖共潛（共潛き）

在三重縣的伊勢、志摩地區，常常會在陰天出現一種叫做「共潛」的妖怪。這種妖怪會在捕魚女一個人潛入海中時出現，外型會跟潛入海中的那個人一樣，來嚇她一跳。捕魚女們為了不要遇到共潛，都會綁上驅魔的頭巾，因為共潛的頭巾前端較長，所以能很輕易地看穿它。共潛會主動靠近人，對人微笑給人鮑魚，但同時也會把人騙到更深的海中，所以一定要注意。據說要從共潛水中過鮑魚時，要背對著它，把手往後伸出去拿比較安全。不過，凡是看到共潛的人就會被附身，所以必須馬上浮出海面。而附近聽到這件事情的捕魚女們，為了不被附身，就會休息兩、三天不潛水，等共潛離開。

驅魔的頭巾

在志摩地區，有名叫「尻翻」或「龍宮先生」、外型類似河童的妖怪，也有一種是只要人一看到就會死去的「磯部先生」（磯部さん）**註43**等，真是充滿危險啊！而保護自己不受共潛攻擊的頭巾，其實也能用來驅除共潛以外的妖怪。這種頭巾會在眉頭附近有條紅線直直下來，其左右則縫上星型的咒文。

這個星型是五角星的印記，稱為「格子形印」（ドウマン）、「星形印」（セイマン）。在荒俣宏氏的《帝都物語》裡，則叫做「晴明判」。這是因為日本陰陽師始祖安倍晴明（あべのせいめい）的名字，才叫做「星形印」；而「格子形印」則是指其對手蘆屋道滿（あしやどうまん）的名字。而頭巾的意義就是想借用他們的力量來擊退各種妖魔，所以才用在驅魔上面。

註43 磯部先生：也被稱為「白鮫」、「七本鮫」，是伊雜宮的使者，會在農曆六月十六日至十八日出現。

❖舞頭（舞い首）

這是鎌倉時代的故事。在伊豆真鶴某個舉行祭典的夜晚，有三位名叫小三太、又重、惡五郎、以力氣自豪的武士們，因為無聊的爭吵而互相砍殺起來。結果，即使三個人的頭都被砍了下來，但它們的身體還在爭執不休，頭則在互相叫罵中，掉進了海裡。從此以後，每到深夜，三個人的頭就會連在一起從海裡出現，一邊從嘴裡吐出怨恨的火焰，一邊互相叫罵，就這樣在海上飛舞。

（かいなんほうし）
海難法師

在伊豆的七島地區，傳說每到農曆一月二十四日的晚上，海裡的亡者就會登陸到島上來，走遍各個村子之後，再回到海裡。人們因而害怕地將它們稱為「海難法師」。

一到這天，海難法師就會在木盆般的船上架起帆，像是在海上滑行一樣來到島上。所以海難法師出現的這天，要停止捕魚、避免外出，而且還要在家裡的玄關放著避邪用的「海桐花**註**44小枝」及「野蒜」**註**45。家家戶

註44 **海桐花**：棲息在海岸附近的常綠灌木，被當作炒節分豆子時的燃料來使用，所以也被人們拿來驅魔。

註45 **野蒜**：百合科植物，像細蔥的形狀，也可以食用，但是臭味很重，或許就是因為這麼臭，才被用來避邪吧！

戶都會關上擋雨窗，整晚屏氣凝神地等著海難法師離開。

海難法師的真面目

有關海難法師真面目的說法眾說紛紜，這裡介紹主要的說法。

依據《伊豆七島志》記載，在寬榮五年（西元一六二八年）於伊豆七島擔任地方官的豐島作十郎松，為了自肥而剝削島民，讓島民非常怨恨。於是，無法忍受暴政的人們便開始計畫，特地選定天候會遽變的日子，建議豐島在那天巡視。對海一無所知的豐島，聽說那天天氣很好便上了船，結果途中，海象突然大變，船翻了，豐島也死了。島民總算能夠回歸到正常的生活，大家都很高興。但在死前發現自己是被預謀殺害的豐島，它的怨靈在死後就成了海難法師，回來繼續折磨島民。

另外一個故事，跟上面的就完全相反了。被邪惡的地方官（這應該也是指豐島）折磨的島民們，一同起義攻擊地方官的宅邸，把地方官給殺了。這些島民為了逃避追兵而逃進海中，結果船翻了，船上的二十五個人也全都淹死了。此後，它們的亡靈就變成海難法師了。

究竟哪邊才是對的，現在已經無從得知。不過因為海難法師會對人民造成災害，所以我會認為它是邪惡地方官的汙穢亡靈，不知各位又是怎麼想的呢？

❖忌日明神（きのひのみょうじん）

在伊豆七島之中，御藏島、神津島分別會出現名叫「忌日明神」、「日忌樣」的作祟神。這種妖怪也是一看到，就會瞎了眼睛，或是被殺害。

忌日明神的鼻子像天狗一樣長，頭上戴著研缽，手上拿著研棒。只要遇到人，就會用研缽跟研棒把人磨碎。它跟海難法師在相同時期出現，所以人們也是用跟對抗海難法師的方法一樣，只能躲在家裡等它過去。

據說這時候如果沒有先在外面放它喜歡吃的東西（用山茶花油炸的丸子），它就會把廁所的門踢倒。此外，也傳說每當忌日明神到了拂曉要回去時，只要看到它的人，眼睛就會瞎掉。

（海の妖火）

海之妖火

❖不知火（しらぬい）

在九州，面向八代海以及有明海的地區，每年到了農曆八月風平浪靜的新月夜晚，較遠的海面上，會突然出現橘色的火焰。這種火焰會慢慢增加，最後數十、數百團火焰會覆蓋整個海面。這個不明原因的火焰，就是有名的「不知火」。人們害怕這火是海中龍神所點起來的燈，所以在看到這種火焰的夜晚，是禁止出海的。

《日本書紀》裡的不知火

自古以來就有「不知火」的記錄，在日本最古老的歷史書《日本書紀》裡，也有留下這種火的記錄。根據其記載，景行天皇前往熊襲（約現今南九州一帶）親征，行經筑紫地方時（西元八二年左右），在八代海看見了不知火。這時，因為天色已經暗了下來，無法看見路的一行人，就是靠著不知火的火焰，才能順利抵達岸邊。

不知火的特徵

它出現的日子就如同上面所說的一樣，但據說當天，只有在潮汐最大的凌晨三點前後兩小時，才是能夠看見不知火的時間帶。不知為何，在船上或是低窪地方，就很難看見不知火，而從海面算起大約十公尺左右的高度，是最容易看見它的位置。另外，風雨或浪較大的日子，就一定不會出現。不知火也是絕對無法靠近的火焰。如果朝著這種火前進，火焰就會一直保持一樣的距離而離開。

第

不知火的真面目

　　到了大正年代，出現一位想要以科學來解釋不知火的科學家。當時的藤森三郎組成了「不知火探險隊」，去進行科學觀察。結果發現，不知火原來也是一種海市蜃樓。

　　後來到了昭和年代，宮西通司寫了〈不知火的研究〉，試圖分析不知火。根據其記載，不知火所出現的九月（農曆八月），是一年之中海水溫度最高（將近三十度）的時候，而下降六公尺左右的退潮會造成很大的淺灘，並發生急遽的輻射冷卻。由於有明以及八代海的特殊地形要素會折射出夜裡出海的船隻**註46**燈火，於是產生了不知火這種海市蜃樓。

註46　船隻：這裡的船，是為了抓退潮淺灘中的魚而出海的。

可惜的是，目前已經無法再看到不知火了。因為填補淺灘或是退潮情況、海水汙染、電燈照明等人為破壞，而奪去了自然界的神祕現象，確實是非常遺憾。

❖龍燈（龍灯）

在每個月月底（晦日），尤其是除夕（大晦日）的黃昏時刻，傳說會在海上看見許多火焰。這種火焰就叫做「龍燈」。從前的人們相信，之所以會有這種現象，是支配海洋的「龍神」所造成的🈯47，所以是非常神聖。

龍燈在太陽下沉、天空開始轉為藍黑色之際，就會變成連著晚霞的火球出現，漂浮在海面上約三公尺左右的地方。最後火球會接近海岸，排成一列登陸上岸🈯48。接著火球會朝著神聖山峰的山頂開始登山，到了山頂的瞬間就會消失。

❖海岸的怪火

在對馬地區，每當夕陽沉沒之後，就會有一種東西來到海岸，那就是一種名為「大海蛇」（アヤカシ）的怪火。仔細一看，火裡還可以看到小孩子走路的樣子。這怪火也會出現在近海，變成山的模樣來妨礙船隻前進。這時只要一口氣撞下去，它就會消失。

有人說這種火是魔火，並不是真正的火。普通火焰在周圍會有亮光，但是魔火周圍卻沒有。所以如果用手指在眼前遮住火焰，就完全看不見火光。這就是分辨魔火的方法。

在廣島縣東部，從夏季到秋季的夜晚，會有兩團火焰並排出現。有時候這一對也會成行地漂浮，這種現象就叫做「拓郎火」（タクロウ火），或是「比火」（比べ火）。在沖繩則把這種火叫做「遺念火」，據說是男女悲傷的靈魂。

🈯47 在大阪灣則把它稱為「沖龍燈」，人們認為這是魚群為了祭祀龍而點亮的燈火。
🈯48 龍燈有時也會在海岸邊的松樹上燃燒，這種松樹就叫做「龍燈松」。把龍燈運到松樹上，傳說就是姑獲鳥（請參產女）搞得把戲。

鏘（ジャン）

　　在高知縣的海上，有一種會發出「鏘！鏘！」的聲音後，隨即出現的妖火，這就叫做「鏘」。傳說當這種火出現並發出聲音之後，魚群就會逃到其他地方，所以一條魚都抓不到。

　　明治時代的物理學者寺田寅彥，假設認為這個鏘的聲音跟地震有關，認為這是地殼變動所造成的地鳴現象。

　　另一方面，關於鏘的光，他也認為可能與地震有關。自古以來在大地震，例如關東大地震發生之前，常有人目擊到發光現象。有一種假設，認為是帶電粒子隨著岩石破壞而被放射出來的關係。支持這個假設的實驗結果，到了西元一九九○年才被發表於英國科學雜誌《Nature》。這是日本通產省機械技術研究所的榎本祐嗣團隊所完成的實驗，測量之後的結果，得知所有岩石在被破壞的時候，都會放射出帶電粒子，其中以水氣含量較多的安山岩的放射量最多。如果有一平方公尺的岩石被破壞持續一秒，大約就會放射出一庫倫，相當於一次閃電的電量。

　　當然這件事情並不等於已經說明了鏘的真相，但可以預測這會是解決問題的重要線索。

里

靠狩獵過活的繩文人，在原野上奔馳，追捕鳥獸來當作食物。他們了解並尊敬鳥獸的超能力。後來進入原野的農耕民們，為了求得更好的土地而開發原野及山林。被開發的土地、村里，雖然成了自然與人類共存的場所，但獲得財富而傲慢起來的人們，卻逐漸忘記原先應該尊敬的事物，反而開始破壞、掠奪自然。於是大自然對人類的行為開始感到憤怒，而具有超能力的鳥獸及草木的精靈們將帶來報應處罰於人類。於是人類重新認知到鳥獸也是自己的鄰居之一，應避免無謂的自然破壞。

另一方面，村里的人們為了獲得食物，必須辛勤地耕種田地。他們對土地的執著無法衡量。所以村里之中，總是流傳著許多鬼故事、奇異故事等。

（目玉の怪）
眼珠之怪

❖ 一目小僧（一つ目小僧）

有一種妖怪，外表像七、八歲的小孩，在臉的正中央長著一顆大眼珠，這就是「一目小僧」。在關東地區，傳說每年到了農曆二月及十二月的八日**註1**就會來到村子裡。

人們相信，只要遇見一目小僧，災難必定降臨，所以這一天都會避免外出。而人們為了趕走一目小僧，會在自家門前掛起「目籠」，讓一目小僧不要到家裡來。所謂「目籠」就是格眼編的很大的竹籠。據說就是要用竹籠的一堆眼睛來對抗一目小僧的一隻眼睛。

在伊豆地區則把它稱為「目一小僧」（目一つ小僧），是一種力氣很大的妖怪。從前有個住在對馬村（現在的伊東市）的人，當他洗澡時，整間浴室都被搬了起來。幸好那個人的運氣不錯，被柊樹的樹枝勾住，因而得救。從此之後，柊樹就成了用來驅魔避邪的植物了。

在埼玉縣川越市所流傳的故事中，它的身高約有一丈左右（約三公尺），眼睛即使在黑暗中，也能閃閃發光。會伸出紅紅的長舌頭，嘻嘻地笑著嚇人。

註1 八日：農曆的二月八日是開始工作的日子，十二月八日則是收工的日子，而這兩天就稱為「事八日」（ことようか）。被定為一年裡，工作開始與結束的日子。

❖借簸婆婆（箕借り婆さん）

南關東地區，傳說在一目小僧出現的那天，會有個名叫「借簸婆婆」[注2] 的單眼妖怪，在嘴裡叼著一團火焰出現。這一天，它會在村子裡飛來飛去，到處找有沒有出來玩的壞孩子。據說借簸婆婆也害怕像目籠或笊（竹籃）這種格眼很多的東西。

❖比叡山的一目小僧

位在京都的比叡山，是天台宗的本山，相當有名，但即便是如此莊嚴的地方，也會出現一目小僧。傳說這裡的一目小僧，是位曾經住在比叡山延曆寺的慈忍和尚（也叫做尋禪和尚）所投胎變成的。

當慈忍還在世時，比叡山中有三千位僧人，天台宗當時非常興盛，但畢竟因為僧人太多，總會有怠於修行，或是在京城街道上逛街玩樂的不良僧人。慈忍雖然會稍微教訓他們，但是對怠惰成性的僧人們來說，根本沒用，人數反而有增無減。於是，相當擔心天台宗未來的慈忍，決定死後也要留在山中，守住教派的威嚴。

因此慈忍就變成了一隻眼[注3]的妖怪，會出現在到京城街上買酒或嫖妓的不良僧人面前，敲著鉢[注4]並堵住他們的去路。就算能夠巧妙騙過其他僧人，溜到街上休息一下，但一目小僧也會在不知不覺中，突然出現在身邊，瞪著自己。一直被糾纏的不良僧人們，就這樣離開比叡山了。

❖手眼（手の目）

這是某個盲眼按摩師的故事。這位按摩師每天勤奮工作，拚命地存錢。隔壁村有個聽到這個傳聞的詐欺犯，便想著要怎麼樣才能騙到他的錢，於是就跟按摩師推薦說有塊不錯的田地，來引起他的興趣，這下兩人便開始

[注2] 借簸婆婆：也有地方說它有上千隻眼睛。
[注3] 一隻眼：之所以為一隻眼，應該是因為跟名為「大師」（ダイシ）的單眼山神的信仰有關。
[注4] 鉢：日文叫做「鉦」（しょう），是一種像碗的金屬打擊樂器。

交談了起來。詐欺犯心想，眼盲的按摩師，因為自己看不見，所以在下決定之前，一定會找別人商量；但另一方面，他又非常焦急，於是跟按摩師說，再不決定，就要賣給別人了。便催促按摩師快點決定。按摩師想了想，就問詐欺犯：「這田裡有沒有蚯蚓或蟲子呀？」他心想這按摩師想必是討厭蟲子，於是就說：「沒那種東西啦！」結果按摩師說：「連蟲都沒有的田地，土質一定不好。」所以就拒絕他了。

以騙人維生的詐欺犯，竟然反而被整了，於是他生氣地跺著地面，決定不管用什麼手段都要把錢搶過來。有一次，詐欺犯趁著按摩師一個人走在夜路上時，就趁黑殺了他。

那件事情過後沒多久，在某個滿月的夜晚，有個旅者路經按摩師被殺的那條路。從他面前迎面走來一個很像按摩師的人，看它伸出手來，好像在找什麼一樣。旅者覺得奇怪，張大眼睛仔細一看，發現那按摩師的手掌上竟然長著眼珠子！受到驚嚇的旅者拔腿逃走，躲進附近的旅館裡，然後跟旅館老闆說起這件事，老闆便點頭說：「事實上，大約七天前，那裡有個按摩師被殺了。大概是他想確認殺死自己犯人的樣子然後報仇，所以手掌上才長了眼珠來找犯人的吧！」這個妖怪就叫做「手眼」。

❖百百目鬼（百々目鬼）

曾經有個利用長手來當扒手的女人，因為偷來的錢帶給她報應而變成了妖怪，這妖怪就叫做「百百目鬼」。百百目鬼恰如其名，有上百隻鳥眼睛長在它扒人錢財時所使用的那隻手上。從前日本的銅錢就像今天的日本五円銅板一樣，中間有個洞，這個洞叫做「鳥眼」（鳥の目），所以它偷竊金錢的報應就變成眼珠而附在它身上。百百目鬼會突然出現在路人面前，講述自己的往事，然後露出自己的手腕來嚇人。

（家に来る妖怪）

來家裡的妖怪

❖ 生剝（なまはげ）

應該有很多日本人都能透過電視，知道在秋田縣男鹿半島有一個「生剝祭典」才對。在除夕夜裡⓹會有樣貌驚人的鬼，一邊揮舞著屠刀，一邊大叫：「不要懶惰啊！」、「有沒有愛哭的小孩啊！」挨家挨戶地拜訪民眾。「生剝」既是鬼，也是懲罰懶惰蟲的善神，跟人類相當親近。

雪國的冬季很長，當人們坐在和式暖桌或圍爐邊烤火時，皮膚很容易被低溫燙傷而留下紫色的痕跡。「生剝」這個名字，就是因為要來剝這種懶惰蟲的活皮，才會這麼叫的。因為這種燙傷痕跡⓺的日文叫做「ナモミ」，所以生剝也叫做「ナモミタクリ」（扯傷痕）。

生剝的傳說

在舉行生剝祭典的男鹿半島上，生剝的故事也因為跟位於半島南側的赤神神社傳說有關，而被流傳著。所謂「赤神」，指的就是建立中國西漢全盛時期的皇帝——漢武帝。為什麼這位漢武帝會在日本的小半島被人祭祀呢？那是因為傳說漢武帝曾經到過此地的關係。

傳說漢武帝為了尋找能安樂久住的地方，於是派遣方士⓻前往世界各處。結果被選為蓬萊⓼的地點，就是這個男鹿半島。於是漢武帝就跟西

⓹ **除夕夜裡**：生剝祭典原本是在農曆元旦的晚上舉行的。
⓺ **燙傷痕跡**：在新潟縣或石川縣則稱為「阿麻米」（アマミ）、「阿麻給」（アマゲ），而一種叫做「阿麻米哈給」（アマミハゲ）的鬼會來剝這種皮；另外，岩手縣把這種鬼叫做「安帕」（アンモ）。
⓻ **方士**：會使用仙術的人。
⓼ **蓬萊**：傳說位於中國東方海上、住著長生不老仙人的地方，或是山。在地理上相當於日本的方位，也有人說這是在熊野地區。另外，也留下奉秦始皇命令，為了求得長生不老藥而來到日本的方士徐福的傳說。

王母^註9一起乘坐能夠飛在空中的飛車，來到這個地方。漢武帝很喜歡這裡，自己便住在山中，讓使者進行開墾，於是男鹿半島就這麼繁榮了起來。為了表示尊敬，村民們就把漢武帝稱為「赤神殿下」，把山稱為「赤神山」來加以膜拜了。

當時侍奉漢武帝的使者裡，也是有鬼的。它們變成蝙蝠的樣子，跟漢武帝一起渡海而來。這些鬼是一家人，父親是眉間、母親是逆頰、孩子們是眼光鬼、首人鬼、押領鬼。不久後，它們的父母死去，但是孩子們依然勤奮工作，為此地的開墾帶來貢獻。但是有一個問題，那就是這些鬼來到村子之後，會抓人來吃。因此，感到困擾的村民們就求助於赤神。身為赤神的漢武帝就告訴他們：「你們說得沒錯！但這些鬼也曾為了這個地方努力工作過。因此為了這些鬼，你們就一年一次好好地招待它們吧！」之後，漢武帝就把這些鬼叫來赤神山，祂說：「鬼呀，村民們很害怕你們。雖然

註9　西王母：住在中國西部崑崙山脈的女仙人。傳說曾經送了七個長生不老的仙桃，給希望長壽的漢武帝。

你們是那樣勤奮地工作，但再這樣下去，也只好要你們離開這裡。如果你們還想留下來，就在山麓到山頂之間，鋪出一條一千階的石階來贖罪吧！這麼一來，村民們每年就會好好地款待你們一次，來作為答謝。但是，要在明天清晨雞啼之前完成才行。」

聽到漢武帝這麼說，這些鬼立刻開始鋪石階。用來做石階的巨石，必須從遙遠的寒風山⑩10運來才行。但是對這些鬼來說，根本不是問題。才一眨眼的功夫，石階就建造了起來。但就在只差一階的時候，周圍仍舊一片黑暗。當鬼努力想把最後一階堆上去時，突然公雞啼了，就只差這麼一步就能堆滿一千階。這些鬼悔恨地跺著腳，憤怒地拔起山頂的樹⑪11倒插在地上來洩憤。但他們為了遵守跟漢武帝的約定，還是離開這個地方了。

當時的雞啼，據說是偷聽到漢武帝與鬼談話的村人，故意讓雞啼的，但也有人說是專門惡作劇的妖怪「天邪鬼」在學雞啼，來嘲笑這些鬼慌張的樣子。不管哪種說法正確，人們害怕那些因為被欺騙而離開的鬼們會在山裡留下報應，於是每年都會有一次裝扮成鬼，替它們在村裡自由自在地享福。勤奮的它們也會去懲罰懶惰蟲。人們傳說，這就是生剝祭典的由來。

❖ 叺老爹（叺親父）

這是種像鬼一般高大男人的妖怪，如果有愛哭的孩子，它就會把小孩裝到背上一個叫做「叺」（かます）的大袋子裡。在青森縣則稱它為「叺老爹」；在秋田縣則稱它為「叺背負」；在長野縣則叫做「背大袋」，會把太陽下山了還在外面玩捉迷藏的壞孩子抓走。

❖ 隱座頭（隠れ座頭）

如果有一天，小孩子突然不知道消失到哪裡去了，那就叫做「神隱」，但在茨城縣則認為這是「隱座頭」的把戲。這種妖怪的外型，是沒有腳後

---

⑩10 寒風山：位在男鹿半島中央位置的火山（標高三五五公尺）。
⑪11 山頂的樹：倒插在山頂的樹木的根，即使到現在，仍舊被保存著。

跟的盲人。在栃木縣，則稱它為「隱坊」（カクシンボ）。另一方面，在晚上要是聽到隱座頭用它那如同用臼搗米般的腳步聲（叫做「隱座頭的搗米」），就會變成有錢人。在秋田縣則相信開市的日子要是看見隱座頭，那就會很有福氣。

❖靜糬（しずか餅）

夜裡會在遠方發出「叩！叩！叩！」的搗麻糬聲音。如果聽到這個聲音是慢慢靠近，那運氣就會好；反之，要是聽到的聲音是漸漸遠離，那運氣就會差。

（雪の怪）

雪之怪

❖雪女

將整個世界變成一片銀白色的大風雪過去之後，在滿月、一片寂靜的黑夜裡，會出現一位穿著清澈雪白和服、相貌年輕貌美的女性。如果它的移動看起來像是在厚厚的積雪上，以滑行的方式接近的話，那就一定是「雪女」了。

雪女被認為是雪精靈的化身，或是在雪中死去的女性幽靈。有著清透雪白的肌膚，而它的身體比冰塊還要冷。因此，凡是接近雪女的人，全部都會被凍死。

在宮城縣，傳說就算遇到雪女也絕對不能跟它交談，或是看它的臉。如果交談的話，就會被雪女吃掉。要是看它的臉，或是對雪女微笑，那麼男

人就會像中了催眠術一樣，搖搖晃晃地跟在雪女後面，到了早上則失魂落魄地回去。因為跟雪女結合的男人，會失去一生的精氣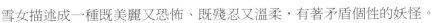12。

另一方面，人們也相信雪女是永遠的處女。根據甲斐國（山梨縣）的古老傳說，因為雪女曾嘲笑「山姥」的下垂乳房與經血，結果觸怒了神明，所以讓它直到下紅雪的那天之前，都只能是處女（《倭年代記》中，有紅雪在一百年內降下兩次的記錄）。但是一旦下了紅雪，雪女就會開始生孩子，而在天晴的日子就會消失。

小泉八雲在其著作《怪談》中，把雪女描述成一種既美麗又恐怖、既殘忍又溫柔，有著矛盾個性的妖怪。

從前有個老樵夫茂作跟年輕樵夫箕吉，兩人從森林回來時，被暴風雨侵襲，只好在途中渡船碼頭的小屋裡避難，度過一晚。當晚風雨變成了風雪，而雪女就出現在兩人面前。比較老的茂作被雪掩埋而死，但雪女看見年輕的箕吉，被他年輕俊秀的外貌所吸引，於是對他一見鍾情，而不忍下手殺他。雪女對箕吉說：「雖然我饒了你一命，但是你如果把今天的事情還有我的存在告訴別人的話，我就只能殺死你。」說完雪女就離開了。

隔年冬天的某個晚上，箕吉遇到一位名叫阿雪的美麗女孩，馬上就愛上了她，而女孩也很喜歡箕吉，於是兩人就結了婚，還生下十個孩子。阿雪所生下的孩子跟她一樣，長得都非常美麗俊秀，尤其皮膚更是白皙。

阿雪雖然生了十個孩子，但是依然跟他們倆第一次見面的時候一樣，年輕漂亮又有精神。就在一家過著幸福生活的某個夜裡，箕吉看著阿雪的臉，突然想起從前在下雪夜晚遇到雪女的事情，於是無意中對阿雪說了那個奇妙夜晚的經歷。突然間，阿雪的表情變得非常嚴肅，並對箕吉說：

註12 在岩手縣則稱為「雪女子」（雪おなご）。

「當時的雪女就是我。我不是說了，絕不能告訴別人，不然就要殺死你嗎？你已經違背了當初的約定，但我們已經有了十個孩子，而且你是有責任感的父親，所以我不會殺你。但要是你讓孩子們發生不幸的話……」它最後的聲音變得像風一樣微弱，然後就消失無蹤了。

❖雪孩子（雪ん子）

雪女並非都是一個人，有時也會帶著小孩出現，而這個小孩就叫做「雪孩子」。在秋田縣，傳說走在積雪的夜路上，雪女就會帶著雪孩子出現，然後靠過來請人抱它的小孩。這時，要是抱了雪孩子，那麼小孩就會愈來愈重，最後整個人會因為重量而陷入雪中動彈不得🈁13。雪孩子的真面目，其實就是雪塊。

❖雪女郎（ゆきじょろう）

「雪女郎」是雪女的同類，也會抱著嬰兒出現。要是人抱了這個嬰兒，嬰兒就會愈來愈重，等到受不了了，就會被雪女郎殺掉。但是據說如果能夠忍受得住，它就會授與驚人的氣力。就有一個故事，說某個武士曾經撐住了那個重量，雪女郎稱讚他的勇猛，便授與他一把名刀。

福島縣磐城地區的雪女郎，是個臉上平平，分不出口鼻的妖怪。在積雪的山崖道路上，如果背對這個妖怪，就會被突然推下谷底。傳說這是因為有某個女性不小心摔落谷底，靈魂被封閉在雪中的關係。

❖雪童子（ゆきわらし）

這是新潟縣流傳的故事。有一對沒有小孩的老夫婦，用雪堆出小孩的模樣來安慰自己。後來，在某個大風雪的夜裡，突然有個小男孩飛進家裡來，老夫婦非常高興，便把這個男孩當成自己的小孩來養育。然而隨著春

🈁13 在會津地區，則是流傳會用雪蓋住。

天來臨，天氣愈來愈溫暖，男孩的身體也愈來愈瘦且沒有精神。老夫婦雖然很擔心，但最後這個孩子還是消失不見了。

不過翌年冬天，那個男孩又隨著風雪一起回來，然後到了隔年春天，又消失得無影無蹤。這樣的事情持續了好幾年，直到某一年，才再也沒有發生。據說這是神明為了安慰沒有小孩的善良夫妻，才賜給他們的雪童子。

❖雪坊（雪ん坊）

和歌山縣是日本很少下雪的地方，但只要難得下雪的隔天，樹底下就會留下一坑一坑的圓形凹洞。傳說這是名叫「雪坊」的單腳小孩妖怪㊟14跳著前進所留下的足跡，它是從腰部以下纏著白布的裸身童子。

❖雪胴（ユキノドウ）

原本是看不見的，但有時它會變成女人，有時又會變成雪球的形狀，這種不定形狀的雪精靈就是「雪胴」。雪胴會來到山中小屋，對人說：「給我水！」這時如果真的給它水，就會被殺死。如果想要擊退雪胴，只要給它熱飲料，或是念誦擊退用的咒文㊟15，它就會離開了。

❖冰柱女（つらら女）

家門前的冰柱如果變得跟人一樣大，就會有冰柱精靈變成皮膚白皙的美麗女孩，在風雪的夜裡來訪，這種冰柱精靈就叫做「冰柱女」。如果那一家有單身男性，冰柱女就會硬要當他的妻子而住進去。

從前有個男人，因為門前的冰柱已經結成跟人差不多高了，所以就用鋸子把它鋸掉。當晚，有個從沒見過的美麗女子來到男人家裡，希望借住

㊟14 單腳妖怪：在長野縣諏訪地區，有名為「西坎坎」（シッケンケン）的單腳雪女。
㊟15 咒文如下：「さきくろもじにあとぼうし、あめうじかわのやつゆばえ、しめつけはいたら、いかなるものも、かのうまい」。中文意思是：鞋尖用楠木，鞋跟用櫸木做成的木雪鞋（穿於一般之鞋下，防雪滑之用），用牛皮大綁八次，穿上這鞋的話，便不害怕。

一晚。他讓女人住下之後，女人更提出了希望嫁給他的要求。男人被這突如其來的要求給嚇了一跳，於是就請女人先去泡個熱水澡，希望它冷靜一下。不過女人似乎很不想去泡熱水。男人便說：「如果想嫁給我，就要聽我的話。」便硬逼著它進去泡熱水了，但是這個女人泡了很久都沒有出來，感到不安的男人偷看了一下浴室，結果女人已經不見了，只剩下浮在熱水上的一點點殘冰而已。

　　此外，也有男人跟冰柱女結婚之後，發展出以下的故事。在下著大風雪的冬夜裡，有個女孩來到某個男人的家裡，然後就這麼嫁給了那個男人。但到了隔年春天，女人就突然失蹤了。男人以為女人逃走，非常地傷心，於是在那年又再婚了。然而等到冬天來臨，女人又突然回來。女人發現男人竟然再婚，便憤怒瘋狂，然後變身成巨大的冰柱，刺穿男人的胸口，把他給殺死了。

❖其他的雪妖怪們

①雪入道：出現在飛驒高山中，是一種單眼、單腳的妖怪，會在降雪停止的時候出現。

②雪坊：出現在紀伊地區（約現在的和歌山縣以及三重縣的一部分）的單腳妖怪，打著赤膊，腰部以下包著白衣。

③降雪入道（雪降り入道，長野縣）、降雪坊主（雪降り坊主，長野縣）：蓋著袋子，或是穿著破衣服，或是穿著簑衣出現。

④雪婆婆（秋田縣）**註**16：在下雪的夜晚，如果小孩子一個人出門就會被抓走。

註16 雪婆婆：有「雪婆女」（ゆきばじょ，鹿兒島縣）、「雪婆婆」（ゆきばばあ，愛媛縣）、「雪老婆」（ゆきおんば，長野縣）等老婆婆的雪女。

產女

（うぶめ）

在懷孕期間，肚子裡還懷著孩子就死去，或是生下孩子後就死去的女人，如果被扔在荒野，它的魂魄注17就會變成名為「產女」的妖怪。產女的樣子，就是下半身被生產時的血染成一片通紅，會出現在橋頭或十字路口注18，懇求路人幫它抱孩子。

曾經有個武士走在路上，結果遇到產女來拜託他：「在我念佛一百次的這段期間，請幫我抱著這孩子。」武士答應它的請求，抱著孩子，等待產女念完一百次佛，但是手中孩子卻愈來愈重。後來武士總算拚命撐了過去，產女便對他說：「這樣我就能升天了。」道謝之後，便就帶著孩子一起消失。傳說此後，這位武士就得到了驚人的巨大力氣，而且據說這股怪力還能遺傳到子孫身上。另外，也可以要求想要的東西作為謝禮。但如果這時要求想要錢財，那麼手所碰到的任何東西都會變成黃金，最後會就這樣活活地餓死。此外，似乎也有一抱嬰兒，嬰兒的頭就會變大，然後把抱的人給吃掉的妖怪注19。

注17 魂魄：據說靈魂由兩種成分所構成，陽魂會回到天上，陰魄則留在世間。但如果無法升天，魂魄都會留在世間的話，就會變成幽靈。

注18 在福岡縣及長崎縣，則是出現在海岸。

注19 據說這時候只要把嬰兒的頭朝下抱就安全了。

平安時代的故事集《今昔物語集》中，記載著卜部季武⊕20聽聞產女的出現，想去試試膽量的故事。當季武遇到產女並抱起嬰兒時，便轉身想直接帶著孩子走掉。雖然產女拚命求他把孩子還回來，但季武還是硬把孩子給帶回。後來一看，剛剛懷裡的嬰兒，只不過是三片樹葉罷了。

❖ 姑獲鳥（うぶめどり）

到了江戶時代，產女就被稱為「姑獲鳥」或是「產婦鳥」了。它並不是一種靈魂，而被認為是有時會變成鳥的妖怪變化。這種姑獲鳥會在下著小雨的黑夜裡跟燐火（發出藍白色光線）一起出現。外形像海鷗，但又像青鷺鷥。只要一落到地面，就會變成人類女性，請路過的行人抱小孩。這時如果因為害怕而逃走，就會被強烈的凍寒襲擊而死。

中國的姑獲鳥

在江戶時代，產女變化成姑獲鳥，應該是受到當時從中國傳來的姑獲鳥的深遠影響吧！這種姑獲鳥是鬼神類，晚上會用鳥的樣子在天上飛。另外，它也可以脫下羽毛，脫下來的時候，就像人類女性一樣，但只要一穿上羽毛，就又會變回鳥的模樣。中國的姑獲鳥常常出現在荊州（現在的湖北省、湖南省），會抓走人類的小女孩來作為自己的養女。傳說如果在夜裡掛出小孩的衣服，它就會在上面塗上自己的血，或是掉根羽毛，以此作為要抓來當養女的標記。若因而被盯上的小孩，一開始會被偷走魂魄，並且愈來愈瘦，嚴重的話還會死去。據說取回被偷走魂魄的咒法，一直到最近都還存在著。

此外，在印尼也棲息有類似姑獲鳥的吸血妖怪，叫做「坤甸」（Pontianak）。這個妖怪也會變成鳥或年輕女性，來攻擊人類。

或許這些妖怪的起源都一樣也說不定呢！

⊕20 卜部季武：與渡邊綱、坂田金時、碓井貞光同為源賴光的家臣，也被稱為「四天王」。他們在平安時代是相當活躍的魔鬼剋星。

鬼婆
（おにばば）

❖安達平原的鬼婆

　　從前，有個名叫岩手的女人在京都的朝臣家裡擔任公職。而這位朝臣的家裡，還住著一位名叫環之宮的公主。自從她一出生，岩手就擔任她的奶媽，非常細心呵護地養育她。岩手同時也是戀衣的母親，戀衣是岩手的獨生女，不過因為工作的關係，所以長久以來，兩人都是分開生活的。

　　某天，環之宮突然間生了場怪病，就連名醫都治不好她。這時有位陰陽師前來看病，說了：「要治好這種病，必須讓她吃下孕婦腹中胎兒的活肝才行。」岩手對這種殘忍的方法感到震驚，但也不能對長年養育的公主見死不救，於是岩手為了救公主，就出去旅行。岩手雖然想在旅途中設法取得活肝，但要殺死孕婦、取出嬰兒的活肝，這實在難以下手。可是就這樣回到公主的家裡去也不是辦法，於是岩手就流浪在諸國之間，無意中就住在安達平原（福島縣二本松市）的岩屋裡了。就這麼經過了漫長的歲月，某年秋天，一個枯葉沙沙作響的夜晚，有個大肚子的年輕女性跟著丈夫前來投宿。當天夜裡，女性突然因為臨盆而痛苦了起來，於是丈夫就急急忙忙跑到村子裡，要找產婆來接生。

「今晚就是絕佳的好機會！」長久以來沒達成的目的，今天總算可以達成了。岩手心一橫，攻擊了那個女人，用菜刀切開她的肚子，取出嬰兒。或許那女人認為自己即將難產而死，便氣若游絲地對岩手這麼說了：「婆婆，我是為了找小時候在京城離別的母親才來到這裡。結果沒想到，還沒見到她就要死了，好遺憾呀！」說完，女人就斷氣了。聽到這番話的岩手，心想該不會這麼巧吧？於是她把戴在女人身上的護身符拿來一看，竟然就是自己交給女兒戀衣的護身符呀！「天啊，怎麼會這樣？我竟然殺了自己的孩子！」岩手既悲傷又痛苦，後來就瘋掉了。從那之後，岩手只要碰到來岩屋投宿的旅客，白天就會裝成親切老婆婆的樣子，讓人對它失去戒心，到了晚上再殺掉他們，飲血吃肉，變成恐怖的鬼婆。

從那之後不知道又過了幾年，某天有位來自紀州熊野、名叫東光坊祐慶的和尚，也來到安達平原，同樣在岩手的岩屋投宿。岩手依舊親切地招待這位和尚，到了黃昏便推說要去拿柴火而出了門。出門前，岩手特別交代和尚：「絕對不要偷看裡面的房間。」但是有點在意的祐慶還是忍不住偷偷地往裡面偷看。結果發現，房間裡面的人類屍骸不但堆積如山，還發出陣陣可怕地惡臭。「原來那個老婆婆就是傳說中的鬼婆啊！」於是祐慶急忙逃離岩屋。岩手發現後，隨即以恐怖的樣貌追了過來。祐慶正想說完蛋了，就把背上背著的如意輪觀音像放在地上，拚命念著經文。突然間，發生了不可思議的事情。觀音像慢慢地浮在半空中，像是發出聲音地說：「妳這罪孽深重的妖孽，升天吧！」瞬間一道雷電打在岩手身上，它就這麼死了。祐慶為了憑弔鬼婆岩手，便埋葬它的屍體並建造墳墓，還在附近建立了祭祀觀音像的寺廟。而這就是現在福島縣安達平原的黑塚，也被稱為「觀音寺」 **注**21 。

❖古庫裏婆（こくりばばあ）

在某間山中寺廟裡，來了個自稱是以前住持妻子的女人，後來她住在庫裏（住持的房間），對來寺廟參拜的人強取米糧或金錢。最後因為她的貪

注21 鬼婆的故事：武藏國（東京都）也流傳著「一間屋子的鬼婆」這種類似的故事。

念，終於變成了會剝下剛死屍體的皮，並把皮吃掉的恐怖鬼婆，名為「古庫裏婆」。

（道の怪）
道之怪

❖飛緣魔（ひのえんま）

「飛緣魔」是在夜裡出現，會吸取男人血液並殺死他的美麗女吸血鬼。而這個名字應該是根據丙午**註22**來取的。

❖甘酒婆（あまさけばばあ）

青森縣，它會在夜裡來到人家裡，問問看：「有沒有甜酒啊？」只要回答它問題的人，就一定會生病。而長野縣，則是說它會在寒冬夜裡，邊走邊敲門，賣它的甜酒。

❖白粉婆（おしろいばばあ）

這是出現能登地區（石川縣）的妖怪，也會討酒喝。「白粉婆」的腰彎得很厲害，會在下雪的夜裡戴著大斗笠出現。根據鳥山石燕《百鬼夜行拾遺》記載，白粉婆是名為「脂粉仙娘」的白粉女神的侍女，並為祂工作。在奈良縣的吉野地區則稱它為「白粉婆婆」，會一邊「喀拉！喀拉！」地

註22 丙午：日本民間習俗相信，丙午年出生的女性會吃男人，或是會讓男人早逝。

拖著鏡子，一邊出現。

❖潑砂婆（砂掛け婆）

它會藏在人煙稀少的森林裡或是神社的陰暗角落，對著路過行人撒砂子的老婆婆妖怪，也有些地方說它的真面目是「撒砂狸」。在德島縣，會有一種叫做「降砂」（砂降らし）的妖怪出現。這個妖怪會對路過的人降下砂子，擾亂人的方向感，害他們掉進河裡。據說真面目也是狸。

❖拉線娘（糸引き娘）

夜晚會在路邊出現一個拉著線的美麗女孩，當你因為它的美貌而看得入迷時，它就會突然變成白髮老婆婆，放聲大笑來嚇人。德島縣也有出現這種妖怪。

❖蛇五婆（じゃごばばあ）

這個妖怪有個名叫「蛇五衛門」的丈夫，但是被人類給封進蛇塚裡了，所以「蛇五婆」為了保護丈夫，只要有人接近蛇塚，就會威嚇他。它會操縱雙手，抓著紅色與青色的大蛇，用可怕的眼神瞪著人。但它的起源應該是源自中國一種名叫「蛇骨婆」的妖怪，蛇骨婆也會右手抓著青蛇、左手抓著紅蛇來嚇人。

❖豆腐小僧

根據江戶時代的著作《狂歌百物語》記載，「豆腐小僧」會在下雨天時，戴著大斗笠從竹林裡出現。手上會端著盆子，裡面裝著看起來很好吃的豆腐，請路人來吃吃看。如果被引誘而吃下豆腐的話，全身就會長滿黴菌。

❖下雨小僧（雨降り小僧）

跟它的名字一樣，「下雨小僧」會在雨天時，頭上戴著沒有傘柄的雨傘，手裡拿著提燈，一邊走，一邊出現。有時走起路來，就像怕傘會飛走一樣的小心。傳說下雨小僧是侍奉「雨師」（從中國傳來的雨神名字）的妖怪，雖然只是個小孩，卻有降下雨水的能力。這裡有個男人因為驟雨而煩惱的故事。當時因為他碰到下雨小僧，所以就搶了小僧頭上的傘跑回家，結果從此傘就無法從頭上拿下來了。

❖算盤坊主

某間寺廟裡的某個小和尚，因為不會使用算盤而被大和尚罵，這件事讓他感到痛苦不堪，而決定以上吊的方式來結束自己的生命，結果它的靈魂就附在上吊的那棵樹上，不時會發出「啪！啪！啪！」的撥算盤聲音。

另外，在丹波國（京都府），則是明明沒有人，卻會聽到「啪！啪！啪！」、「唰～」的，像是在撥弄算盤一樣的聲音。

❖小雨坊

　　它會在降雨時，出現在修道的靈山葛城山註23上，向旅者乞討化緣註24，是外型像和尚的靈魂。應該是在參拜此山的途中，不支倒地的修行僧的靈魂吧！

❖剪黑髮（黑髪切り）

　　出現在江戶的街道上，會趁行人不注意時，一口氣剪下頭髮的妖怪。另一個被稱為「剪髮」（髪切り）的妖怪，手長得像剪刀一樣，也喜歡剪人的頭髮，而且還很樂於收集。也有人說這是叫做「剪髮蟲」（髪切り虫）的昆蟲。

❖百百爺（百々爺）

　　傳說每到夜深，它就會出現在原野上遊玩。外表看似拿著大枴杖的七、八十歲老人，會出現在人煙稀少的村莊道路上來嚇人。據說只要遇到百百爺，就一定會生病。

註23　葛城山：位在大阪府與奈良縣的邊界上，是最古老的修道靈場。
註24　化緣：日文為「齋料」，指捐給僧人吃飯用的金錢或米。

（田畑の怨霊）

田野的怨靈

❖泥田坊（どろたぼう）

　　從水田的爛泥中僅冒出上半身，充滿怨恨地叫著：「把田還來！把田還來！」這種妖怪就叫做「泥田坊」。

　　泥田坊全身黑黑的，沒有頭髮，只有單眼，手指也只有三根。根據阿部正路的著作《日本的妖怪們》所記載，人類的五根手指裡，有三根代表惡念，兩根代表美德，所以人類就是用兩種美德（智慧、慈悲）來壓抑三種惡念（瞋恚、貪婪、愚昧）[註25]的危險存在。而泥田坊只有三根手指，就是一種失去美德而只靠惡念生存的卑劣存在。

　　泥田坊雖然是失去理性的卑劣妖怪，但它之所以會變成這樣的理由，卻是令人悲傷的。

　　從前，北方國度有個老人為了子孫而買了塊田地，並每天辛勤地工作。可是孩子們看見父親這樣努力工作，卻反而什麼都不想做。即使老人死去，孩子們依舊懶散成性，酗酒度日。田地因為沒人耕作而荒蕪，孩子們沒錢花用，最後就把田地給賣掉了。於是後來只要一到夜裡，泥田坊就會從這塊田裡出現，並叫著：「把田還來！把田還來！」這是因為老人的怨念[註26]不甘自己的田地被賣掉，所以才產生泥田坊。而泥田坊的身體，應

註25　惡念：佛教用語，把這三項稱為「三毒」，代表人類的煩惱。「瞋恚」代表對違背我心的事情感到憤怒；「貪婪」代表慾望太深；「愚昧」代表愚笨而無法理解是非。

註26　怨念：因為欠收而死去的人的屍首，如果沒有被埋葬而曝屍荒野，那他們的怨念就會變成叫做「田怨靈」（畑怨靈）的死靈，對人們作祟。

該就是人們辛苦耕種的泥巴。

　　泥田坊的故事並沒有因此而結束。到了昭和時代，日本在太平洋戰爭中，為了進行軍事建設，有許多農地都被無情地徵收。反對的農民被逮捕，束手無策的人就選擇自殺，或是變成流浪漢，有許多人都因而不幸死亡。據說它們的怨念也會變成泥田坊而帶來報應。日本也在實施減耕補貼政策，或許在某處會出現泥田坊也不一定呢！

❖ 平四郎蟲

　　帶著怨恨而死去的人，有時它們亡魂會變成蟲的樣子出現，想要報仇雪恨。尤其人們總是害怕地認為，之所以會有啃食農作物的害蟲，就是因為災禍神或怨靈在作祟，才會發生。

　　這是流傳在山梨縣六鄉町的故事。

　　有個叫做平四郎的男人，那是他跟平常一樣，到山裡玩完之後，回到村子裡時所發生的事情。當時在地方官家裡，正因為倉庫裡的寶物被偷走而大肆騷動起來。倉庫入口的鎖還是鎖著的，完全不知道犯人是誰？以及他又是怎麼進去的？由於平四郎曾經好幾次進到山中的某個小岩洞裡，因此當他發現倉庫的牆壁上也有個小洞時，便認為犯人就是從那裡進去的。不過大家怎樣都不相信人類可以進到那個小洞裡，於是平四郎就實際表演如何進入山洞裡。官員看見這一幕，便認為一定是平四郎偷的，於是馬上就逮捕了他。平四郎拚命辯解，請求村民的幫忙，但村民們也認為平四郎總是躲在山裡，是個怪人，所以誰也沒幫他。

　　而無辜被捕的平四郎就這麼被判了斬首之刑。在行刑之前，平四郎因為這莫須有的罪名，無辜受到牽連，因而憤恨地大叫：「喂！我死了之後，一定要變成蟲，來報這個仇！」然後就被殺了。

　　後來從隔年開始，凡是村莊裡所有稱得上是田地的土地裡，都會無故冒出大量不明的蟲，把農作物吃得亂七八糟。村人們害怕地認為，這些蟲就是平四郎要來報仇，所以就把它叫做「平四郎蟲」。後來村民們為了安撫平四郎的靈魂，便建了小祠堂來加以祭祀，祈求它的原諒。

　　此外，還有個名叫「木熊」的女人，因為偷白蘿蔔而被活埋，結果變成

會咬爛白蘿蔔的「木熊蟲」**注**27。在篠原合戰（石川縣加賀市）時，有個因為被稻子絆住腳而被砍殺的武士齋藤實盛，因為對稻子帶有怨恨而變成亂吃稻穀的「實盛蟲」等。日本各地都有留下變成蟲來報仇的故事。

常元蟲

平四郎蟲這種怨靈會啃食田地。而帶著悔恨死去的人們，即使在田地之外，也會變成蟲出現。

有個名叫「南蛇井大左衛門」的男人，在天正戰亂之後，趁著天下混亂，就恣意幹起壞事來；後來受人勸導而改邪歸正，名字也改成「常元」。但是常元因為以前犯的罪，還是被綁在柿子樹上，最後處以斬首之刑。幾天之後，在常元被埋葬的地方產生大量詭異蟲子，這種蟲子看起來就像常元被綁起來的樣子，這是常元的怨念所造成的。然後過了不久，就變成青蛙跳走了。

此外，還有一種叫做「阿菊蟲」的蟲，也是一個名叫阿菊的女人，因為被冠上莫須有的罪名，而被綁起來處死，於是它的怨靈就變成燕尾蝶蛹的樣子，看來就像人類被反綁雙手一樣。這些變成蟲的怨靈，都是顯現自己死亡時的樣子，讓殺害自己的人陷入恐懼之中。

螢合戰

傳說古代戰場上，在那裡戰死的死者魂魄會變成螢火蟲，並且分成兩軍進行大戰，這就是「螢合戰」。

自古以來，人們就認為螢火蟲的光是靈魂。平安時代的女歌手和泉式部就曾經唱過這樣的歌。「物思へば沢の蛍もわが身よりあくがれいずる魂かとぞ見る」歌詞的意思就是，當人深陷在煩惱中，在眼前飛舞的螢火蟲，看起來就像從自己身上脫離的靈魂一樣。在黑暗之中，成千上萬的螢火蟲發出藍白色光芒飛舞的模樣，確實是很適合用來表現死者靈魂交戰的光景吧！

注27　**木熊蟲**：流傳在奈良縣跟大阪府邊界的故事。

（魔風）

魔風

❖鎌鼬（かまいたち）

　走在野外道路上時，有時會感覺到突然有風觸到身上，之後看看身體，會留下像被尖銳刀刃割過的痕跡，甚至有時傷口還深可見骨。然而被風觸到的瞬間卻不會感覺疼痛，也不會流血，但經過一陣子之後，就會感到劇痛萬分。有關這種魔風，傳說是一種叫做「鎌鼬」的妖怪在搞鬼。

　鎌鼬是乘風飛舞的魔獸，會乘著旋風出現，傷害人類，尤其最常攻擊人的下半身。「鎌鼬」的外型類似鼬鼠，兩腕長著銳利的鎌刀，它就是用這鎌刀來割人的。鎌鼬有著動物外型的證據，就寫在江戶時代一位根岸鎮衛所寫的《耳袋》這本隨筆集中。根據書中記載，從前有個武士帶著自己的兩個小孩到原野上去玩，結果兩個小孩被旋風包圍而轉來轉去，驚訝的武士出聲呼喚卻沒有回應。他心想：「這一定是鎌鼬。」於是急著從風裡救出孩子們。索性兩個人在被割傷之前就被救出來，所以身上一點傷痕都沒有。只不過，在哥哥的衣服背後，卻留下了一大片像老鼠一樣的足跡。

　另一方面，在岐阜縣則是傳說鎌鼬是三人一組的神。這三個人中，第一個會把人絆倒，第二個會把人割傷，第三個則負責上藥。所以被割傷的傷口都不會痛。至於之所以不會流血，據說是鎌鼬會把鮮血吸走的原故。

　鎌鼬有時也寫成「窮奇」，這是引用自中國妖怪「窮奇」的名字。中國

這個叫做窮奇的妖怪，外形像老虎，有翅膀可以飛，手腳又有勾爪來殺傷人類。看來應該是比鎌鼬更加恐怖的妖怪，不過這應該是日本人想要表示日本也有跟當時是先進國家的中國一樣的妖怪吧！

❖頹馬（たいば）

鎌鼬是會攻擊並傷人的魔風，另外也有只攻擊馬並殺死牠的妖怪，這種妖怪是一種叫做「頹馬」、「提馬風」的魔風，這讓馬幫非常地害怕。這種魔風要是從馬的鼻子侵入，再從馬的屁股出來，那馬就會立刻死亡。

當人牽著馬走路時，頹馬會突然捲起強風，形成一股旋風，擋住馬的去路。風會先纏住馬的脖子，而馬的鬃毛會像針一樣豎起。在這期間，會有一條紅光射進去，接著馬會開始痛苦嘶叫，用後腳站立起來，再突然倒下。仔細一看，原來馬已經斷了氣。

為了防備這種魔風，據說當頹馬出現時，要拿著刀在它面前揮舞，並念誦光明真言，讓它無法靠近。或者是在馬脖子上綁上鈴鐺，也可以保護馬不受風的攻擊。但也有可能是突然出現，讓你措手不及，這時就要趕快用布或衣服包住馬脖子，或是在馬的尾骨上插一針，刺激牠回過神來。

寺田寅彥是明治時代的物理學者，也是文人。他在一本叫做《万華鏡》的隨筆集中，對頹馬進行了科學推論。

根據「馬的鬃毛會像針一樣豎起」、「看到一條紅光射入」，以及「覆蓋衣服就能逃過一劫」這幾點來看，寺田寅彥認為，這應該是一種空中放電所造成的觸電死亡。至於空中放電到底是怎樣引起的，很遺憾，目前還是不太清楚。

❖馬魔（ぎば）

　　這種妖怪是會殺死馬的一種瓢蟲色小馬，上面坐著一個穿著紅衣服的美女。當人在牽馬時，馬魔會像布條一樣飄落，站立在馬身上。馬會警覺到自己有危險並瘋狂地嘶叫起來，但是馬魔的腳會纏住馬，讓牠無從抵抗。接著，馬魔上的美女會微笑，在那一瞬間，馬魔也會跟著消失，而被抓住的馬則是會往右邊轉幾圈後，就倒地死亡。

　　但特別的是，馬魔不會對老馬或是母馬出手，一定只會攻擊四、五歲的好馬。而且出現的季節僅限於由春轉夏的晴天或陰天的日子裡。這種特徵跟頹馬一樣，就連出現時的風以及女人的衣服顏色也類似，所以馬魔應該是把頹馬擬人化而成的。

　　而騎在馬魔上的紅衣美女，據說在它生前，它的哥哥是以剝馬皮為業的，但由於不景氣，生活困苦，便自殺死去，而它的怨靈也就開始攻擊馬了。

❖穴西風（アナジ）

　　吹走人類、破壞建築物、翻覆船隻……從前的人們相信，像這種人類所無法預測的自然力量，其實是一種恐怖的魔物。在西日本，特別把冬天吹來的西北風稱作「穴西風」，害怕地認為那是會奪取人類魂魄的魔風。根據古時的方位信仰[註28]，西北方的盡頭是死者魂魄聚集的異界，從該處吹來的西北風，就被認為是引導人們走向死者世界的不吉之風。

　　日文中「アナジ」這名字的由來有兩種說法。首先第一種，認為「アナジ」的「アナ」是驚訝的感嘆辭，「ジ」則是把表示「風」的「チ」加以濁音化。也就是說可以翻譯成「非常厲害的風」。

　　上述的說法確實簡單易懂，但還有另一個非常有意思的說法，那就是其實アナジ是由「穴師」（アナシ）所轉變來的說法。所謂「穴師」就是挖鐵砂的挖洞師父，更廣義來說，就是古代有關製鐵業的人們。就古代製鐵

[註]28 **方位信仰**：應該是從中國傳到日本的。

204

業來說，為了提煉熔化的鐵砂，必須長時間送進大量的風。所以穴西風其實就是製鐵時，所需的強風。

此外，傳說鍛造武器的神──兵主部，也操縱著風神呢！

❖一目連（いちもくれん）

三重縣多度神社的神叫做「一目連」，是日本自古以來就廣為人知的風神，據說也是鍛造之神。這個一目連所捲起的風，不但能把人吹走，還能把房子吹壞，甚至連停放在幾十公里外的伊勢灣裡的船，都能吹翻。人們相信，這個神的樣貌就是單眼的龍。

另外，根據《甲子夜話》記載，所謂「一哄而散」（一目散に逃げる）的由來，就是描述人們因為一目連的出現而驚慌失措的樣子。

黑眚（しい）

有一種特徵跟鐮鼬很像，名叫「黑眚」的妖獸。根據《和漢三才圖會》記載，它出現在吉野（奈良縣）的山中，跑起來像飛一樣快，只要碰到人，那個部位就會被割傷。外型大小遠超過一公尺，身體的樣子有白黑、紅黑、豹紋三種。有著尖尖的頭、銳利的牙齒，以及如同牛蒡一般粗的尾巴，腳上還有蹼。一旦遇到黑眚，除了趴在地上等它離開之外，別無他法。

在中國，認為黑眚的出現就是戰爭或亡國的徵兆，是一種令人忌諱的存在。

（馬の怪）

馬之怪 ◯

❖夜行者（夜行さん）

　　每到除夕夜裡，就會有個騎著無頭馬，名叫「夜行者」的妖怪出現。這時如果人們在家裡討論當天的菜色，那麼夜行者就會把手伸出來討菜吃。

　　夜行者是個單眼的鬼，臉上長滿鬍鬚，身體也是長滿了毛。除了除夕這天之外，也會出現在節分、庚申日、夜行日🈺29等，騎著無頭馬四處徘徊。據說如果不幸碰到夜行者，就會被扔出去，然後踹死。但是只要把草鞋放在頭上，人趴在地面上，它就會直接通過你的身邊。

❖年大人（トシドン）

　　在鹿兒島縣，傳說有個鼻子像天狗一樣長的白髮老人，會在除夕夜裡騎著無頭馬出現，那就是「年大人」。年大人會巡視家家戶戶，懲罰壞孩子，而且在離開時，會留下「歲餅」（壓歲錢糕餅）。由於年大人是會給人們添加歲數的神，所以就出現的日子來看，或許夜行者跟年大人是同類也不一定。

❖首樣（くびさま）

　　伊豆群島之一的三宅島，有種名叫「首樣」，是一種只有馬頭的妖怪。這種不可思議的馬，據說是曾經看到有個女人在前庭小便，就想取她為

🈺29 夜行日：據說是妖怪變化們活動的日子。這天會有各種妖怪群聚起來四處走動。

妻。女人說：「如果你頭上長角的話，我就聽你的。」沒想到隔天，馬的頭上真的長出角來。這女人非常地驚訝，就連作夢都沒想到會有這種事情發生，而且根本不想嫁給它，因此生氣的馬就用長出來的角把女人給刺死了。因親眼目睹這幕而感到害怕的島民們，便合力將馬制服並砍下它的頭，祭祀在神社裡。但滿懷怨恨的馬頭，每年到了一月二十四日，就會想用頭上的角來殺掉曾經殺死自己的人，因此會在島上四處飄蕩。

（いたずらの怪）

惡作劇妖怪

❖背負妖怪（おんぶおばけ）[註30]

這是位於大阪府河內郡有個叫做「背負坡」（負われ坂）的地方故事。如果在晚上走過這坡道，就會聽到：「背我吧！背我吧！」的聲音。曾經

[註30] **背負妖怪**：廣島縣有個叫做「覆掛」（覆掛かり），是跟背負妖怪很像的妖怪。另外，根據地方的不同，也有「巴羅烏狐」（バロウ狐）、「背上鳥」（負うえ鳥）等鳥獸外型的妖怪。

有某個男人對著這個聲音回應說：「那就背吧！那就背吧！」結果突然就有某個東西，重重地掉在他的背上，仔細一看，原來是松樹的樹幹。男人想利用它來當薪柴燒，於是就把它帶回家去。正當他準備用柴刀劈開它時，結果樹幹就變回老狸的真面目，向他道歉之後就回去了。

在新潟縣，把背負妖怪稱為「巴里尤恩」（バリヨン），這在當地方言是「想給人背」的意思。如果有人在深夜裡走過林間小路等地方，它就會突然大叫：「巴里尤恩」（バリヨン）並跳到人的背上，緊緊咬著人的頭不放。如果被它纏上，就會痛苦到無法呼吸，不管怎麼甩都甩不掉，最後只好一路把它背回家。但回到家後，仔細看看背後，沒想到竟然變成一堆黃金小判（日本的金幣），看到小判就這麼嘩拉嘩拉地掉下來，讓背得人非常高興。

不過也有這樣的故事，有個貪心的老爺爺聽聞能拿到裝滿財寶的袋子，於是自己也出門去背東西，結果背回來一看，只是普通的松脂而已。

有時候路邊的石頭也會對人說：「背我！」這種石頭被稱作「オッパショイ」、「ばうろ石」、「ほうろ石」（以上皆名為「背我石」），在德島縣廣為人知。這種石頭會對路過的人說：「背我吧！」有個相撲力士答應了它的要求，把它背起來，結果石頭竟然愈變愈重。力士嚇得趕緊把石頭扔了出去，結果石頭裂成兩半，從此就變成普通的石頭了。

❖膽怯神（臆病神）

①震震（ぶるぶる）

不會對人造成危害，但會讓人們害怕、變得膽怯的就是「膽怯神」了。而「震震」就是其中具有代表性的妖怪。據說人們遇到可怕的事情之所以會渾身發抖，就是因為震震在碰那個人的後頸子。

②後神（うしろがみ）

是只會拉人頭髮的妖怪。應該是從日文「後ろ髪」（意指後腦頭髮）這個詞所轉變來的。

③摸臉（顏撫で）

是一種用冷冰冰的手撫摸行人臉頰的妖怪，有些地方也稱它作「摸頰」

（頰撫で）。通常是看不見它的，不過在山梨縣，有時真的會有蒼白的手從黑暗中出現。

④拉袖小僧（袖引き小僧）

日暮西沉時，當人急著趕路回家，就好像有誰在拉著自己的袖子，一開始往往會被嚇一跳，但回頭一看，卻連一個人也沒有。或許會想說應該是多心了，又開始繼續趕路，結果又被拉袖子了。這時開始認為不是多心，又小心翼翼地回頭看，但還是一個人都沒有。埼玉縣就把這種看不見的妖怪稱作「拉袖小僧」。

⑤黏黏先生（ベトベトさん）

當一個人走在夜路上時，雖然周圍一個人都沒有，但不知為何，總是會聽到腳步聲，而發出這種腳步聲的就是「黏黏先生」了。因為它不會害人，所以不必太在意，但要是真的覺得很不舒服的話，可以走到路邊說：「請你先過吧！」（靜岡縣）或是「黏黏先生請先走。」（奈良縣）這樣一來，腳步聲就會消失。

⑥溼腳步（ビシャガック）

也是一種只會發出腳步聲的妖怪。在冬天下雪雨的夜裡，每當人們走路、發出「啪嗒！啪嗒！」的踏雪聲時，後面也會傳來一模一樣的腳步聲。此外，在北陸地區則稱之為「皮夏卡滋庫」（ピシャガツク）。

（石の怪）

石之怪

日本有許多不可思議的石頭，像是妖怪依附在石頭上面跟人說話，或是石頭變成人出現等。自古以來，日本人就把巨石當成一種靈性的物品來崇拜。有靈性的場所或物品，對妖怪來說就是它們的居所。而妖怪也被認為

是眾神凋零之後的模樣。在這裡，我們要介紹不可思議石頭中，最具代表性的數種。

❖小夜中山夜哭石（小夜の中山夜泣き石）

在遠州（靜岡縣）東海道的金谷宿與日坂宿之間、一個叫做小夜中山的地方，有塊名為「夜哭石」的奇妙石頭，這塊石頭每到夜裡，就會發出哭泣聲。

從前，日坂宿住著一個名叫阿石的女人，阿石當時懷有身孕，但是丈夫出門遠行卻遲遲沒有回來，終於家裡的積蓄已經用完，煩惱的阿石便出門去找金谷宿的朋友借錢。就在借到錢之後準備回家的路上，當時正好通過小夜中山的山谷，阿石的肚子突然開始陣痛，便在那裡蹲了下來。

恰巧剛好有個男人經過那裡。男人一開始很溫柔地看護阿石，但是被阿石懷裡的錢包給迷住了，一時財迷心竅，便下手行搶，最後殺死了奮力抵抗的阿石。就在即將臨盆之際，被殺害的阿石當然死不瞑目，於是就依附在附近的石頭上，此後每晚都會聽見石頭發出悲傷的哭聲。

發生這件事情之後，附近的寺廟只要一到夜裡，正殿裡的觀音像就會消失。但是一到隔天早上，又會好好地回到原來的地方。剛好也在那個時候，附近的糖果店每晚都會出現一個不常見到的女人來買糖。糖果店的老闆想，大半夜的來買糖，到底是要做什麼的？於是便跟在女人後面，結果女人在阿石被殺的石頭附近就突然消失了。吃驚的老闆靠近一看，在石頭旁邊竟然有個孩子正睡得香甜呢！

隔天，糖果店老闆帶著小孩到寺廟裡跟大師商量，大師相信那一定是觀音菩薩每晚離開寺廟，買糖果代替母乳來撫養小孩的。或許這就是緣分吧！大師就把這孩子取名為「音八」，將他留在寺裡當小和尚。十五年之後，音八長得英挺俊拔。某天，觀音菩薩出現在音八的夢裡，觀音菩薩對音八說出了他出生時的祕密，並且告訴他：「如果想報仇，就去當鍛刀匠吧！」說完便消失了。音八聽了這番話後，便離開寺廟，要去當鍛刀匠。

過了不久，當上鍛刀匠弟子的音八，遇到一位來找他磨刀的男人。音八看見那刀上有個缺口，便問男人是怎麼弄傷這把刀的，於是男人說出了他

在很久以前，曾在小夜中山砍殺一名孕婦的事情。當時因為不小心，一起砍到了孕婦後面的那塊石頭，所以才弄出個缺口。音八知道，原來他就是殺母仇人，於是當場就殺了這個男人。但即使是為母親報仇，音八畢竟還是殺了人，為了反省的音八，便出家修行，贖罪之後就成了有名的高僧。而這塊石頭至今仍留在小夜中山的久延寺裡。

除了上面故事中的夜哭石以外，我們還知道有幾種哭石：

①福岩

位於京都府舞鶴地區的石頭，會發出雞鳴的聲音，聽到這聲音的人，就會獲得幸福。

②台石的悔恨哭泣

在岩手縣，傳說有塊哭石，只要在它上面放了一塊格調比自己低的石頭，就會悔恨哭泣。

③卡沙卡沙岩（こそこそ岩）

流傳在岡山縣加茂川町的這塊石頭，夜裡只要有人經過它旁邊，就會發出「卡沙卡沙」的聲音來嚇人。

❖助人的靈石

這是發生在寶永年間（西元一七○四年～一七一一年）的故事。在目前的靜岡縣有個名叫柳澤村的地方，曾經發生了將村子周圍淹沒的大洪水。在洪水來襲的不久前，整個村子都聽見了響徹雲霄的聲音說：「大水要來了，快點逃到山裡吧！」村民們聽見這聲音，就拚命往山上爬，沒多久村子就整個被洪水淹沒。水退了之後，撿回一命的村民們回到村裡一看，地上有塊從沒見過的大石。再仔細一看，石頭上還有像枴杖跟鞋子痕跡的凹洞。村人們知道是這塊石頭通知大家洪水的事情，於是就把這塊石頭稱為「呼石」（呼わり石）並尊敬它。

群馬縣也有助人的石頭，叫做「囁石」。有個來自遠方，因為追趕敵人而來到此地的男人，因為疲累便坐在石頭上休息，沒想到石頭竟然發出呢喃細語的說話聲。仔細一聽，原來石頭正告訴他敵人現在在哪裡。男人託石頭的福，順利打倒了敵人。此後，石頭就一直幫助坐在它上面的人。

但是有個男人聽到這說話聲音之後，認為這真是詭異的石頭，便揮刀砍去，從此，石頭就再也沒說過話了。

❖杓子岩（しゃくしいわ）

在岡山縣，有塊奇怪的石頭會對路過的人要東西。如果有行人在晚上經過這塊石頭面前，它就會突然說：「給我味噌！」隨即從石頭裡伸出一根杓子，所以就把這塊石頭稱為「杓子岩」。

❖境神（境の神）

被稱為「境神」的石神，是防止惡靈或惡人進到村子裡來的守護神，據說也是個會向人要東西的神。它會藉由要求東西，來推斷那個人的內心。或許杓子岩就是這種神凋零之後的形態也不一定。

❖變成人的石頭

這是發生在伊豆山中的一個偶然故事。在採石場休息的採石工們，突然看見眼前出現一位不知打哪來的美女，朝著這裡走過來。女人說：「各位辛苦了，我來幫你們按按身體吧！」於是女人就開始幫男人們按摩。因為這按摩實在太過舒適，讓人忍不住都要睡著。但其中有個男的心想，這種地方不可能會有女人來，一定是狐狸變的，於是就用火槍射了那女人一槍。結果女人消失了，只留下石頭的碎片散落一地。接著，他檢查睡著同伴被按摩過的地方，結果發現每個人的背後都留下一大片像是撞到石頭一樣的擦傷。但據說這個石頭變成的女人，之後還是會不時出現呢！

❖借物神（物貸しの神様）

石川縣鹿島郡有個因為會借碗，而被稱為「借物神」的石頭。村人如果跟這石頭拜託要借東西，隔天在石頭上就會出現要借的東西。但後來因為

有人弄壞了借來的東西而不道歉，石頭一生氣，從此就什麼都不借了。

從哭石裡出生的公主

從前有個石匠，準備用「鑿」**註31**在打算拿來做神社鳥居用的石頭上打洞時，每敲一次，就會聽到從石頭裡傳來嬰兒的哭聲。覺得奇怪的石匠把石頭剖開一看，裡頭竟然跑出一個哭泣的公主，而且就這麼邊哭邊走上東邊的山頭，進到一塊大石頭裡面去了。當時它走過的地方被稱為「公主的哭鬧」（姫のなきあらし），而裂開的石頭則留下了裝著公主的痕跡。據說這塊石頭曾經放在長野縣的諏訪地區。

（草木の精）

草木精靈

在日本，人們自古以來就認為任何物品都各有其精氣。尤其相信活了長久歲月的大樹，其精氣更是會凝聚，而變成精靈。

❖楠木（たぶの木）

從前，在滋賀縣彥根市的清涼寺裡，有棵樹齡數百年的楠樹精，名叫「木娘」，一到晚上就會變成女孩的模樣，對前來寺廟參拜的人惡作劇。但是因為壞事實在做得太多了，所以就被寺裡的住持給封在樹裡。

註31 鑿：是用來給石頭打洞的鑿子。

❖椎木（椎の木）

沖繩的人們相信，椎木是人類的守護神。

以前有個住在村裡的少女，為了撿椎木果實而來到山裡。但是少女入山之後卻迷路了，直到天色都暗了下來，少女依然在山中徘徊，找不到路下山，於是她便坐下來休息，不知不覺打起了瞌睡。正當她打起瞌睡時，突然聽見人的聲音而清醒過來。仔細一看，原來有一群穿著綠色衣服，高大無比的人們在跳舞。再看看周圍，附近的大樹都不見了。少女愈來愈害怕，正打算逃走時，事情發生了。突然出現一隻山豬，朝著少女猛衝而來。這時，在穿著綠衣服的眾人裡，有位白鬍子的老人一把抓起少女，救了她一命，但少女還是因為驚嚇過度而昏倒，再加上在山中四處行走的

疲累，便又這麼沉沉地睡去。隔天早上，少女清醒過來之後發現自己正躺在一棵很大的椎木下，而且附近還掉落一大堆從樹枝上掉下的成熟椎木果實。但昨晚救她的綠衣服巨人卻不見蹤影。她心想，昨晚的那些人應該是椎木的精靈吧！於是少女向椎木道謝之後，帶著一大堆成熟的椎木果實，平安無事地回到村子裡去了。

❖松樹（松の木）^{註32}

從前，在愛知縣長興寺的寺門前，有兩棵被稱為「二龍松」的老松。某天，有兩個由二龍松所變成的小孩子精靈，從兩棵松樹後面飛出，來到寺廟裡。它們借了文房四寶寫下漢詩之後，就又回到松樹後面去了。

❖柳樹（柳の木）

在柳樹下，存在著一種名叫「柳婆」的老婆婆精靈。柳婆的外型既噁心又恐怖，有時會以它恐怖的樣貌出現在柳樹下，嚇唬路過的行人。

❖蘇鐵樹（蘇鉄の木）

這是文錄三年（西元一五九四年）的故事。傳說豐臣秀吉為了想在桃山城看見一棵位在堺妙國的漂亮蘇鐵老樹，於是便進行移植。後來，每天晚上都有個老翁從蘇鐵樹中出現，用哀求的聲音一直唱著「思念堺」。人們都因蘇鐵精的出現而感到害怕，所以就把那棵老樹又移植回原來的場所去了。

❖菩提樹（マダの木）^{註33}

住在菩提樹裡的精靈，外表像個小孩且面色赤紅。在岩手縣，則把這種

註32 松樹：日本人認為松樹是「等待神明降臨的樹」，因此認為松樹比其他樹種更加神聖。
註33 菩提樹：日文「マダの木」就是指大菩提樹，「マダ」是東方地方的方言。

精靈稱為「切株童子」（カブキレワラシ）。切株童子會跑進別人家裡，戲弄那戶人家的女孩。此外，也傳說有人常常看見它在胡桃樹的三叉枝樹幹上玩耍。

❖柿樹（柿の木）

老柿子樹會結出數不清的果實，但如果不摘那些果實，就會出現名叫「柿男」（タンコロリン），看來像入道（佛僧）的巨漢。它會拿著柿子樹所結成的果實徘徊在村子或城鎮裡，然後咚咚咚地掉下果實。這是因為柿子不掉下來，所以柿樹精🈴34才變成柿男來到處播種。據說這種柿樹精在宮城縣也常常出現。

❖山茶樹（椿の木）

傳說在熊本縣，如果用山茶老樹🈴35做成研磨棒，山茶花就會生氣，然後研磨棒就會變成名叫「木心坊」的怪物。此外，在岐阜縣或石川縣，則傳說山茶老樹會跳舞或是變成女人；而京都府則傳說是會變成叫做「飛物」（トビモノ）的火球。

❖芭蕉（ばしょう）🈴36

芭蕉是亞熱帶植物的一種，葉子長約二公尺，高度約五公尺，是多年生草本植物。沖繩縣自古以來就傳說芭蕉會讓女人生下恐怖的小孩。所以女人們都避免在晚上通過芭蕉林。如果通過那裡而看見俊男，或是看見怪物，那這個女的一定會懷孕，而生下長著尖牙如同鬼一般的小孩🈴37。而且從此之後，每年都會一直生下這種小孩。

🈴34 柿樹精：傳說到了晚上，就會有個有張大紅臉的柿男，一邊敲著木板門，一邊走來走去。
🈴35 山茶老樹：在《今昔續百鬼》裡面，也記載了「古山茶靈」幻化成人形來欺騙百姓的故事。
🈴36 芭蕉：在日本本州，傳說芭蕉精會變成美女來攻擊人類。
🈴37 想要殺死這種小孩，必須把山白竹的葉磨成粉，泡在水裡給他喝。

❖詛咒的樹（呪いの木）

在許多人死去的戰場遺跡中，會生出一種叫做「樹木子」的妖樹。這種樹看起來跟普通的樹沒什麼兩樣，但是因為大量吸入了在戰場上死去人們的血液而長大，所以總是渴望吸血。只要有人通過這種樹下，它的樹枝就會像手腕一樣活動起來，把人抓住並吸乾他的血，讓他乾涸致死。

平貞盛的詛咒

在千葉縣市川市的市鎮裡，依然留著大約三百坪左右的林地。這片林地被稱為「八幡不知林」（八幡の藪知らず），傳說只要進到這片樹林就會遭到報應，或是會迷路出不來等。因此這裡的樹木，幾百年來都沒被砍過。

這是因為在平安時代末期，平將門的兒子平貞盛，在此地施了一個叫做「八面遁甲陣[註38]」的咒術，但法術一直沒被解開，所以才會給人帶來報應。

後來也留下了水戶黃門一行人為了解開這個謎團而進入此地，因此遇到靈仙（像仙人的妖怪）與妖怪侍女的故事。

[註38] **八面遁甲陣**：也就是諸葛孔明所發明的奇門遁甲八陣圖，是有關天文方位學的幻術。它是一種結界術，進入內部的人就會受到傷害，嚴重的話還會死去。平貞盛就是把這種法術當作戰術使用。

（おにび）

鬼火

　　明明一個人都沒有，但卻有浮在半空中的不明火焰，這就是「鬼火」。鬼火的大小有從蠟燭那麼小的，到幾公尺大的都有，顏色也有藍白、黃、紅等各種顏色。有些就算碰到也不會燙手，但也有會把房子燒掉的。有一種叫「野宿火」的鬼火，看來就像在森林裡升起營火，甚至還能聽到圍在火堆旁聊天的人的聲音呢！當然有人認為「鬼火」跟「人魂」是不一樣的東西，不過卻很難作區別。另外，在妖怪出現時會跟著一起出現的叫做「陰火」，跟鬼火就有區別了。

　　鬼火在由春轉夏之際，常常出現在水邊、溼地、草原、森林、墓地等被大自然圍繞的地方，但有時也會出現在城鎮裡。此外，雖然它是火，卻特別容易在下雨天出現。也因為如此，所以人們認為鬼火並不是什麼物質的放熱燃燒，而是另外的某種發光體。但即使許多人都在研究鬼火與人魂，其原因仍無法用現代科學來解釋[註]39。

❖日本各地的鬼火

①高知鬼火（トウジ，高知縣）、風魂（カゼダマ，岐阜縣）：暴風雨
　出現時的球狀鬼火。
②渡火杓（ワタリビシャク，京都府）：有著杓子形狀，發出藍白光的
　鬼火。
③後送火（送り火，愛知縣）：會照亮人的去向，親切地送他走。
④提燈火（日本各地）：離地大約一公尺左右，會像提燈一樣飛行。
⑤鏘鏘火（ジャンジャン火，奈良縣）：會發出「鏘！鏘！」的聲音。

[註]39 以現代科學來解釋則認為是放電所造成的一種電漿現象。

⑥遊火（高知縣）

⑦三重鬼火（ゴッタイ火、イゲボ，三重縣）

❖天火（てんか）

被稱為「天火」的鬼火，是《桃山人夜話》裡也曾出現過的惡鬼之火。大小就跟提燈差不多，會掉在民家屋頂引發火災，是相當麻煩的火。另外，據說這火要是進到人家裡來，這家一定會有人生病。因此這火要是靠近了，人們就會敲鉢念佛地把它趕回去（長崎縣）。

此外，日本各地也有會對人造成危害的鬼火。

出現在奈良縣的「小右衛門火」就是一種提燈火，會整列地出現。

傳說曾經有個名叫小右衛門的農民想要揭穿它的真面目，便用木棒去敲火，結果反而被數百團火焰給包圍。當時小右衛門雖然逃出來，但當晚就發燒死了。經過這件事情之後，人們便把這種火叫做「小右衛門火」了。

在滋賀縣琵琶湖有一種鬼火，如果有人想抓它並降服它，就會被扔出去，這種火就叫做「妖怪火」。妖怪火會出現在陰天時的琵琶湖畔，約有一公尺大，並往山上移動。從妖怪火裡會浮現人的臉，或是可以看見有人打赤膊在相撲。

也有些恐怖的鬼火出現時，會發出「鏘！鏘！」的聲音，並捉弄看見的人。在奈良縣出現的這種火，叫做「嘿嘿火」（ホイホイ火），傳說是柳本（奈良縣天理市柳本町）十市城的城主怨靈。嘿嘿火會朝著城裡的山叫個幾次「嘿～嘿～」，然後就發出聲音飛走了。此外，據說三重縣的「惡路神之火」，也是讓人看到就會生病的一種鬼火。

❖狐火（きつねび）

在人聲闃寂的深夜村中，可以看到像提燈或火把的火，綿延約一里（大約四公里）那麼長，這種詭譎的火就叫做「狐火」。早期當東京北部還是一大片田野時，只要到了除夕日，關東一帶的狐狸就會點起提燈，以王子稻荷神社的大朴樹為目標而逐漸聚集起來。秋田縣的人們則把這叫做「狐

松明」，認為這是狐狸為了娶新娘，於是點亮火把走在娶妻隊伍的前面。

❖怨念之火

　　人如果帶著怨恨死去，有時那個人的靈魂就會變成火球出現。這種火的特徵，就是火球裡會浮現死者的臉孔，似乎在古戰場上特別容易出現。

①小氣火（ケチ火，高知縣）：會浮現出人臉的怨靈之火。只要將竹皮草鞋敲三下就會出現。

②掃部樣之火（高知縣）：如果在草鞋底部吐口水，它就會出現。它是像傘那麼大的火，會像車輪一樣飛過來。如果被它纏上，就會遭它作祟。

③叢原火（京都府）：可以看到表情苦悶的男人臉孔。

④二恨坊之火（大阪府）：長得像人臉，約三十公分左右的火球。

⑤勘太郎火（愛知縣）：是一個名叫勘太郎的男人，對他母親所留下的憤恨之火。

⑥遺念火（沖繩縣）：兩團火會連著出現的男女靈魂，出現地點是固定的。

⑦筬火（宮崎縣）：是為搶奪筬（織布梳，用來整理織布機上的線，並決定線的密度）而掉進水池淹死的兩個女人的靈魂。會出現兩團火在吵架。

⑧古戰場火（日本各地）：出現在古戰場上的集體鬼火。

❖被油報復的人們

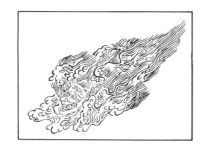

　　在電或天然氣被發現之前，油被當成夜晚的光源來源，所以人們把油當作貴重物品般地珍視。因此如果有人偷油，或是把油賣得太貴，還是隨便浪費油，都會受到

懲罰，而必須變成火球一直徘徊下去。

①**還油**（油返し，兵庫縣伊丹市中山寺）：是偷寺裡用油的人的靈魂。會發出「喔恰喔恰」的聲音。

②**姥姥火**（大阪府一宮枚岡神社）：是偷神社用油的老婆婆靈魂。可以看見老婆婆的臉。

③**坊主火**（京都府）：是偷了燈油料的比叡山僧侶的亡魂。可以從火裡看見許多僧人的樣子。

❖ 簑衣蟲（ミノムシ）

早期的人沒有外套可穿，下雨時為免受風吹雨打，只能穿上簑衣。當下著小雨的夜裡，穿著這種簑衣走路，有時簑衣前端會沾上小小的光點。這種神祕的光點就叫做「簑衣蟲」。如果愈想拍掉簑衣蟲的光，光反而愈多，最後會包住全身。據說即便是成群結伴地走在路上，也只有其中一人會被攻擊。此外，也有人說除了被依附的人外，其他人是看不見的。這似乎是因為農民辛苦勞動的怨念所產生的火。

（たぬき）

狸

在日本，認為狸是會幻化成人形或欺騙人類的聰明動物。日本自古以來就流傳狸有不可思議的力量。在平安時代的《日本靈異記》裡，就已經用這名字出現了。接著，我們就來對照一下，看看從中國傳來的狸的故事，到了日本會有什麼樣的轉變吧！

說到「狸」這個漢字，在中國原本是指貓，但不是普通的貓，而是代表

棲息在熱帶地區山林之中的大型山貓類 **注**40。這類山貓非常地兇猛，中國人認為牠們是會變成美女 **注**41誘惑男人，再把人吃掉的恐怖妖怪。雖然狸的這種兇猛形象從中國傳到了日本，但由於日本並不存在這種棲息於熱帶地區的山貓。因此在日本，狸就被拿來當作相似動物的狸的代名詞了。

　　日本的狸在古代曾經被當成神，是主宰萬事萬物的一種動物，之後由於佛教的傳入，佛的地位提高到與神一樣，而動物們（尤其不是神的使者 **注**42的動物們）就只剩下徒具靈力的印象，從原先神的地位被趕了下來，被當成壞東西或是妖怪等。其中最具代表性的，就是日本的狸與具有神祕、恐怖印象的中國狸重疊這件事了吧！但就日本狸的大小與外型來說，實在無法讓人聯想到中國山貓那種恐怖的印象。所以在日本，狸就成了一種跟中國不一樣的幽默怪物了。

❖狸與狐的能力

　　日本有句話叫做「狐七變、狸八變」（狐七化け、狸八化け），也就是說狸的變身比狐還要高明。因為狐是為了誘惑人類而變身，但狸則是為了捉弄人而變身，所以比較容易讓人覺得狸是因為喜歡變身這件事情才變身的。狐雖然常常變成人類女性，但狸就比較擅長變成人類男性，尤其是僧侶。此外也可以變成一目小僧、大入道等妖怪，或是地藏菩薩像、茶鍋等物品。

❖變成物品的狸

　　最早留下狸會變身記錄的書籍是《宇治拾遺物語》（西元一二〇〇年左右）。當時的狸是變成普賢菩薩像，之後的狸就變成各種物品出現了，像是在街道路旁扮成地藏菩薩像來騙取供品，或是變成巨大菸斗來搶菸草，甚至像日本民間傳說中有名的「分福茶鍋」一樣，變成一只茶鍋。

注40 山貓類：根據《本草綱目》記載，有著貓狸（孟加拉山貓）、虎狸（利比亞貓）、九節狸（印度大麝香貓）、香狸（印度麝香貓）等名字。
注41 在宋朝所著作的《幽明錄》、《太平廣記》等書中，有記載相類似故事。
注42 所謂「神的使者」包括狐、蛇、鹿、猿、狼等，都是被日本人當作神的使者的動物。

這是松浦靜山的《甲子夜話》裡的故事。某個獵人在路上，遇到一個轉著紡紗機在紡紗的奇怪女人。獵人看穿她是個怪物，於是對準女人胸口開了一槍。沒想到女人還是若無其事地繼續紡紗。正當獵人煩惱著應該怎麼辦時，突然間靈光一閃，不是對著女人而是對著紡紗機開槍。果然，紡紗機被打回一隻老狸的原形，並斷了氣。而女人所在的地方，只是塊大石頭而已**注43**。

❖變成人的狸

有為數不少的狸喜歡幻化成人類的樣子，但有些卻總是糊里糊塗，常常被人看穿。曾經有個為了買酒而變成小和尚的狸，拿著小酒瓶與帳本得意地走在路上，卻沒注意到自己的大陰囊正大剌剌地露在外面，所以一下子就被發現了。另外也有狸會變成右眼眼盲的樵夫，假裝回到自己的家裡，但是一喝下樵夫老婆所給的酒之後，也曾經在睡夢中被綁在柱子上過。因為樵夫原本是右眼眼盲，喝醉之後竟成左眼眼盲，所以樵夫的老婆一下就看穿牠是狸了。

但也有喜好學問、德高望重的狸，它們會變成僧侶努力勤學。在茨城縣飯沼的弦教寺，曾經有狸變成僧侶，長期侍奉於寺中。不過某次當它在午睡時，一不留神被人發現了它的真面目，但寺方認同它之前的作為，於是允許它此後繼續待在寺裡。現在這寺中依然留有狸的墓呢**注44**！

注43 關於「紡紗的狸」的故事，位在埼玉縣的東松山市也有類似的故事，叫做「捲棉女」，傳說真面目是狐。
注44 弦教寺的這隻狸被稱為宗固狸。

❖狸的惡作劇

狸的惡作劇可不只是變身而已。聽說狸的陰囊有八個榻榻米大，所以會用這巨大的陰囊罩住人或房子，以看人們驚慌失措的樣子為樂。另外也有進入人的夢中，攻擊那個人的恐怖的狸。

首先，有種叫「隋頓和尚」（ずいとん坊）的狸會跟人挑戰大嗓門。一旦接受挑戰，就必須比到一方死掉為止。

《古今著聞集》裡也有記載狸的惡作劇。據載，京都某間房子總會被不知從何處飛來的石塊給扔進屋裡，讓人相當困擾。屋主認為這一定是狸搞得把戲，所以在庭院裡舉辦一個盛大、以狸為料理的宴會。感到害怕的狸，就不敢再對這家丟石頭了。

❖狸王國四國

日本四國沒有狐棲息，是狸的天下。這是因為狸的強大勢力把狐一族給趕了出去的關係。所以在四國幾乎沒有稻荷神社，而以祭祀狸來取代之。

這個狸王國的大首領叫做「刑部狸」，是隻擁有八百零八隻手下的大狸。由於對人類做了太多壞事，所以被天海上人封住而不能出來。之後，傳說各地的狸就為了爭奪四國的天下，而引發了好幾次的狸大戰。

❖狸歌舞（狸囃子）

這是江戶時代本所七不思議之一。一到晚上，不知從何處就會傳來狸敲打太鼓的聲音。其他也有幾個認為狸會這樣發出聲音的地區，像是發出砍竹子聲音的「竹切狸」（竹切り狸，京都府），或是發出敲打榻榻米聲音的「疊狸」（疊狸）、「啪嗒啪嗒」（バタバタ）等。

分福茶鍋（分福茶釜）

「分福茶鍋」在日本是相當有名的民間傳說！不過原本的故事與傳說則有相當地出入。接著，我們就來深入介紹這個故事吧！

這是流傳於栃木縣茂林寺的分福茶鍋的故事。

慶永年間（西元一三九四年～一四二八年），這寺裡有個名叫守鶴的僧人。這個僧人所愛用的茶鍋，裡面的茶水不管怎麼舀都舀不完，是個不可思議的茶鍋。即使是僧侶的大聚會，也可以用這個茶鍋來應付。

守鶴任職學頭（教學者）長達七代住持之久，是位優秀的僧人。不過有一天，當他打瞌睡時，卻不小心露出一條尾巴，被寺裡的小和尚看見，這時眾人才發現原來他就是狸所變成的，而那只舀不盡茶水的茶鍋當然就是守鶴用法術變的。被發現真面目的守鶴決定離開寺廟，在離開當天，據說他讓其他僧人看見了源平屋島之戰、釋迦說法、釋迦入滅（釋迦的死期）等幻影。

根據《甲子夜話》記載，守鶴原是活了數千年的狸，自從在印度聽聞釋迦說法後，才經由中國輾轉來到日本。鶴這個名字應該跟中國的神仙思想有關。另外，在菊岡沾涼《本朝俗諺志》中記載，在守鶴離開後的某一天，有隻鶴來到茂林寺境內的多多良沼這個地方棲息。因為這隻鶴每天都會來正殿參拜本尊，所以傳說是守鶴又再次回來了。

（むじな）

狢

在明治初期曾進行一個名叫「狢審判」的審判事件。這是在禁止獵殺狸的時期，爭論狢與狸是否為同類的審判。雖然判決結果認定狸跟狢在生物

學上是同類，但是為什麼會發生這種事呢？

原本「狢」這個名字就是日本自古以來的稱呼，在東日本就把「狸」叫做「狢」，但是從中國傳來的「狸」這個名字在日本也慢慢廣為人知，所以才會引起混亂，甚至被稱為「猯」的「貒」也跟狸類似，所以狸、狢、猯就被混在一起說了。

也因為如此，所以狸跟狢幾乎是沒有差別的。但是我們在這裡還是介紹幾個留有「狢」的名字，並讓人感興趣的故事。

❖變成火車頭的狢

這是明治時代的故事。早在蒸氣火車頭被發明出來、鐵路交通開始普遍時，日本發生一件讓人感到不可思議的意外。當火車頭在暗夜裡行進時，會聽見遠處傳來其他火車頭的汽笛聲響，定神一看，前方竟然有火車頭直駛而來。駕駛在驚慌失措之下，雖然心想來不及了，但還是狠狠踩下煞車板，結果原本應該直衝而來的火車頭竟然在瞬間就這樣消失。

這樣的事情發生幾次後，某天夜裡，一位火車駕駛認為這一定是自己的幻覺，所以不煞車就直接朝迎面而來的火車頭撞去。心想正要撞到的瞬間，只聽見一聲「嘎～」，火車頭就消失了。隔天早上，當人們調查事發地點附近有無異樣時，發現有隻狢竟被火車頭撞死，這才了解原來這隻狢是為了抗議人類在自己棲息的場所上鋪蓋鐵路，才會變成火車頭，嚇唬每晚路經的駕駛。

❖佐渡的大首領

佐渡島的二山棲息著一隻名叫「二岩團三郎」的狢。團三郎會變成金礦的礦工去工作，再將偷竊來的金錢存起來，甚至還會放貸款。它不只會變成人，有時也會對自己棲息的洞穴施展幻術，讓洞穴外表看起來就像幢豪華宅邸，招待人類。所以團三郎既是狢，也是佐渡島的總首領。

某天，團三郎心血來潮想去參拜伊勢神宮，隨後便立即出門，順利抵達並完成參拜，就在心滿意足地回程路上，在加賀國遇見了一隻狐。這狐認

為團三郎只是普通的狢，便和它聊起天來。

「佐渡好像一隻狐都沒有吧！怎麼樣，要不要帶本大爺回去佐渡啊？我們狐的變身比起你們這些狢可是屬害多了，佐渡好像有個叫做『二岩團三郎』的傢伙挺囂張的，不過只要我一去，它鐵定完蛋！」

狐傲慢自誇的態度，讓剛參拜回來的團三郎，剎時好心情都沒了，心想一定要好好修理這隻狐。

「那麼，要不要先跟我比比看變身呀？我就變成加賀國大王的隊伍，至於你，就變成宮內女侍，叫住大王的轎子吧！」

團三郎一說完，就走到前面去了。狐在那裡等了一下子，果然沒多久，大王的隊伍就浩浩蕩蕩地走了過來。狐心想：「還真有一手！」於是自己馬上變成宮內侍女，跳著舞跑到大王的隊伍前面。狐把手腕靠在大王的轎子上說：「你變得不錯，可見佐渡的狢也不算太沒用啦！」還一邊露出鬍鬚跟尾巴。結果武士大喊：「你這隻無禮的狐！」便舉刀要砍過來。狐急忙地說：「也不用做到這種地步吧？」但對方看起來是認真的。武士們殺氣騰騰地追了過來，狐氣喘嘘嘘地逃進樹叢裡，這時團三郎正坐在高高的松樹上捧腹大笑，還從樹上掉了下來。原來團三郎在遇到狐之前就已經趕過加賀國大王的隊伍，所以早就知道一會兒之後，大王的隊伍會通過這裡。所以狐叫住的，其實就是真正的加賀國大王隊伍。因為有這種事，所以狐群們從此之後就再也沒去佐渡島了。

（きつね）

狐

　就變身成人類的能力而言，除了狸之外，另一個為人所熟知的就是狐了。而有關狐會變身的故事，應該跟狸一樣，都是從中國傳來的。和狸一樣，在日本人的心中，日本的狐要比中國的狐來得安分，這應該是因為棲息在日本的狐，是小型且不會害人的動物吧！

　在《日本靈異記》裡，記載有關狐的日文「きつね」的稱呼由來。有個住在美濃國（岐阜縣）的男人，為了找女人當老婆而出門旅行。途中，他在一片看似無人居住的原野上，碰到一位美麗的女人。男人對她一見鍾

情，於是就把她帶回家當老婆。後來兩個人生了孩子，過著幸福快樂的生活。等到小孩稍微長大後，男人為了讓孩子高興，便養了條狗。只是這狗一見到他老婆就狂叫不停，完全不肯親近，而女人也總是怕得要命。直到有天，這隻狗想要咬那女人，女人在驚嚇之餘現出了狐狸的原形。但男人說：「既然我們已經有了孩子，還是像從前一樣地過生活吧！」於是兩人又過著像以前一樣幸福的生活，並且又生下了另一個孩子，而這孩子的名字就叫做「岐都彌」。

❖ 狐的變身方法與弱點

狐是怎麼變成人的呢？根據中國唐朝《酉陽雜俎》記載，活了數百年的狐會把人頭骨放在頭上，對著北斗七星膜拜，要是頭上的人頭骨沒有掉下來，就可以變身了。

即使狐具有這種不可思議的力量，甚至還能變成人類，但依然有它不變的弱點，那就是狗。只要狗朝著它吠，狐的超能力就會減弱而現出原形。但根據中國晉朝小說《搜神記》記載，假如是超過一千歲的「天狐」，即使被狗吠了也不會現出原形。據說要看穿這種狐，只要用超過千年的神木去對著它就可以了。

❖ 變成人的狐

傳說狐不論公母，都會變成女性，這似乎是受到中國民間故事的強烈影響。根據中國明朝《五雜俎》記載，狐是陰性的動物，光靠自己是沒辦法製造用以維持超能力的內丹（體內的真氣），所以要從具有陽氣的人類男性身上奪取陽氣。

《甲子夜話》裡也有類似的故事。有個男人因為迷上一位女藝人，就每天到那女人家裡去。但每天早上從女人家裡回來後，男人的臉色是一天比一天憔悴。這男人的哥哥很擔心，便問他是怎麼回事，男人回答說：「其實那女人是狐，每天晚上都會吸取我的精氣。但是我愛她，就算她是狐也沒關係，我已經沒辦法離開她了。」有一天早上，男人終於就這樣死去。

狐有著人類無法抗拒的美貌，但有時也是個不惜殺人都要吸取精氣的魔性動物。

另一方面，日本人都知道狐是稻荷神的使者，所以也被當成神聖的動物，並賦予人類神奇的力量。其中最有名的就是淨琉璃「篠田妻」（しのだつま）的故事，也就是陰陽師安倍晴明的神奇力量。

安倍晴明是位陰陽師，有著足以侍奉天皇的名聲，但他卻有個鮮為人知的祕密，那就是他的母親其實是隻狐。在他年幼時，母親被人發現竟是隻狐狸，於是他的母親在屏風上寫下：「想見我就來找我吧！在成為和泉

的，信太之森的深處葛葉」（恋しくば尋ね来て見よ、和泉なる信太の森の うらみ葛葉），就偷偷躲進森林裡。晴明跟父親一起進入森林裡尋找他的 母親，在見到母親之後，母親便交給了他一個能夠實現任何願望的龍宮寶 箱，及一塊能聽懂野獸說話的寶玉。獲得神奇力量的晴明，從此之後便開 始活躍於各地。

有很多敘述狐變身成女性的故事，當然也有變身成男性的狐。而且據說 能變身成男人的狐，在狐界中算是德高望重的。比如說，有變成僧人而勤 學的「傳八狐」、「伯藏狐」（東京都文京區），以及對人們講述佛法的 「幸庵狐」，還有卜卦並預測未來的「蛻庵狐」（長野縣）等。

❖比馬還快的飛腳狐

位在鳥取縣的鳥取城附近，有座名叫「久松山」的山，那裡棲息著一隻 名叫「桂藏坊狐」的狐。這隻狐跑得非常快，往返於江戶之間只要三天， 是個飛毛腿。所以鳥取城的大王便重金禮聘桂藏坊狐，總是請它送急件到 江戶去。

某天，桂藏坊狐在飛奔前往江戶的路上，途經一間名叫三日月的旅館 時，突然聞到一股非常香的味道。於是桂藏坊就變身成武士，想要看看 那裡有什麼，原來裡面設置了抓狐用的陷阱，而誘餌就是它最愛吃的炸 老鼠**註**45。桂藏坊一邊吞著口水，一邊想：「還是先把江戶急件送到再說 吧！」所以就繼續趕路了。

送抵江戶之後，回程的路上，桂藏坊急忙趕到三日月去，果然陷阱還設 在那裡。陷阱的結構，它在去程的路上已經變成武士看清楚了，所以桂藏 坊非常小心翼翼地接近陷阱，但它實在是太想吃了，過於焦急的桂藏坊最 後還是中了陷阱而亡。鳥取城的大王非常傷心，就在久松山建立神宮（中 坂神社）來祭祀桂藏坊了。

註45 **炸老鼠**：炸老鼠跟油豆腐都是狐最愛吃的東西。

❖狐娶妻

傳說狐娶妻時,會舉辦大遊行來慶祝,而這隊伍就像大名隊伍那樣盛大。又說舉行娶妻這天的天氣是雨、是晴、是虹,則會根據地方的不同來決定。另外,在夜間舉行時,還會見到像提燈隊伍一樣的狐火。(參考鬼火的項目)

狐狸精

上述內文中提到,狐是陰性的動物,那麼陽性的動物又是什麼呢?那就是狸了。在中國,原本狐精跟狸精是一體的精靈,也就是「狐狸精」。狐狸精是不男不女、男女不分的雙性精靈,男性名字叫做陳安土,女性名字則叫做達王,有著無法辨別男女的長相,據說也極其淫亂。這精靈最後分成兩半,陽性就是能變成男人的狸精,陰性就是能變成女人的狐精了。

(変化)

變化

如果動物們在經過一段極為漫長的存活歲月後而具有超能力,且擁有變身成人類能力,那就叫做「變化」,狐與狸就是其中的代表。變化的智商跟人類差不多,不但會欺騙人,還會攻擊人。人們所居住的村里就是跟這些變化所棲息的自然界的接點,也是會互相見到面的場所。對住在村里的人們來說,變化不只是種恐怖的東西,也是附近的鄰居,還因此留有不少有關變化們的有趣記憶呢!

❖鼬（いたち）

　鼬大概像貓那麼大，身體瘦小卻動作靈敏。經常出現在夜裡抓老鼠，據說也會吸盡飼雞的生血，所以被當成有害的野獸。另外，在被追捕得緊時，還會放出極臭、被稱作「鼬的最期屁」的屁。

　在新潟縣，傳說每當鼬聚集吵鬧時的聲音，就像六個人在搗米時，臼所發出的聲音。甚至一陣子之後，還會聽到歌聲。要是走過去看，那聲音就會停下來。傳言只要聽到這聲音的人，就會家道中落，但也有人說會家業興盛。

　在岩手縣一間名為高傳寺的廟宇中，傳說每晚都會從正殿跑出怪火，接著便跑出大入道來，其實它的真面目就是在廟旁小木屋築巢的老鼬。在秋田縣則稱為「猛介」（モウスケ），人們認為這可是比狐還要可怕。

　另外還有類似狐、卻叫做「貂」的動物。傳說「狐七變、狸八變、貂九變」（狐七化け、狸八化け、貂九化け），它可以變成很多東西。據說貂會五、六隻交疊在一起，變成梯狀的火柱，出現在屋旁而引發火災，所以很令人害怕。

❖川獺（かわうそ）

　川獺（獺）的外型像鼬，棲息在水邊，會模仿人類說話來騙人，再把人拖進水中【註46】，甚至還會被吃掉。

　川獺曾在金澤城下，帶著斗笠掩面，變身成穿著華服的女性出現。它會先以姣好外貌引誘年輕人，但斗笠一拿下來，卻是一張老婆婆的臉，趁人受到驚嚇時，突然攻擊他，將他吃掉。但川獺有個弱點，只

【註46】這個性質跟河童類似。在《愛奴神謠集》（岩波文庫出版）中，記載了川獺自己唱的歌，歌名為〈カッパレウレウカッパ〉。

要當它靠近時，對著它小便，它就會逃走。

　　川獺雖然恐怖，但也有幽默的一面。喜歡喝酒的川獺，會用笨拙的變身方法來到村里中買酒。也會在下雪的夜裡敲人家的門，並用小孩子的聲音說：「你們辛苦了！」當家裡的人探頭出去看，卻什麼也看不到，它只會在雪地上發出「啪嚓啪嚓」的腳步聲，一邊打噴嚏，一邊離去。

　　從前以變化的身分與人類親近的川獺，進年來由於環境胡亂開發，據說四國的川獺最終還是絕種了。

❖ 經立（経立）

　　在東北地方，人們認為活了很久的動物會具有靈力，而變成叫做「經立」[註47]的怪物。猴的經立會先將松脂塗在毛上，再把沙子塗在上面，所以全身就像盔甲一樣堅硬，據說連火槍子彈都能彈回去。此外，經立性好女色，有時還會抓走村裡的女人。

　　另外，像是母雞的經立則是會怨恨竊取它卵的人，有時還會殺掉那家的小孩，可見經立應該有著相當殘暴的特性。

　　但也不是沒有例外。在《桃山人夜話》裡，有隻年邁的老鼠叫「旧鼠」（きゅうそ），它是隻體形像成人般大的巨鼠，也是隻會養育天敵──貓（棄貓）的善良老鼠。據說還有會跟人類女孩定下誓約，經過千年之後，是全身都會變白的出羽國（秋田縣）的老鼠。

❖ 大蛤蟆（大蝦蟇）

　　根據江戶時代的隨筆《耳袋》記載，活了很久的大蛤蟆會吸取人類的精氣。據說這大蛤蟆要是棲息在家裡的地板下，那戶人家就會有人生病。要是沒有及早發現並殺掉它，大蛤蟆就會一直待在那裡，病人也會因而死亡。一般傳說手腳指頭往後長的蛤蟆，一定會搞怪。

　　《桃山人夜話》中，記載有周防國（山口縣）的大蛤蟆。這蛤蟆是身長

[註]47　經立：在青森縣的日文則寫作「ヘェサン」。

八尺（約二公尺半）多的大蛤蟆，常常吃蛇，但有時也會攻擊手裡拿著長槍的人類。

但《北越奇談》中，則記載有像巨石一樣大的大蛤蟆。據說從前有兩個男人在一個叫做河內谷的地方釣魚，但有一天，居然一條魚都釣不起來。所以兩人就往上游的地方去釣。在那裡，其中一人坐在一塊約有三張榻榻米大小、上面布滿一堆突起的岩石上，另一個人則坐在對岸垂釣。突然間，坐在對岸釣魚的男人急忙收起釣竿，朝著岩上的男人做了個手勢，要他趕快離開。對岸男人等不及岩上男人的回應，便急急忙忙往下游逃離。留在岩上的男人感到膽怯，於是跑去追問對岸的男人。他問：「為何剛剛如此倉皇無措？」對岸的男人回答說：

「你應該不知道吧！剛才你坐的那塊大石頭，突然睜開兩顆大眼睛，還張開大嘴巴打呵欠呢！」

原來那塊大石頭是大蛤蟆的背，而看來像突起的岩石，其實就是蛤蟆的疙瘩了。

❖與大蜘蛛交戰的大蛙

在鳥取縣的小鹿川有個名叫「彌六淵」的大深淵。有關這地名的由來，據說是因為有個叫做彌六的男人，打倒了住在這裡的大蜘蛛。傳言彌六為了打倒大蜘蛛，而向村子裡的氏神祈禱，借神之力變成了三公尺左右的大青蛙。變成大青蛙的彌六還獲得龍神的幫助，一口吞下了大蜘蛛。但彌六已對氏神承諾，事成之後，會就這樣變成石頭死去來還願。傳說變成石頭的大蛙，就是現今叢峰寺山的蛙岩。

❖人面蛤蟆（センポクカンポク）

在富山縣的某個地區，只要有人家裡有死者，就會出現一種叫做「人面蛤蟆」的妖怪。這種妖怪的臉像人類一樣，身體卻是蛤蟆。它們出現的時間，人死後約經過一週，會到大門外看守，三週內會出現在家中，四週之後則會出現在墳場。人們也認為這是叫做「也薩滾托」（ヤサゴット）、「天天滾托」（テンテンゴット）的神明，相信只要在將死之際心中禱念這個神明，就會得救。

（南島の妖怪）

南島的妖怪

九州以南諸島，棲息著不同於日本本州一帶的獨特妖怪們。可以想像這是因為南方亞熱帶氣候所造成的島上自然生態，跟本州有很大不同的原故。下面我們將介紹這些不可思議的妖怪。

❖胯下鑽的動物

這個地區，如果夜晚走在路上，就會出現一隻或一群像動物的妖怪出現，逐步逼近人類，想要從胯下鑽過去。要是被它們鑽了過去，靈魂就會被奪走而失去性命。即使撿回一命，性器官也會被攻擊，而終生無能又懦弱，是種非常恐怖的妖怪。

這些妖怪的外表通常長得像小豬，特徵是身體少了一部分。在奄美大島則是沒有耳朵，分成「片耳豚」（カタキラウワ）與「無耳豚」（ミンキラウワ）兩種。在德之島則是少了眼睛的「片目豚」（ムイティチゴロ）。

235

被叫做「滾豬魔獸」（ハギハラウワークワ）的豬，則是腳裂開而像米袋一樣滾過來，樣子讓人很不舒服。只有沖繩的豬沒有欠缺的部分，被稱作「豬魔獸」（ウワーグワーマジムン）。此外還有長得像單腳鴨的「單腳鴨魔獸」（アイフラーマジムン）**註**48、像兔子的「兔魔獸」（ジムロン）**註**49等。

奇怪的是，這些怪物不知道為什麼，就算照到光也不會有影子。因為豬魔獸等看起來就跟普通的豬一樣，所以如果要分辨的話，最好的方法，就是看它有沒有影子。但這些動物的行動都非常敏捷，想抓也抓不到，要分辨有沒有影子也很困難。所以只要有豬經過，都要交叉雙腿讓它無法從跨下鑽過**註**50。

❖魔獸（マジムン）

前面提到了「豬魔獸」、「單腳鴨魔獸」。日文中，「マジムン」這個詞在沖繩就是代表魔獸的意思。魔獸會依附在動物或器具上，主要出現在道路中。其中，尤以牛的魔獸最大。這牛魔獸曾與空手道高手格鬥過，經過激烈打鬥之後，空手道高手把它的角折斷並壓倒它，自己也精疲力盡，握著角就當場暈倒。隔天醒來時，發現應該握在手裡的角，竟然變成鳥狀的龕**註**51（桶棺）飾品了。

❖豬娼婦

在沖繩，傳說豬要是活上幾十年，就能變成人類的大美女。變成美女的豬會讓蹄子看起來像是有皮的草鞋，然後去當娼婦，跟年輕男人過夜。但似乎無法說人話。

註48 單腳鴨魔獸：據說要是對單腳鴨魔獸丟石頭，它就會變成一大堆螢火蟲繞著人飛來飛去。此外，也傳說這種妖怪是由往生的重症病人的生靈所變成的。
註49 兔魔獸：有白色跟黑色兩種。
註50 這樣豬魔獸就會叫著「豚武太」（ウワーンタ）、「咕～咕～武太」（グーグーンタ）而逃走。
註51 龕：也有魔獸會附在桶棺上。只要有將死之人，就會發出腳步聲跟搬東西的聲音。

曾經有個男人因為不知道眼前的美女是豬，便買下它一晚，但這女人硬是不肯脫下草鞋，也不肯說出理由。男人一生氣，便強行脫下它的草鞋，結果女人倉皇拖著腳步離去。隔天早上，男人看見昨晚所脫下的那隻草鞋，竟然變成一隻染血的豬蹄。這才恍然了解，原來昨夜那位美女竟是豬變身來媚惑他的。

第四章 家之章

人們為了舒適的生活，於是發明許多道具。師父們全心全意製作物品，人們也「曾經」非常珍惜地使用它們。因此，這些認為接受到人們心意的物品會宿有靈魂，也就不是那麼奇怪的事情了。即使是這麼大的一間房子，一樣會有這種情況。人們認為老房子會住著許多精靈，並相信只要把它們當成神明來祭祀就會帶來好運。反之，人們也認為沒有被祭祀的精靈就會變成妖怪，為人帶來災禍。此外，無人居住的房子會變成妖怪棲息的絕佳場所，引起各種怪異現象而變成鬼屋。

災禍也有從屋外面侵入的，像是疾病、死亡還有家道中落等，都被認為是從屋外來的瘟神、怪物、附身物、窮神等惡靈搞得鬼。

座敷童子

座敷童子是精靈變身成小孩子的樣貌出現。雖然會做些不討喜的惡作劇，但同時也受人喜歡，會為家庭帶來繁榮，而一直被流傳下來。

❖座敷童子（ザシキワラシ）

以岩手縣為中心的東北地區人們認為，若家中有座敷童子出現，那麼家運必定繁榮興盛。

座敷童子的外表看起來就像是二至三歲或五至六歲的小孩。臉上帶著些許紅暈，膚色清澈透白（幾乎是蒼白），總是呵呵微笑並露出潔白牙齒。座敷童子也有別名稱為「座敷小童」（座敷ボッコ）、「倉童子」（倉ワラシ）、「倉小童」（倉ボッコ）註1等。

座敷童子有男、女兩種，但以女孩子的情況較多。女孩子的座敷童子會留著又黑又漂亮的長髮，或是理著西瓜皮頭，衣著似乎喜歡紅色。男孩子則是留著髮髻或是短髮，有時也有光頭的。偶而也會出現沒穿衣服的，但通常是穿紅色或白色的衣服。

據說座敷童子也有夫妻。雖然我們會覺得明明都是小孩還結婚，但他們總是兩個人走在一起，有時甚至也會

註1 「倉童子」（倉ワラシ）、「倉小童」（倉ボッコ）：是棲息在土牆倉庫或倉庫裡的精靈。只要它一住進來，家境就會變得非常富裕。看起來就像是在土牆倉庫附近玩耍的小孩，臉比座敷童子還紅。要是發生火災，它還會幫忙把行李搬到倉庫裡。

有夫妻吵架的情況。此外，座敷童子之間也會吵架，甚至還有跟隔壁的座敷童子吵架之後被殺死的意外呢！

座敷童子所居住的家

傳言座敷童子棲息的地方，都是當地歷史悠久、富饒家族的宅第內廳，它絕不會住在剛落成的房子裡。雖然平時很難見到它，但一旦出現時，大多是在黃昏時分，並且會發出可愛的腳步聲**註2**在家裡四處跑動，或是發出小孩子互相打鬧的聲音。而且除了這家的主人或家人以外，其他人是看不見它的**註3**。

當然，也有例外的座敷童子會棲息在學校裡。約在明治四十五年，位在岩手縣土淵村的一所普通小學裡，曾發生有座敷童子跟小孩子們一起玩耍。當孩子們在運動場上嬉戲時，就會見到一個眼生的孩子加入玩耍，或是在體育課時間報數點人頭時，總會多出一個人。但通常能看見它的只有一年級生而已，老師跟其他高年級學生都看不見。就算是聽到消息而從其他城鎮過來的孩子們，也只有一年級生才能看得見它。

座敷童子的性質

雖然乍看之下座敷童子很可愛，但它卻非常喜歡惡作劇。有些人會因為睡覺時被惡作劇，造成睡眠不足。從把枕頭移到腳邊開始，到把棉被壓在身體上（嚴重的話還會無法呼吸）、敲頭、把冰冷的手伸到人家懷裡等，這些惡作劇的方式，讓人到早上都無法入睡。但就算抵抗也無濟於事，因為它還是會用各種方法來惡整。每家的情況不同，當客人來到有座敷童子的家裡過夜時，有時還會發生有趣的事情。

除了這些惡作劇外，它們也會做出像原本放置在土牆倉庫裡的餐具，突然被搬到別人家架上的事情。或是吃飯時，摔落架上的餐具等（但不知

註2 **腳步聲**：腳步聲只有在固定的地方才會聽見。人們認為這是因為座敷童子的走道已經決定好了，如果有人不知道而睡在這通道上，它就會生氣並對人惡作劇。

註3 雖然只有這家的人才能看得見它，但它的足跡倒是誰都看得到。它的足跡不知道為什麼，是沒有腳後跟的。

為何，餐具上會留下像松鼠的齒痕）。不過有時，這種惡作劇也會提醒這家人即將發生的災難。好比說，在聽到一陣喧嘩後，就聽到有人跑出屋外的聲音，這就表示之後將發生火災；而如果佛壇香爐的灰燼上有小小的足跡，那就表示家裡一定有人會死去。

座敷童子有著福神的特性，凡是它所棲息的家庭，必定繁盛；但當它一離開，家道必定中落。所以通常那戶人家都會對它很客氣，希望它留久一點。因為它喜歡紅豆之類的東西，所以每天都會供奉紅豆飯，但如果那碗紅豆飯看起來都像沒吃過一樣，那就是家道中落的徵兆了。

座敷童子的同伴

座敷童子的同伴裡，有少女、成年女性，也有像老婆婆或河童的。它們都跟座敷童子有著相似的特徵。

①座敷小童（座敷ボッコ）

在岩手縣的和賀郡所流傳的座敷小童是大約十二、三歲的少女，當家族頹敗時，它們會跑到其他人家裡去。也有五、六歲左右、頂著盤子頭的童子，它們會出現在以一根柱子為中心、並在四邊設置四間座敷（房間）的家庭裡，還會把睡著的人的棉被拿走。

②座敷女子（座敷オナゴ）

這是在青森縣五戶町所目擊到的座敷童子，外表看來像是年約十二、三歲的少女。把頭髮分兩邊綁，繫上紅絲帶，是個愛惡作劇的傢伙。有時會和它美麗的母親大人一起出現。母親則是穿著紅色的長袖和服。

③座敷婆子（座敷バッコ）

在岩手縣曾有人目睹一種座敷童子，外表看似圓臉且留著小平頭的小老婆婆。有人睡著時，就會出現在房間的角落，一邊拖著身體在地上爬，一邊嘻嘻地笑，然後再回去；或者是會重複爬個二、三趟。

④唐子童子（カラコワラシ）

這是岩手縣膽澤郡對座敷童子的稱呼。傳說某間屋子一到了午夜十二點，它就會以小孩子的模樣出現，並對人說：「給我杓子～」因為它會拿杓子惡作劇，所以要給它沒有底的杓子。

⑤座敷小僧（ザンギリコ）

　這是出現在岩手縣東磐井郡的座敷童子。有時像入道坊主，有時又像十二、三歲的小孩。因為只有頭頂有頭髮，周圍全都剃光，所以叫做「座敷小僧」。

⑥屋內樣（オクナイサマ）

　岩手縣上閉伊郡的座敷童子，雖會惡作劇，但也會不辭勞苦地幫人做點事。每當有火災發生，就會不知從何處跑來十四、五歲的少年來幫忙救火。等火熄了回到屋子裡，就會看到汗漬像是剛才的少年（屋內樣）倒在那裡一樣。

　另外，也有喜歡幫人工作的童子精靈，叫做「工作童子」，它會在家人出門時餵馬，或在下雨時把衣服收起來，被認為是接近東北地方的家神「御白樣」（オシラサマ）的一種神明。

　岩手縣江刺郡則把座敷童子分成下面三種（階級），其性質各自不同。

①「丘皮拉口」（チョウピラコ）：最為白淨漂亮的。

②臼搗子：夜裡會發出用石臼搗米、用篩子拍灰塵的聲音。

③「尼達巴里口」（ノタバリコ）：半夜會從土間[譯補]1爬上來，是一種像嬰兒的精靈。

　在日本留有很多關於座敷童子其實就是河童的故事。傳說河童來自附近的深淵中，會在家裡惡作劇，所以叫做「座敷童子」。也有人說是因為抓到了惡作劇的河童，可憐它而把它放回去，於是河童就從河裡搬到房子裡來住了。另外，在岩手縣土淵村，會出現一種叫做「細手長手」，會長著像藤蔓一樣又細又長的手，人們認為這也是座敷童子的一種。據說如果有壞事要發生之前，這手就會出現來提醒大家。

　雖然有不少種類的座敷童子，但在東北地方的秋田縣就比較少了。那是因為三吉鬼（大人類）對於自己地盤的秋田，不允許下等妖怪進入的原故。

[譯補]1　土間：就是日本房屋中，沒有鋪地板，直接踩到地面的部分。

東北地方以外的座敷童子的同伴

　　座敷童子的同伴除了東北地方以外，也棲息在日本各地，當然性質也非常相似。

①座敷小僧

　　出現在愛知縣北設樂郡，是年約十歲左右的童子。會住在釀酒家庭的內廳裡，家族沒落時就離開。

②御散髮（オショボ）

　　出現在香川縣大川郡，是年約五、六歲左右的女童。頭髮是散散的直髮，理著西瓜皮，只有家人才看得見。當它棲息在家中時，家運就會繁榮，只要一離開，家運就會沒落。

③赤鬼（赤シャグマ）

　　出現在香川縣以外的四國地方。頭髮就像紅色犛牛的毛一樣，身體也是紅色的。如果把食物放在廚房沒收好，就會被它吃掉。就連人們睡覺時，它也會跑出來吵鬧。有時還會趁人睡覺時，搔他的癢。

④赤頭（アカガンター）

　　出現在沖繩，是類似赤鬼的嬰兒妖怪，也會做出像枕返之類的惡作劇。另外，棲息在榕樹等樹上的樹精（キジムナー）也是紅頭髮，同樣會潛入人家裡做類似的惡作劇。就這點來看，或許也是同類呢！

枕返（枕返し）

　　有時早上睡醒，會發現枕頭居然出現在腳邊等奇怪的地方。原以為只是單純的睡相不好，但這種現象還會發生好幾次。傳說這就是一種名叫「枕返」的妖怪趁人在睡覺時，偷偷把枕頭搬走的關係。此外，它也會讓人遇到鬼壓床。

　　枕返在東北地方被認為是座敷童子搞得把戲，以外的地區則認為是那個房間有死者靈魂或是某種妖怪。其外型會以鬼、小孩、童子的樣子出現（在「百鬼夜行」中，則是仁王大人），但並不明確。平安末期的著作《大鏡》一書中記載，睡著時若靈魂出竅，沒有枕頭的話就無法恢復正常，所以要注意枕返的出現。

（ろくろ首）

轆轤首

　這是一種脖子會愈伸愈長的妖怪，名叫「轆轤首」。就字面上看，就是指脖子像繩子一樣長的意思。另外，也有頭會整個掉下來的「落首」（抜け首）或「飛頭蠻」（飛頭蛮）等疾病或妖怪。

❖轆轤首（ろくろ首）

　平常時候，**轆轤首**看起來就像一般人一樣，但睡覺時，因為心情放鬆，就會露出真面目。據說在它的脖子周圍會有橫條皺紋，或是會冒有青筋。

　在《百物語評判》中記載著，有個暫住在備後國（廣島縣）某個村子裡的僧人，夜裡親眼看到那家女主人竟然把脖子伸得像繩子一樣長，而那位女主人的脖子上也有青筋。

　有人認為**轆轤首**是種妖怪，但也有人認為**轆轤首**不是妖怪，只是體質異常的人罷了。在伴蒿蹊的《閑田耕筆》中記載著，一位江戶新吉原的美麗藝妓，某天夜晚，當她與客人共寢時，客人親眼目睹她的脖子慢慢伸到約有一尺（約三十公分）那麼長。伴蒿蹊於是寫下，認為這是一種在睡著時心情放鬆，脖子才會伸長的景象。

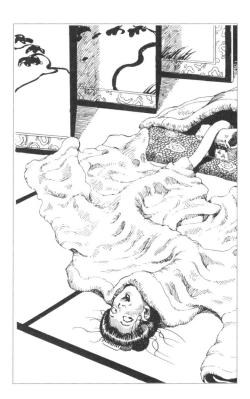

另外也有人認為這是一種靈魂從肉體脫離的離魂病。橘春暉的著作《北窗瑣談》裡就有記載以下的故事。

這是發生在越前國（福井縣）敦賀的故事。有個丈夫要出門一段時間，家裡除了兩歲的兒子之外一個男人都沒有，所以妻子就僱了臨時女傭。這位女傭有著痼疾，就是喉嚨裡時常有痰，且三更半夜時還會發出呻吟聲。某天夜裡，妻子被這聲音吵醒，就跑去偷看隔壁女傭的寢室。她環視一下屋內狀況，發現女傭枕邊的小屏風底，好像有什麼圓圓的東西在動。於是把燈火湊上前仔細一看，竟然是女傭的頭想爬上屏風而掉了下來。妻子嚇個半死差點暈倒，但心裡還是掛念著孩子，所以不能倒下，只好當場跌坐在那裡。後來女傭的頭總算越過屏風頂上，但當時女傭仍是持續不斷發出呻吟聲。

有關這個故事，橘春暉認為女傭是得了一種離魂病，並不是真的頭離開了身體，而是痰比較多的人，靈魂出竅而變成頭的形狀。也就是類似靈氣（ectoplasm）的現象了。

《甲子夜話》中，記載了住在伊予國（愛知縣）的轆轤首，會從胸口冒出如蒸氣般的煙，這應該也是一種靈氣吧！

轆轤首似乎都是女性，所以根據某種說法，轆轤首還會由母親遺傳給女兒呢！

❖落首（拔け首）與飛頭蠻（飛頭蛮）

在小川白山的《蕉齋筆記》裡，用以下的故事記載了一種叫做「落首」的怪病。

某間寺廟的住持，在半夜醒來時，發現一顆像人頭的東西就躺在他的胸口。由於當時腦筋迷迷糊糊的，所以他也沒多想什麼，就把人頭拿起來扔了出去。

隔天一早，平常總是早起的男傭似乎還沒起床。到了中午，這位男傭還請住持給他一點時間。住持覺得奇怪便問他理由，男傭居然說昨晚在住持胸口的那顆頭，就是他的頭。男傭說自己是下總（千葉縣）出身的人，昨天被住持罵了一頓後，心裡很不愉快，於是頭就在半夜跑到住持的房間。

他還說只要有讓自己生氣的事情，頭就一定會掉下來。住持也聽說過落首病在下總地區經常出現，所以就相信他了。

在中國宋朝的《太平廣記》中，也曾記載有人得到相同的怪病。一到晚上，頭就會離開身體，到河岸等地去吃螃蟹或蚯蚓。到了早上，頭回來之後，問他昨晚發生的事情，他覺得就像作了一場夢，只是肚子吃得飽飽。此外，據說頭要掉下來的前一天，脖子上會繞著一圈紅色的筋。

乍看之下似乎是無害的落首，其實也有會攻擊人的。人們要小心，千萬不能住到落首的家中。白天還很親切的人們，到了晚上頭就會掉下來，成群在外飛舞。要是看到這景象就糟了，因為落首群會成群結隊地衝過來！雖然到了早上就會回到身體上，但要是身體被人藏起來而找不到的話，過了早上可是會死去的。

「飛頭蠻」則是頭會整個掉下來、四處飛行的妖怪。原是中國有名的妖怪。根據《和漢三才圖會》所引用唐朝房千里的著作《南方異物志》，記載提到，在嶺南（廣東、廣西、安南等地）棲息著名叫「飛頭蠻」的種族。一到夜裡，它們的頭就會掉下來，把耳朵當成翅膀飛翔、整晚吃蟲子等，直到早上才回到身體裡。在它們的脖子上會有一圈痕跡，這個痕跡應該就是日本的落首、轆轤首等人的脖子上會有環狀筋的理由了。

（ふたくちおんな）

二口女

二口女是在後腦杓或後脖根會出現另一張嘴的妖怪。後面這張嘴比普通人的嘴還要大上好幾倍。平常會藏在長髮底下，不容易被看見，一旦要吃東西時，頭髮就會變成兩束，而且髮梢會像蛇一樣動起來，把食物送進後面的嘴裡。而吃東西的速度，比起前面那張嘴，會快上好幾倍。

二口女是心地醜惡的女性因為被害死者的怨恨，而將其妖怪化。尤其把繼子逼上死路的繼母，似乎特別容易有這種遭遇。

根據竹原春泉齋的《桃山人夜話》記載，有個被繼母討厭而連食物都沒得吃的孩子，死了之後給繼母帶來報應，從此繼母生下的孩子全都變成了二口女。此外，也有像下面的例子，會讓繼母本身變成二口女的。

從前有個住在下總地區（千葉縣）的繼母，毫不疼愛前妻的小孩，還活活把他餓死。當繼子過世四十九天時，家裡為了砍柴而僱來的男丁，一個不小心，手一滑，手中的斧頭竟砍中了繼母的後腦杓。雖然撿回一條命，但傷口怎麼樣都好不了，還變得像嘴唇一樣。甚至後來還從傷口中，長出像牙齒的骨頭來，而中間隆起的肉看來就像舌頭。這傷口每隔一段時間就會奇痛無比，帶給繼母難以忍受的痛楚。但不知道為什麼，只要把食物放進傷口裡，痛苦就會停止。就這樣，繼母最後就用前後兩張嘴來吃飯。而且有時候還會聽見後面的嘴在喃喃自語。仔細一聽，竟然是說：「跟我道歉、跟我道歉。」

❖ 不食女房（食わず女房）

有一種妻子是不吃飯的「不食女房」，或者叫做「無口女房」（口なし女房）。有個丈夫因為它不用吃飯所以娶它為妻，但不知道為什麼，家裡的米卻愈來愈少。於是丈夫便假裝出門工作，然後躲在天花板裡偷看，結果發現妻子正用大鍋子煮飯，之後再將煮好的飯捏成飯糰，丟進頭頂中央的大嘴巴裡。原來他的妻子其實就是二口山姥。

依附在家裡的妖怪

在日本，人們相信房子裡宿有許多像家敷神、家靈、灶神、廁所神等神靈。但後來人們對這些神的信仰日漸淡薄，於是就把祂們當成妖怪，現在則把它們當成幽靈之類的來看待。

最早記載有關家中妖怪的，傳說是在安和元年（西元九六八年）發生的「稚兒之手」這件事。這是指從柱子的木節眼所冒出來的小白手，即使把符咒貼在節眼上，手也會穿破符咒。這時一定要用弓箭射進去節眼，才能封住它。

從此之後，家庭裡就出現了各種妖怪。它們種類繁多，並以一種親近人類的存在出現。下面我們將以它們出現的場所來分類、介紹這些妖怪們。

❖出現在客廳的妖怪

①青行燈（あおあんどん）

在《百鬼夜行拾遺》中記載著，是一種頭上長角的鬼女。故事是說，很多人聚在一起依序講鬼故事，這時每開始講一個恐怖故事，就要在行燈（燈籠、提燈）上，貼一張藍紙來弄得更暗些。這是一種為了增加恐怖氣氛而做的演出效果。不過一旦講到鬼的故事，行燈後面就會出現藍色的影子。

②舔天井（天井嘗め）

傳說如果天花板出現汙垢，就是這妖怪搞得鬼。因為它會在人們入睡的寂靜夜裡，用長舌頭舔天花板。在《百鬼徒然袋》中，將它的外型描

繪成有著撢子般的頭髮及手指，並有著貌似人類的外表。

③青女房

這是《今昔續百鬼》中所記載的一種臉色蒼白的女妖怪。眉毛粗大，會將牙齒塗黑，並使用人們的化妝台來化妝。在荒廢的古老宮殿裡，則會以宮廷女官的樣子出現。

❖出現在圍爐裡的妖怪

①愛奴屁怪（オッケヤシ／オッケルペ）

北海道愛奴人間流傳著一種妖怪，會在爐子裡發出「啪！」的巨大聲響。當你以為只有一聲時，就會開始接連響起。之後房間裡會變得很臭。所以這應該是放屁的聲響。

據說如果人們也用不輸給它的大聲響來「啪！」一聲放個屁的話，那它就會逃走。但要是覺得不好意思而不敢大聲放屁的話，用嘴巴裝個聲音也行。

②灰坊主（灰坊主）

在秋田縣或岩手縣，相傳是一種棲息在圍爐灰燼中的妖怪。要是去戳灰燼，它就會跑出來罵人。其實它的外型不像小孩，而是一種外型不明的妖怪。但也有人說其實它就是天邪鬼（參考天邪鬼的項目）。

❖出現在寢室的妖怪

①屏風偷窺（屏風のぞき）

是一種會從比人還高的屏風上，探頭偷窺的女妖怪。根據秋田縣仙北郡角館所流傳，它的外表是個削瘦的女人，會垂著長髮偷看。雖然除了偷看外，就是站著，不會做出什麼壞事，但從前有個武士自從娶了一位大美人為妻，從結婚初夜以來，每天都被偷看，那可真是讓人頭痛啊！但據說只要把屏風拿掉就不會出現了。

②高女

流傳在秋田縣、和歌山縣，似乎也是會偷窺的妖怪。據說是沒有男人要

的醜女死後所變成的。即使是兩層樓高的房子，它也能伸長身子偷看，還會嘻嘻地笑。

③貘（ばく）

是一種幫人吃掉惡夢的靈獸，也會為人驅逐惡靈。外形像熊，鼻子跟大象一樣長，有著山豬般的牙齒、犀牛般的眼睛、牛般的尾巴、虎般的腳，還有斑點花紋。

④網切（網切り）

在「百鬼夜行」裡，畫了一種有著鳥臉的蠍子。一到夏天，它就會把掛在寢室裡的蚊帳嘶嘶地切開。

⑤黑坊主

是一種會出現在東北地區，模樣不明的妖怪。外觀會比人大上幾倍，像團黑霧。傳說常在深夜裡潛入民家吸取人的精氣，使人喪失精氣，痛苦不已。

❖出現在天花板的妖怪

①天井吊（天井下がり）

《今昔續百鬼》中記載，是種體毛濃密、會在夜裡披頭散髮地裸身出現的妖怪。當人躺在床上往天花板看時，它就會一邊笑，一邊從天花板冒出上半身來嚇人。在山梨縣北巨摩郡則稱它為「天吊」（天吊し），據說會以幼兒的樣貌出現。

②精螻蛄（しょうけら）

根據「百鬼夜行」記載，它全身漆黑、分不出像熊還是像虎。要是忘記關上採光用的天窗，它就會出現並從天窗偷看。只要它出現在屋頂上，那股氣息就會令人難以入睡。

❖出現在廚房跟浴室的妖怪

廚房是個很重要的地方，人們相信這裡住著爐灶的神明（灶神）。然而

廚房總是位在家的後方，跟浴室一樣，都能通往房子外面，所以也容易變成妖怪入侵的入口，是種疏於防備的場所。

①吹熄火婆婆（火吹消し婆）

　　根據《今昔續百鬼》記載，是種外型像老婆婆的妖怪。會從廚房出入口潛入，吹氣把人家裡的火弄熄。

②煙羅煙羅（えんらえんら）

　　是《百鬼夜行拾遺》中所記載的煙霧精靈，會變成各種形狀，在大氣中徘徊。有時在爐灶或浴室所冒出的煙霧中，會浮現出人的臉來。

③舔垢（垢嘗め）

　　「百鬼夜行」裡，有種會用長舌頭舔掉浴室汙垢的妖怪。它的外表是全身赤紅的裸身小孩，只要浴室髒了，它就會出現。

❖出現在廁所的妖怪

①廁神（かわやがみ）

　　日本的廁所都建造在祖靈所居住的方位（西北），因為人們相信，那是通往它們世界的通道，也是帶來福氣的場所。而這廁所裡就棲息著精靈。

　　所以日本人要上廁所時，不能冒然衝進去，要先在外面咳嗽一下，表示打聲招呼才能進去。傳說要是剛洗完頭髮就進去，它就會讓人發狂；要是弄髒廁所，就會帶來災難，而要是對廁所吐口水，就會引起牙痛或眼疾。在兵庫縣則稱它為「指神」（サスガミ）；在京都府則稱為「搔撫」（カイナデ），傳說在節分夜裡，會搔撫人家屁股。另外，也有人稱它為「加牟波理入道」，被認為是盲人。

❖出現在儲藏室（納戶）的妖怪

①納戶婆（なんど）

　　流傳出現在奈良、兵庫、岡山、宮崎縣，是一種棲息在儲藏室的老婆婆

妖怪。在西日本，原本人們常常在儲藏室裡祭祀神明，而納戶婆就會從儲藏室裡跑出來嚇人，但可以用庭院掃帚把它趕出去。在香川縣等地則認為它是會抓小孩的鬼婆，類似的妖怪還有棲息在置物櫃的「棚婆」（神奈川縣）。

②垃圾妖怪（ゴミ妖怪）

根據《百鬼徒然袋》所記載，沒有收好且到處亂丟的破抹布，會變成一種叫做「白溶裔」的妖怪。它會從腐敗的身體裡發出惡臭，飛在空中，纏住人類。

❖出現在庭院裡的妖怪

①古籠火（古篭火）

在《百鬼徒然袋》中，記載著宿有精靈的古老石燈籠，就算不點火也會自然發光。

②土用坊主（どようぼうず）

如果在土用^{譯補}2期間整理庭院，就會出現頭被勾住的土用坊主（神奈川縣）。

（化け物屋敷）

妖怪屋

有妖怪棲息的屋子就叫做妖怪屋。這種妖怪跟依附在家裡的妖怪不同，是因為中意這間屋子才會住進去的。

譯補2 在陰陽五行裡，春、夏、秋、冬各分配了木、火、金、水，而土就是各個季節要結束之前的十八天。所以土用就是立春、立夏、立秋、立冬前的各十八天。這裡尤指夏季土用。

❖陽成院邸

《今昔物語集》記載，在陽成院邸遺跡中的水池裡，棲息著水精老翁，它的身體約有一公尺左右大小。每到夏天有人來到池邊乘涼時，它就會伸出冰冷的手去摸人的臉來惡作劇。曾經有人抓住它，想要揭穿它的真面目，但這時老翁卻開口請求：「請幫我打一桶水來。」因為外表看似只是個屪弱的老人，所以人們不疑有他，就幫它打來一桶水，沒想到老翁突然跳進水桶裡，隨著溢出來的水就這樣消失了，而水桶裡也只剩下當初捆綁老翁用的繩子浮在水面而已。

《宇治拾遺物語》裡也有提到類似的故事，那是陽成法皇還在世時的事情。有個老翁曾經出現在建造於池邊的釣殿的看守人面前。老翁自稱是浦島太郎的弟弟，要看守人建造祭祀它的祠堂。看守人覺得這老翁真奇怪，便隨便敷衍一下，結果生氣的老翁竟變成巨人，把看守人踢飛起來，當他要從天上掉下來時，再一口吞了他。

❖空屋（空き家）

傳說無人居住的空屋裡，會有「目目連」及「念佛童子」棲息。

根據《東北怪談之旅》記載，在江戶時代，有個到津輕（青森縣）來買木材的小氣商人，為了省住宿費而在一間空屋裡過夜。到了晚上，破落紙門上的每個格子居然都冒出眼珠來。這就是目目連。

不過，這個小氣到不行……不對！是大膽到敢獨自住在空屋裡的商人，卻一點都不害怕，還把眼珠子全都裝到袋子裡去了。

而念佛童子是岩手縣所流傳的妖怪，傳說會出現在經商失敗者所搬離的

空屋裡。每到夜裡，就會在空屋裡點起燈火，還會聽到誦經的聲音。但一旦有人進入、想一探究竟的話，燈火跟誦經聲都會消失。但一走出去，燈火又會亮起，也會再次聽到誦經聲。

❖ 家鳴（家鳴り）

Poltergeist，是一種會搖晃房子或家具的西洋幽靈。明治時代的心靈研究家淺野和三郎，把這種幽靈翻譯成騷靈。但在這之前，就已經有所謂「家鳴」（家鳴り）等現象的存在了。《太平百物語》裡就記載著這樣的例子。

根據其記載，江戶時代在但馬國（京都府）有一間相當有名的妖怪屋。有個名叫木戶刑部的浪人跟他的同伴，為了試膽量而來到這間屋子夜宿。想當然耳，到了夜深時分，整間屋子突然開始激烈搖晃了起來。兩個人驚慌地大叫：「哇～地震！」便衝出屋外，但其實只有房子本身在搖晃而已。後來隔天晚上同樣又發生了這種家鳴，於是兩人便與一位來到此地、名叫「智仙」的僧人商量，邀他一同住了下來。

當家鳴開始時，智仙專注著榻榻米的動靜。然後對著起伏最大的地方，拿起小刀猛刺進去。突然間，家鳴竟不可思議地停了下來。隔天早上，大家仔細巡查了一下，發現榻榻米下方居然有個墓碑，而小刀刺進去的部分還留有血跡。根據附近居民的說法，從前住在這屋裡的男人因為殺死了在附近搗亂的熊，由於害怕遭受報應而建了這個墓碑。但據說這男人雖然建了墓碑，最後還是被附身而死。

❖ 洗腳屋（足洗い屋敷）

在江戶本所，傳說有間屋子，每當人們入睡時，就會從天花板伸出一隻滿是汙泥的巨腳。更麻煩的是，當這隻腳出現時，就一定要幫它洗淨汙泥才行。如果不洗，這腳就會大鬧，把家具都給踩壞。這間屋子也算得上是本所七不思議之一了。

金靈（金靈）　龍宮童子（竜宮童子）

妖怪或神明裡，也有很多是會帶來財富的。在這裡要介紹的，就是會帶來金錢及物品的神或東西。

❖ 金主（金ん主）

日本把出現在除夕夜的財神，叫做「金主」。

在天草島（熊本縣），它會在深夜裡以武士的樣貌，出現在名切橋頭。據說只要跟它比力氣贏了的人，就會變成大富翁。另外，在宇和島（愛媛縣）則是會在神社後方吊掛著「財神火」（金の神の火），還有人聽過它的呻吟聲。這種火乍看之下跟金主似乎是不一樣的東西，不過在日本各地都把它們當成是一樣的。

《吾妻昔物語》裡記載了一個有趣的故事。金主曾經變成好幾頭運貨的馬，在半夜裡跟火把一起出現。傳說帶頭的馬所背的行李中裝著黃金，有個男人遇到這隊伍，想用刀切下行李，但怎麼也切不斷。最後他總算把第三匹馬的行李給拉了下來，但裡面卻全都是銅錢而已。雖然很可惜，但據說光靠這些銅錢，男人也變成相當有錢的富翁了。

❖ 金靈（金靈）

在鳥山石燕的《今昔續百鬼》中，記載著人只要每天做善事，就會有個叫做「金靈」的金錢精靈從天上掉下錢財。這時當然可以誠實地感到高興，不過日本人就算感到高興，內心還是會有點害怕。在記載上也寫了不少這種反應。

❖金玉

　這種精靈就不是從天上掉下錢財，而是掉下黃金珠子。這種珠子叫做「金玉」，雖然賣掉的話可以賺不少錢（這是理所當然的），但是到手了就絕對不能放手。據說只要一直收著這顆金玉，家族就會一直富饒起來。

　《兔園小說》中記載著，傳說在文政八年（西元一八二五年）曾有個金玉隨著打雷的巨響而掉落地面。當時有個農夫在地面上挖洞一看，發現一顆閃閃發光、像雞蛋般大的金玉，當然農夫就把它給收藏了起來。

　在靜岡縣的沼津地區，傳說當一個人走在夜路上時，運氣好的話，就會看見紅色光芒，隨即腳邊就會掉下一顆金玉呢！

　人們絕對不可以隨便浪費金玉，否則幸福的生活就會瞬間變成惡夢，甚至讓人遭到要去自殺的不幸。所以一定要小心地收起來，或是小心地放在寢室裡。在青森縣的五戶町，每當有房子落成時，就有在客廳地板下埋入黃金珠子的習慣。如此一來，珠子的精氣就會變成座敷童子（參考座敷童子的項目）出現，而只要座敷童子一出現，這家人就會變成大富翁。

❖龍宮童子（竜宮童子）

　「龍宮童子」註4也被稱為福神的小孩。如果將花或門松獻給棲息在龍宮裡的海神，海神有時就會派來這個童子。不可思議的是，只要好好對待這個孩子，那麼無論什麼願望都能實現。不管是房子或錢財，一定都會接連出現在你面前。隨著家境的改善，當然家庭會愈來愈富裕，但童子卻反而會愈變愈貧窮、骯髒。要是覺得已經沒它的事，或

註4　龍宮童子：在福島縣南會津則被稱為「西塔利」（シタリ）；在長崎縣壹崎島八幡浦則被稱為「荻童」（ハギワラ）。荻童會用沾滿泥巴的赤腳，在乾淨的綠榻榻米上走來走去，如果連這樣都不生氣，還給它摸摸頭，那它就會實現人的願望。

是覺得它配不上高貴的自己而把童子趕出去，那可是不行的，這樣會致使家道瞬間中落。

　　流傳在肥後（熊本縣）的童子，據說人如果想要實現願望，就必須一天獻上三次蝦子的醃肉條才行。只要每天都有供品，童子就會發出「哼～」的鼻音，並給人任何想要的東西。如果主人變成大富翁後，認為做醃肉條實在很麻煩，而勸童子回到龍宮去的話，童子就會轉身出門並吸一吸鼻子。如此一來，眼前的富裕生活會瞬間消失，剩下的只有從前那間簡陋的房子了。

❖火德（ヒョウトク）

　　傳說「火德」原本也是水神所送來的小童。

　　在陸中（岩手縣），會在爐灶的柱子上掛著表情肅穆的火德面具。這是一般日本所熟知的火男🈲5面具，不過後來之所以會變成火德，則傳說是因為以下的故事。

　　從前在某個地方住著一對老夫妻。某天老爺爺到深山裡去砍柴，無意間發現了一個小洞。老爺爺想把這個洞填滿，於是就把砍來的柴往洞裡塞，結果不管怎麼塞都塞不滿。老爺爺覺得很有趣，一時興起，就把花了三個月時間所砍來的柴全都塞進洞裡去了。老爺爺突然想到，這下老婆婆可要生氣了，正當他在煩惱時，突然有個美女從洞裡出現，說是為了要回報老爺爺的柴火而請他到洞裡去。結果洞裡竟然有間壯觀的大房子，而房子旁邊就堆了剛剛的薪柴。

　　老爺爺接受款宴，在那裡大吃一頓，要回去的時候，還有個小孩跟他一起回家。其實這個小孩長得非常醜，整天都在玩它的凸肚臍，老爺爺雖然覺得麻煩，但還是把它帶回家，並取了個名字叫做火德。某天，老爺爺看火德老是在玩自己的肚臍，便拿著火鉗戳他的肚臍，沒想到竟從肚臍裡掉

🈲5　火男：火德是火男（ヒョットコ）的諧音，是一眼較小、嘴巴尖尖的獨特男性面具，也稱為「潮吹面」，常常使用在舞蹈上。火男的由來被認為是參考從事製鐵行業的蹈鞴師（ダタラ師），他們在吹火的樣子。蹈鞴師因為能從砂石中生產鐵或黃金而帶來財富，所以被認為是魔法師。

出小顆的黃金，而且量還相當多。由於火德每天都會從肚臍裡掉出黃金顆粒，於是沒多久老爺爺就變得非常地有錢。

　　然而貪心的老婆婆卻不因此而滿足。某天，趁著老爺爺出門不在，老婆婆為了想要更多的黃金，便用力戳火德的肚臍，但是因為戳得太猛，火德就這樣死去。老爺爺回來後發現這件事，非常地傷心。後來火德出現在他的夢中說：「把長得像我的面具掛在爐灶的柱子上吧！這樣就會為家裡帶來財富。」從此以後，人們就開始祭祀火德的面具了。

❖貧乏神

　　到目前為止所介紹的，都是會為家族帶來財富的神明。但相反地，也有會帶來貧窮、不受歡迎的神明。雖然也是神，但並非是受人尊敬或信仰的神，而是會給人帶來不幸的惡神，人們稱之為「貧乏神」，讓人感到相當地厭惡。此外，因為會使生活窮困，所以也把祂稱為「窮鬼」。

　　傳說貧乏神的外型就像能住在衣櫥裡的瘦小老頭，是個身穿破爛衣服、拄著骯髒枴杖的老爺爺。它喜歡懶惰鬼，只要被它附身的人，馬上就會變得貧困，而且貧乏神的身體還會隨著人變窮而變大。被貧乏神附身可不只是會變得貧窮而已，甚至還會突然引起疾病或災難，讓人難以接受。但如果因此而虐待貧乏神的話呢？如果貧乏神出現，請記得要好好對待它，據說只要這麼做，貧乏神就會變成給家裡帶來好運的神，也就是它會變成福神，讓人們得到與以往貧窮生活完全相反的好運氣。

　　雖然貧乏神是四處遊蕩、隨意拜訪的神，但某些行為一定可以把它招喚來，並住在家裡。海南坊（カイナン坊，岐阜縣揖斐郡）是一種被認為是貧乏神的妖怪，只要敲擊圍爐裡的五德（用來掛鐵罐等的鐵環），它就會出現並住下來，強要些家裡沒有的東西。此外也傳說，要是亂挖圍爐裡的火堆，貧乏神也會出現。因此日本人在年末都會準備火吹竹（生火時用的吹氣竹筒），對它施加咒語以封住貧乏神，綁上紙帶之後就丟到房子外面（愛知縣北宇和郡）。另外也流傳著一種說法，說是為了趕走貧乏神，必須要把爐火弄得更旺盛（新潟縣岩船郡），如此一來，貧乏神會因為太熱而逃走，另外會有長得像小孩子的福神來取代它出現。

（えきしん）
疫神

疫神是會帶來疾病的神。在醫療技術尚不發達的年代，人們理所當然會認為疾病是神明帶來的，但人們能說這是不對的嗎？在這裡我們要介紹各式各樣的疫神。

✼風邪（かぜ）

現在在日本，風邪泛指流行性感冒等。但在以前則是把風邪當作一般疾病的總稱。如字面所見，人們認為這是邪惡的風所帶來的疾病❶6。但另一方面也認為，這邪惡的風本身就是瘟神（疫病神）。

一般「風邪」被當成精靈或浮游靈（徘徊行走的靈魂），人們是無法看見它的。它們會依附在物品上，四處散播疾病。這種風邪類具有以下幾種型態。

在長崎縣的五島列島，把從活人身上脫離的生靈稱為「風」（カゼ）。其中「精靈風」是指清明節早上往墓地吹去的風。據說只要被吹到，就會生病。

在三重縣的飯南郡則傳說要是被無法升天的浮游靈或無緣佛附身，就會感到罪惡並全身發抖。

此外，會依附在人身上、讓人不舒服的死靈或精靈裡，還有千葉縣房總的「御風」（ミカゼ）、大分縣的「御崎風」（ミサキカゼ）、「立會神」（立会いの神）、「行逢神」（行き逢いの神）、「路過神」（通りの神），以及山口縣長門地區的「御崎巧遇」（ミサキの行き逢い）等。

---

❶6 在鳥山石燕的《今昔續百鬼》中，把乘風散布的妖怪稱為「邪魅」。邪魅屬於魑魅（山中樹木或石頭的精靈）一類，人們無法看見其外型，不過石燕把它畫成野獸的樣子。

❖疫病神（瘟神‧やくびょうがみ）

　　日本將流行病、傳染病稱為「疫病」（瘟疫）。自古以來，瘟疫就被當成神的報應**⊕**7，在平安時代則被認為是惡靈或怨靈搞得鬼。到了後來，當中國的疫鬼**⊕**8故事傳到日本，日本人才認為是鬼神的行為，並認為是一種叫做疫病神的神，才使得瘟疫流行。據說它的外型也像是又瘦又蒼白的老人或老婆婆。

　　傳言疫病神會獨自或五個一組的在城鎮裡徘徊，並散布瘟疫。如果想要保護城鎮或自己，就要做些大人偶讓疫病神無法靠近，這種儀式就叫做「送疫病」。根據地方的不同，送疫病也被稱為「送人形」（人形送り）、「送風神」（風の神送り）、「送鹿島」（鹿島送り）、「送彌五郎」（弥五郎送り，參考山男與大人的項目）等。據說也可以製作專門打鬼除魔的鍾馗大人**⊕**9的人偶。另外，好像還可以在村子入口掛上很大的草鞋或草拖鞋來嚇阻疫病神。

　　反之，也有大擺酒宴來歡迎的方法。在《備後國風土記》**⊕**10中記載，路經某處、掌管瘟疫的神——速須左雄**⊕**11，只告訴了提供他住宿的人要如何預防疾病。此後人們便相信，只要款待疫病神，它就會保護人們，不讓人生病。

　　傳說在神奈川縣的足柄上郡，會有個拿著帳本的一目小僧，每年都會到各戶人家檢查有沒有過失。只要有人家犯有過失，之後就會給他們帶來疾病或災難。一目小僧會把寫好的帳本交給「境神」，然後暫時離開去某個地方。據說只要在它離開的這段期間，燒掉境神小屋的屋頂，一目小僧就會以為神把帳本燒掉，而使人逃過一劫。

　　疫病神的同伴還有個疱瘡神，祂會引起天花流行，也會治好它。人們相

⊕7 **神的報應**：瘟疫被認為是粗暴神明所帶來的報應。在《日本書紀》中，大物主也曾經散布瘟疫當作報應。

⊕8 **疫鬼**：中國有五人一組名叫「一目五先生」的疫鬼。其中有四人的眼睛看不見，剩下的那個就擔任所有人的眼睛，決定要讓什麼人生病。這個疫鬼跟本文後述的疱瘡神為五個一組，還有一目小僧等，聽說都有關係。

⊕9 **鍾馗**：鍾馗大人是外表有鬍子及大眼珠的人偶。帶著黑帽子，腳穿長靴，右手持劍。

⊕10 **備後國風土記**：是位於目前廣島縣東部之古代備後國的風土記。

⊕11 **速須左雄**：是素戔鳴尊（須佐之男命）的別名。

信，只要對這位神明祈禱，就不會感染天花，或是症狀也能減輕。

❖瘧鬼（ぎゃくき）

　　現今被稱為瘧疾的熱病，以前在日本則稱為「瘧」（おこり）或是「哈耶亞米」（はえやみ）、「瓦拉哈亞米」（わらはやみ）等。人們認為，這是名為瘧鬼的疫鬼所造成的。這種疾病每隔一段時間就會讓人發高燒、渾身發冷，日本人認為，這是因為瘧鬼會每隔一段時間就造訪病人家裡的原故。

　　瘧鬼原本是中國的鬼，棲息在溼地，會散布在夏天時節蔓延的傳染病。喜歡以惡作劇小孩的模樣出現，逃走時會變成鳥，或是變成猴子鬼。日本的兵主部也很符合這些特徵。兵主部被認為是河童的同類，看到它的話，也會染上不明原因的熱病。

毛羽毛現（けうげげん）

　　這種妖怪也被寫成「希有希現」，被認為是疫病神的一種。或許它只是喜歡容易讓人生病的悶溼環境，所以會棲息在家中地板底下，因此凡是它所棲息的家庭裡，就會有人生病。根據鳥山石燕在《百鬼夜行拾遺》中所描繪的樣子，它全身被又長又密的毛所覆蓋，會讓人不由得聯想到馬爾濟斯犬。

（こどく）

蠱毒

「蠱毒」是要詛咒某人時所使
用的昆蟲或動物的靈，是人為
所製造出來使用的。「蠱」這個
字，寫起來就像是在盤子上裝了
許多蟲。《名例律裏書》記載，
蠱毒就是用這種方法來製造的。
記載中提到，蠱毒就是將名為諸
蠱的毒蟲、蛇、小動物（有時也

會使用較大的動物）等放入一個容器內，讓牠們互相啃食殘殺，最後活著
的，就會變成蠱毒。這樣做出來的蠱毒可以當成毒藥使用，也可以使其魂
魄依附在人身上。

蠱毒原本是從中國傳到日本。中國的蠱毒種類眾多，有蠱狐、蛇蠱、狗
豕蠱、犬蠱、蜥蜴、蛤蟆、螳螂、蜈蚣、蜘蛛、金蠶等，其中尤以長得像
蠶的金蠶最常使用。當牠依附在人身上時，會侵入人體並啃食內臟，使其
死亡。

蠱毒也是依附物的起源，跟狐依附（參考依附物的項目）一樣，金蠶的
飼主也會獲得財富。

❖貓鬼（猫鬼）

「貓鬼」是把老山貓變成蠱毒而成的。在南北朝時代，有一種叫做蠱物
師（蠱物使い）的人可以自由操縱貓鬼。他會讓貓鬼潛入人類家裡，做些
殺人或偷取錢財等，有如強盜般的勾當，或是依附在人身上，使人生病。
一旦被貓鬼依附，就會被吃掉內臟，痛苦程度有如開膛剖肚般，最後將吐

血而亡。

這種操縱貓鬼的法術，原本也是中國的邪法。邪法師雖然都被嚴酷地流放，但或許也是因為如此，其中一部分的人可能來到日本也不一定。

❖犬神

「犬神」是一種會依附在人身上的犬邪靈，也是一種蠱毒，以土佐為中心，流傳在四國全區及九州西部。在四國西部似乎把它稱為「外道」注12。

操縱犬神的人叫做「犬神使」，他們會以人為的方式製造出犬神。首先把活著的狗埋在地底下，只露出一顆頭。然後在狗頭面前放著食物，但是絕對不給牠吃，讓牠挨餓。在狗要餓死的前一刻，從牠背後砍下牠的頭，再把砍下來的狗頭埋在人來人往的地方。被人們踐踏過後再挖出來，當成詛咒物來祭祀，就完成犬神了。

另外跟狐依附一樣，有種叫做「犬神筋」的犬神世代傳承家族。犬神會隨著家族中所誕生的女孩而增加，當女兒長大出嫁時，犬神也會一起依附著前往夫家，在那裡變成犬神筋。祭祀犬神的家族就會富裕，這也是依附物的特徵。當然要是對它不敬，家裡內外都會遭遇災禍。一旦成為犬神筋的家族，就絕對無法逃脫這個命運，直到這個家族滅亡為止……。

傳說犬神筋的人可以依附在痛恨犬神的人身上。就算只有恨意，犬神也會去依附他。被犬神依附的人（通常是女性）會變成一種悵然若失的狀態，不是會突然哭泣，就是會陷入失神（催眠），不停重複異常的動作。奪取了人格的犬神會借用被依附者的嘴來洩漏自己的真面目，或是討食物來吃。此外，在德島縣則有另一種犬神，它會從人的指尖侵入，透過血管停留在對身體不好的部位，有時還會造成原因不明的高燒。

犬神因為是靈，所以人們是看不見的。然而另一方面，卻也流傳著有人曾目睹犬神的目擊證詞。據說是身長約五公分，看起來像是頭很大的老

注12 **外道**：外道也稱為「外道神」、「外道犬」，泛指狗的怨靈，特徵也跟犬神類似，所以被當成犬神的一種。在島根縣邑智郡，傳說貓頭鷹會吃掉外道，所以會在家裡掛著貓頭鷹爪來驅除外道。

鼠，而這種外型就像是生活在四國或九州地區的小鼠（ヂネズミ）。

要趕走犬神的方法，可以吃下碳烤的獸肉，或是請山伏裝扮的祈禱師來燒護摩[譯補3]。當祈禱師開始搖鈴念咒，被依附的人會開始陷入半瘋狂狀態，接著昏厥，最後犬神就會離開了。

（体內に棲む虫）

棲息在體內的蟲

其實在人體內棲息著蟲，而這些蟲會引發各種疾病或身體變化。在此，我們將介紹身為天帝使者來監視人類的蟲、使人墮落的蟲，還有像人面瘡一樣長在人體上的蟲。

❖ 三尸（さんし）

據說在人的肚子裡，棲息著一種名叫「三尸」的蟲。當人睡著時，就會從人體內跑出來，把這個人當天的行為報告給天帝（大釋天）[註13]。聽了這些報告的天帝，就會懲罰罪孽深重的人，讓他早死。在庚申信仰中，為了避免這種事情發生，必須在一年六次的庚申日熬夜不睡覺，讓三尸無法離開身體。

有位名叫吉周的中國仙人認為，「三尸」也叫「三蟲」，有三個種類。這三個種類分別叫做「青古」（上尸）、「白古」（中尸）、「血尸」

[譯補3] 燒護摩（護摩を焚く）：指燃燒護摩木的護摩法事。密宗佛教中，以不動明王、愛染明王為本尊，在尊前製作護摩壇燃燒護摩木，進行名為護摩的祈佛法事。

[註13] 天帝：古代印度神話的神明，住在北極須彌山山頂的喜見城（北極星），底下有隨從四天王（持國天、廣目天、多聞天、增長天），支配著上至六欲天、下至八大地獄的欲界。

（下尸），會讓人失去冷靜、讓人心情鬱悶、沒有食慾，還會進入情緒起伏激烈的精神不穩定狀態，也會讓人夢到討厭的惡夢。

在《大清經》中記載著，三尸是長約十公分、長得像人的蟲。彭倨（上尸）色偏黑，住在人的頭部，喜歡懶惰與浪費。彭質（中尸）色青，住在人的背後，是個貪吃鬼。彭喬（下尸）住在小腹，好色慾。這些蟲會驅使人類採取符合其特質的行動。如果除掉三尸，就能恢復原本清純的精神，這咒文就是念誦「彭侯子、彭常子、命児子，盡皆進入幽冥中，速離我身」（彭侯子、彭常子、命児子よ、ことごとく窈冥の中に入りて、我が身を離れ去れ）。或是不要吃穀物、酒、肉、大蒜等味道較重的蔬菜，來減弱三尸的力量，因為三尸就是從人吃的食物裡來吸取營養的。

❖應聲蟲（応声虫）

是蛔蟲之類的寄生蟲，會降低人的體力並使人生病，因此也稱之為「怪蟲」等，被當成一種惡靈或怪物，令人感到害怕。其中有一種蟲會在體內四處爬行，引起紅條腫脹，最後侵入腦中，使人瘋狂。

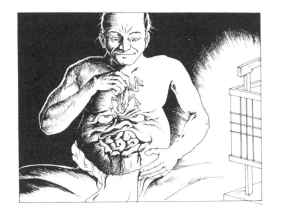

在《新著聞集》中，記載著一個發生在元祿十六年（西元一七〇三年），因為肚子裡的怪蟲而在肚皮上長出像嘴巴一樣東西的案例。某個人在連續十天高燒後，接著肚皮上就長出嘴巴的形狀。如果跟它說話的話，還會像鸚鵡一樣模仿人說話，所以就把這種肚子裡的蟲叫做「應聲蟲」。它不只會學人說話，還會討東西吃。如果不理它，它就會讓人一直高燒不退，痛苦不已，甚至還會不停罵人或胡言亂語。但如果受不了而給它食物吃，它就會貪心地把什麼都吃下去。

儘管讓病人服下了各種藥品，也進行了祈禱法事，但就是沒有效果。有一次，在讓一位名醫看過之後，醫生診斷這應該是外國書籍裡才有的應聲

蟲。於是這位名醫就讓肚子的嘴巴吃下各式各樣的藥物，找出幾種它不想吃的藥。因此就把這幾種藥調配在一起，每天讓這嘴巴吃。

　　後來這肚子上的怪東西很快就沒了精神，漸漸變得虛弱。就這麼經過十天，從病人的肛門排出一條長約三十五公分的怪蟲。它頭上長著一支角，看起來就像蜥蜴一樣。當它從肛門逃出來後，立即被人給打死，而病人也就慢慢恢復了精神。

人面瘡

　　如果長出來的是人臉，這種怪病就叫做「人面瘡」。《伽婢子》中記載著山城的國小椋（京都府宇治市）有關人面瘡的故事。

　　有位農夫染上了熱病，一直治不好，半年之後左膝蓋上也長出了怪異的瘡，後來瘡愈變愈大，結果竟變得像人臉的形狀。雖然身體的病痛消失，但這次換瘡開始蠢動了起來。有時為了治療而淋上酒，瘡就會像喝醉了一樣變紅，如果餵它食物，它也會吃得津津有味。如果讓它吃飽，痛苦就會停止，但要是小氣不給吃的話，就會讓人痛苦不已。農夫就這樣日漸衰弱，當他以為自己離死期不遠的某天，有位周遊列國的修行道人來了。道人說：「這病雖然花錢，但還是可以治得好。」於是農夫就把田地賣掉，盡可能地去收購藥材。然後就像應聲蟲的故事一樣，農夫努力嘗試各種藥品，最後終於發現有種叫做「貝母」（編笠百合的別名）的藥，人面瘡死都不吃。於是道人就把藥磨成粉，塞進草莖中空的蘆葦中，擠進不張嘴的人面瘡嘴裡，再將草莖裡的貝母粉末，吹進人面瘡的嘴裡，讓它吃下去。十七天後，瘡結成硬痂，最後終於掉了下來，農夫的病也就好了。

（憑き物）

依附物

靈異的存在並依附到人身上，是世界各地都有的現象。在日本，則把這種現象稱作「依附物」，被認為是狐狸或動物靈所造成的依附現象。如今則被當成是精神病的一種。

容易被依附的人，通常是好強而多話的人，其次才是沉默寡言的人。女性也明顯比男性容易被依附。一旦被依附，就會說出從未說過的話，性格也會大變⊞14。這個期間大約是一至三天，被附身的人，則要接受粗暴的刺激療法，例如被綁起來毒打，或用松葉、辣椒、硫磺等來燻人，或是藉由不停逼問，把人逼到精神上的極限，使人昏倒，就像在拷問一樣，也有最後不小心將人逼死而引發社會問題的案例。

❖ 狐依附（狐憑き）

在日本說到依附物，馬上就會讓人想到一定是狐做的好事。這類的狐有以下幾種：

①裂尾狐（オサキ狐）　關東地區

外型像老鼠和鼬鼠的結合，但是像稍大一點的老鼠。體色有很多種，像是黑白斑點，或是橙色、鼠灰、茶色、灰色、灰色跟茶色的混色等。據說也有從頭到尾連著一條黑線，或是背上有白條的。《兔園小說》⊞15中記載其尾巴有分叉，所以才會叫做「裂尾」。動作靈敏、神出鬼沒，總是集體活動。

②管狐（クダギツネ）　中部地方

⊞14 另一方面，也有人認為依附物會帶來好運，所以日本人在遇到好事時，會有「今天有被附到＜今天真好運＞」的這種表現方式。

⊞15 兔園小說：瀧澤馬琴等人所編著的珍談奇談集。

管狐外型與裂尾狐幾乎一樣，體色為棕色或白色。不過身體很細，幾乎能鑽進細竹管裡。繁殖力非常強，據說真面目是白鼬（オコジョ）。

③人狐　山陰地區

體型大約介在貓跟老鼠的中間，體色為茶褐色（有時會有黑色斑點）且細長，有著短腿與長尾巴。嘴巴跟耳朵就像狐一樣尖尖的。傳說中，也是集體行動。

④野狐　北州西南部

看起來就像是黑色的鼬鼠或老鼠。當野狐鑽到人的腋下，那個人就會變成「野狐附身」（ヤコオ憑き）。由於總是集體行動，所以在長野縣的平戶地區則把它們稱為「野狐千匹連」（野狐の千匹づれ）。

當人被狐附身，就會變成瘋子瘋狂而死，或是被侵入體內啃壞內臟（裂尾狐）。另外還會做出像狐的舉動（人狐），也可能變得像半個病人（野狐 **注**16）。

被依附的人除了會有以上的症狀外，還會變得討厭鹹跟辣、在袖子裡或衣服上有毛、同手同腳（野狐）等，所以很容易分辨。此外，還有不管吃多少東西都會愈來愈瘦弱、吃飯時會從碗中對面的一側開始吃等行為（管狐 **注**17）。

當人因飼養狐依附而與它變得親近些時，有時它也會帶來財富。這是因為它會從其他人家裡偷取錢財的原故（裂尾狐、人狐）。

因此有些人會偷偷在壁櫥或地板下養狐依附。養裂尾狐的人家被稱為「持裂尾之家」，被飼養一次的裂尾狐之後就會一直依附在那戶人家裡，之後就算飼主不願繼續飼養，但還是必須遵從先祖，代代傳承下來。「管屋」則是養管狐的人家。它最喜歡豆腐、紅豆飯、味噌及油豆腐，只要讓它吃了這些東西，它就會很高興。但是它胃口大又很容易繁殖，所以養起來是很辛苦的。如果吃不飽就會依附在飼主身上，讓人發狂。裂尾狐也一樣，只要養得不好，就會變得凶暴，有時還會侵入人的體內，咬破內臟，把飼主殺死。此外，讓人狐生氣的話，則是會失去財產。

注16　**野狐**：據說只要讓野狐舔燒傷的新傷口或疱瘡，它就會死去。
注17　**管狐**：要趕走依附在人身上的管狐，就要去參拜三峯樣（大口真神）。如果不去，最後就會死亡。

人們認為，裂尾之所以會偷取其他人家的金錢，就等同於是因為飼主想要，所以才會使喚裂尾去偷。如果就使喚的意義來說，還可以讓它（裂尾狐、人狐、野狐）依附在痛恨的對象身上。

　　有一種名叫「管使」（クダ使い）的山伏或巫女，據說會使喚管狐。管狐這名字的由來，據說也是因為他們把管狐放在管子裡隨身攜帶的原故。管使在占卜時，會拿著管狐，用它的預知能力來回答問題。當管使或管屋等飼主死去時，管狐就會在附近散布怪病。

❖ 虎狐（おとら狐）

　　在三河（愛知縣）的長篠附近，棲息著一種名叫「虎狐」的狐。它是侍奉保護長篠城的稻荷神的狐，不過有時會依附在病人身上，說些戰爭故事給人聽。偶而依附在健康的人身上時，那個人的左眼就會流出眼屎，走起路來就像拖著左腳一樣。這是因為虎狐的左眼與左腳都不方便的關係。左腳之所以會變得不良於行，是因為在長篠城的大奧（江戶城裡女官的起居室）偷聽，而被用刀砍傷的原故。左眼之所以失明，則是在織田・德川聯軍與武田勝賴軍交戰的長篠之戰時，在一旁觀賞而被流彈射穿才失明的。傳說後來是死於川中島（長野縣）獵人所發射的子彈之下，所以才開始依附在人身上。

❖ 飯綱（いづな）

　　飯綱，在伊豆地區也寫作「飯繩」，是身長九至十二公分左右的妖獸。毛很柔軟，尾巴像掃帚一樣末端蓬鬆，而它的真面目被認為是「小蝦夷鼬鼠」（コエゾイタチ）。四隻腳從身體裡交錯生出，手與耳朵也跟人類一樣，而且漂亮的手爪上，同樣有著五根指頭。

　　它是狐依附的一種，被飯綱附身的人會胡言亂語，還會得到能吃下好幾碗飯的過食症。據說只要將被飯綱附身的人丟進河裡，飯綱就會因為痛苦而逃走。

　　飯綱也跟狐依附一樣可以使喚。使喚者被稱為「飯綱使」，操縱的方法

則稱為「飯綱之術」**註18**。這種法術專由山伏或咒術師施展，這也跟密宗佛教之一的荼吉尼信仰（參考護法的項目）有很密切的關係。

❖各種依附物

也有狐與飯綱以外的動物會依附在人身上的，我們再舉幾個例子來看看吧！

①狸依附（狸憑き）　四國、佐渡、青森、岩手

在四國與佐渡，因為沒有狐棲息，所以就認為狸會依附人。傳言一旦被附身，就會變成大胃王，但只有肚子會撐大，身體卻會逐漸衰弱，終至死去（是狸吸取了營養嗎？）。據說狸一旦升格為神，就不再是依附物，所以只要建造狸的祠堂即可，因此四國到處都是狸的祠堂。在佐渡，就要請山伏進行名為「寄憑」（ヨリツケ）的祈禱，把狸移轉到憑坐（跟山伏一起的靈媒）身上來治療。

②河童依附（河童憑き）　對馬

《甲子夜話》中記載，河童跟狐一樣，會依附在人身上。一旦被河童附身，身心就會日漸耗弱，記憶也會喪失。其中，被公河童附身的女性，還會說些猥褻的話。在《樂郊紀聞》裡有段駭人的故事，話說河童鑽進了某位武士的皮膚底下，還像「腫塊」一樣在全身上下四處移動，武士為了要拿針刺殺它，著實煞費一番苦心。

③蛭持（蛭持ち）　島根縣

傳說「蛭持」的家族，從前曾經因為幫助過水蛭而變成有錢人。家裡的主人如果在元旦這天，把年糕湯供在神壇上，年糕湯就會變成水蛭。

④土瓶神（トウビョウ）　四國、山陰地方

土瓶神，也被稱為「土貝」（トンベ）、「土貝神」（トンベ神）、「土波神」（トンボ神），是一種蛇神的依附物，與狐依附有許多相似之處，像是會偷偷養在家裡、會帶來財富（日本人本來就認為蛇會帶來財富）、會讓痛恨的對象痛苦、被依附的家族會持續到末代為止，還有不好

註18 飯綱之術：據說在青森及岩手地區，巫女就會使用飯綱。通常會把飯綱裝在木製小筒裡隨身攜帶，不過平時則是養在靠近爐子的地板下，再從爐子角落的空洞把它招喚出來。

好對待它的話，就會攻擊飼主等。此外，也有群聚的特性，傳說跟人狐一樣，有七十五隻眷屬。

狐仙（狐狗狸さん）

　　有一種占卜方法，就是請出所謂「狐仙」（狐狗狸）的動物靈來占卜。首先用三支竹子交叉，在上面擺著盆子，找三個人坐在盆子周圍，每人伸出右手輕輕按著盆子，其中一人開始祈禱，那麼盆子就會旋轉，用盆子的移動方式來占卜吉凶。

　　昭和五〇年左右開始流行的狐仙，就是根據這種占卜方法而來。在寫有「是」、「否」及日文五十音的紙上放著十円銅板，三人將手指輕壓在銅板上。當動物靈附身，十円銅板就會開始移動，回答人們的問題。雖然在學校裡常玩這個，但這其實是非常危險的，因為有時狐仙不願回去，會就這樣依附在手上。這麼一來對依附物來說是很危險的，因為手及身體會不自主地亂動，有時還會聽見幻聽或看到幻覺，最糟糕的情況就是發瘋。即便將狐仙儀式改名為「丘比特」或「守護神」，但跑來的一樣都是動物靈，所以都一樣危險。

（猫股）
貓股

　　有關妖怪貓的故事，就鬼故事來說是非常普遍的。雖然死去的貓，有時會附在人的身上為惡，但這並不單指惡靈，有時也是年紀很大的貓變成妖怪才會這樣，這就是所謂的「貓股」。還有種說法是，活了十至三十年的貓就會變成貓股。這種貓的尾巴會分成兩條（二股，也就是名字的由

來），而且能用雙腳站立走路。

　　普通的家貓在要變成貓股之前，會出現以下幾種徵兆：

①如果在暗處從毛尖往毛根反過來摸
　貓的話，就會發光。（《本朝食
　鑑》）

②會伸舌頭舔油燈裡的油等。（《和
　漢三才圖會》）

③尾巴變長，還會扭動得像蛇一樣噁
　心。

④被腐臭所吸引，還會接近死人。

⑤尾巴前端分成兩條。

⑥沒有人的時候，會自己生起圍爐或火鉢（炭爐）的火。（以五德貓的名
　稱出現在《百鬼徒然袋》）

跳舞的貓

　　貓股有時也會跳舞。《甲子夜話》中提到，在下總的佐倉（千葉縣），
會有家貓頭戴著手帕，在睡著的人的枕邊，手舞足蹈地跳起舞來。

說話的貓

　　貓股到後來就會說人話，尤其是養在寺廟裡的貓，似乎特別容易變成這
種貓股。《新著聞集》中提到，在天和三年（西元一六八三年），京都清
養院所養的貓，曾經跟附近來找它跳舞的貓站著說話。此外，傳說元祿年
間（西元一六八八年～一七〇三年），江戶增上寺的旁寺有養一隻貓，有
一次它不小心從屋頂上掉下來時，開口大叫：「南無三寶」。

　　在根岸守信的隨筆《耳袋》中，有段貓股說明自己說話能力的故事。寬
政七年（西元一七九五年），江戶牛過山伏町的某間寺廟，有個大師親
眼看見廟裡養的貓在說話，而且貓還告訴大師，不只是自己或其他的貓，
只要是活了十年以上的生物都會說人話。另外貓還說了，要是活得超過十

四、十五年，還會得到靈力，而它自己之所以還不到十歲就可以說話，那是因為它是貓跟狐所生的原故。

讓死人跳舞的貓

要是貓股繼續變化，就能操縱屍體。傳說一旦讓貓股跳過屍體，屍體就會活過來。《反古風呂敷》中記載，在現在的千葉縣東葛飾郡曾有個愛惡作劇的人，在死者身上放了一隻貓，結果死者就突然坐了起來。死者白髮豎立，弄倒了屏風，還直直瞪著惡作劇的人。當惡作劇的人急忙逃出來叫村民時，死者一跳就跳到了屋頂，瞬間消失得無影無蹤。幾天之後，才在原野上發現了屍體。

變身的貓

貓股也可以變成人類，不過通常都是變成老婆婆。有人說是因為貓的個性跟女性很像，所以變身比較簡單。

❖鍋島的妖怪貓騷動

戰國時代的肥前（佐賀縣），本是龍造寺氏所統治的國家，然而卻被掌握大權的家臣鍋島直茂所取代，此後肥前便歸鍋島家治理。由於立場反轉，經過一段時間後，龍造寺家直系子孫又一郎也成了藩主鍋島光茂的家臣。某天，這位又一郎跟喜歡圍棋的光茂下棋時，惹他不高興，結果就被斬殺了。他的屍體被藏在庭院中的古井裡。

又一郎家裡只有一位年邁的母親。正當她擔心久未回家的孩子時，有隻名叫「胡麻」（こま）的黑貓竟咬著又一郎血淋淋的人頭來找她。知道這件事的老母親，在詛咒光茂後便自殺了。胡麻舔了舔這位老母親所流出來的血後，就不知去向。

不久之後，光茂每晚都會看見幻覺，在半瘋狂的狀態下臥病在床。有天，他的家臣小森半左衛門發現，只有在光茂的愛妾「阿豐之方」（お豐

の方）靠近時，光茂的瘋狂才會變得更嚴重，於是終於明白，原來愛妾的真面目就是妖怪貓。

　　阿豐之方會偷偷用手抓庭院水池中的鯉魚，並且吃得亂七八糟。在房間裡時，則是會舔油燈的油。當影子映在屏風上時，看起來像極了隻巨大的貓。小森命令隨從立刻闖入它的房間，阿豐之方見狀，現出了真面目。兩眼閃閃發光，嘴角裂到耳根。它能輕鬆閃過揮過來的日本刀，輕輕一跳就抓住天花板，打算逃走。在一陣混亂過後，小森總算將它打倒。經過這次的騷動，後悔的光茂決定慎重地祭拜又一郎與他的母親。

❖山中的妖怪貓

　　會變成妖怪貓的不只家貓而已。從福島縣到岐阜縣的山中，相傳有一種比貓股大上十倍、名叫「大山貓」的妖怪貓。例如在貓魔岳（貓魔ヶ岳，福島縣）就棲息有一種貓股，把來到山麓上的雄國沼釣魚的人給吃掉。曾經有某個武士，在大山貓變成老婆婆來搶他釣的魚時，把大山貓給砍死。但後來卻被貓報了仇，武士的妻子被吊死在高高的杉樹上。傳說是因為武士殺掉的是母貓，所以公貓為母貓前來報仇。

（おさかべ姫）

刑部姬

　　在姬路城的天守閣裡，有個叫做「刑部大明神」的祠堂，曾經祭祀著一種名叫「刑部姬」的妖怪。根據《甲子夜話》記載，刑部姬非常討厭有人進來，一年只有一次會跟城主見面。鳥山石燕在《今昔續百鬼》中寫著，刑部姬會對城主預測各種未來。

❖宮本武藏擊退妖怪

　　有關於刑部姬與宮本武藏的故事，我們在這裡就介紹一下吧！

　　這是距今大約三百五十年前的事情。相傳在姬路城的天守閣有妖怪出沒，有個男人聽到這傳聞，便報名要去打倒妖怪。這位名叫又三郎的男人登上天守閣後發現，外面雖然是白天，但裡面卻是一片黑暗。當他爬到頂樓、來到祭祀刑部大明神的祠堂時，他拿起燈籠一照，那裡竟然有位穿著十二單（平安時代之後開始的一種女性服裝）的美麗公主！又三郎飄飄然地走近她，公主也伸出手來，但她的身體卻像冰一樣冷，而且在背後的狐刺青眼裡，還發出了光芒。看到這景象的又三郎馬上回神，怒斥：「大膽怪狐！」被又三郎嚇到的狐，隨即從公主的背後跳出來，逃到黑暗中去了。狐離開後，恢復正常的公主則對又三郎說：「吾乃刑部姬。今日承蒙您的相助。在此授與您寶劍一柄，以為回禮。」說完便消失無蹤。

　　之後，又三郎將刑部姬交給他的寶劍給城裡的人看，原來這把劍是姬路城之寶，已經失蹤很久了。而這位又三郎，就是後來的宮本武藏。

（九尾の狐）

九尾狐

　　日本從以前就傳說狐會變成人。民間也流傳著許多環繞著狐的神祕故事，其中最有名的就是「九尾狐」了。

　　所謂九尾狐，就跟名字一樣，是尾巴分成九條的妖狐。它的臉色純白，覆蓋身體的體毛會發出金色的光輝。此外，非常擅長變身為妖艷美女來欺騙男人。

繪本三國妖婦傳

　　九尾狐最早是以人類模樣出現在村里之中，根據《繪本三國妖婦傳》**註19**記載，是出現在古中國的殷商時代。

　　當時的皇帝紂王，迎來一位名叫壽羊的美女為妃子，並將她的名字改為妲己，對她百般寵愛，成天與這位妃子玩樂，還殺掉為此進諫的皇后，讓妲己登上后座。

　　原本只是有點任性的妲己，當了皇后之後就天不怕地不怕了。她以美色操弄紂王，恣意浪費到一個極致。像是在池子裡裝滿酒、將血肉排列如森林般，終日舉行宴會，於是有了「酒池肉林」這句成語。此外，妲己生性殘酷，非常喜歡殺人。她將「炮烙之刑」**註20**與「蠆盆之刑」**註21**等殘酷刑罰施加在無罪之人身上，以看著人們痛苦為樂。

　　雖然也有大臣諫言，請紂王規勸妲己的胡鬧，但紂王全都當成耳邊風，甚至反過來勃然大怒，以皇帝之名誅殺諫言大臣或是定罪入獄。其中就有像岐州西伯侯姬昌一樣，在他眼前殺死他的兒子，還要他吃下屍體的肉。最後大家知道不管說什麼，紂王都不會聽，所以就閉嘴了。

　　妲己與紂王的統治，最後由出獄後的西伯的孩子——武王來結束掉。武王使用終南山先人所授與的照妖鏡，看穿妲己的真面目。所謂照妖鏡正如其名，是面能照出人心中邪惡本性的鏡子。美麗的妲己映在鏡中的模樣，正是白面金毛的九尾妖狐。武王大喝：「大膽妖魔！」便揮刀砍去，但變回九尾狐的妲己閃過了這刀，隨即消失在夜空中**譯補4**。

　　而九尾狐之後又出現在天竺。這回它變成妖艷的美女，成為南天竺耶竭陀國屯天沙郎大王的息班足太子的妃子——華陽夫人，打算毀滅國家。此

註19　繪本三國妖婦傳：高井伴寬（蘭山，西元一七六二年～一八三八年）在文化元年、二年（西元一八〇四年～一八〇五年）所著的讀本，是橫跨日本三國的大規模故事。其中詳述了九尾狐所進行的各種惡行（殘忍、淫樂行為）。

註20　炮烙之刑：在銅柱上塗油加熱，讓人裸身擁抱該柱的刑罰。據說妲己看見肉焦骨熔的慘狀，會非常地高興。

註21　蠆盆之刑：指在地面挖掘五尺大坑，放入蛇、蠍、蜂、蠆等毒蟲，然後將赤裸的宮女丟入其中的刑罰。據說妲己看見宮女被百蟲吸血啃咬，會非常地高興。

譯補4　在中國的傳說則為紂王自焚死後，武王命劊子手斬殺妲己，但無論哪位劊子手，凡是見過妲己美貌的，皆無法忍心下手，甚至願意替她赴死。姜太公於是拿出照妖鏡，讓妲己現出九尾妖狐的原形後，劊子手便將其斬殺。

時卻因為藥草而暴露身分，再次消失無蹤。

接著它又回到（古中國）周朝，變成周幽王的寵姬褒姒。這次它把國君害死，自己也被斬殺，最後才來到了日本。

來到日本的九尾狐

來到日本的九尾狐變身為少女，被北面武士[編補]1板部行綱撿到，取名為「藻」。她年僅七歲，歌唱的才能就受到肯定，而被提拔至宮中，並得到鳥羽帝的寵愛。

某天，藻的身上竟發出不可思議的光芒，從那天之後，藻就被稱為「玉藻前」了。

然而自從鳥羽帝將玉藻前立為側室以來，他就漸漸染上怪病。擔心鳥羽帝身體的臣子們，命令陰陽博士阿倍泰親去揭發玉藻前的真面目。泰親直言玉藻前是某種怪異之物，但在鳥羽帝面前與玉藻前做辯，卻不幸敗給了她。之後泰親一邊接受加茂大明神的保護，一邊祈禱鳥羽帝痊癒。經過一番努力，九尾狐終於現出真面目，逃往那須野了。這時候那須野的領主從朝廷借來寶鏡，以其威光封住了妖狐的力量。到了宗德帝的時代，又再次面臨了災難。當時宗德帝命令弓箭高手三浦介義純、上總介廣長，還有泰親對付九尾狐。三人將妖狐追趕到那須野平原，當弓箭射中九尾狐的瞬間，它就變成了一塊石頭。

殺生石

這狐所變成的石頭並非普通石頭，它帶著恐怖劇毒，會把所有靠近它的

[編補]1 北面武士：ほくめんのぶし，守護皇宮北方之武士，此官名起始於白河法皇時期。

一切生命都奪走，因此人們把這塊石頭稱為「殺生石」，完全不敢靠近。

　　某天，帝下令要破壞殺生石，於是從備後國來了一位玄翁和尚。他在殺生石前坐了下來，開始一段漫長的祈禱，最後使出用力一擊，便將這石頭給擊裂了。而當時擊裂殺生石所使用的道具，後來就以和尚的名字命名為「玄翁」註22。

（物の怪）

物之怪

　　日本自古以來，就把帶有邪氣並會對人造成災禍的東西稱為「物之怪」（物の怪、物の気、物恠），認為那是看不見的惡靈。日本最早開始記載物之怪的是《日本後紀》（西元八四〇年），之後在《續日本後紀》中也記載著因為皇宮內有物之怪，所以請來六十名僧侶反覆誦經的故事。從此開始，物之怪的災禍就不時出現在正史上了。

　　後來，物之怪則代表無法以人類智慧解釋的自然怪異現象，會根據陰陽師的占卜，判斷這是瑞祥（吉兆）或凶相，並對神佛祈禱。從此時開始的物之怪，不再代表精靈、妖怪之類，而被認為是怨靈作祟所造成的。在朝廷坐落的近畿地方，每當傳染病發生、出現許多犧牲者時，就被認為是當初爭奪政權失敗的早良親王、伊予親王、藤原吉子、藤原仲成、橘逸勢、文室田麻呂等人在作祟。它們的怨靈被稱為「御靈」（參考幽靈的項目），從平安時代以來，就一直為了安撫這些靈魂而進行名為「御靈會」註23的歌舞儀式。

　　這些物之怪也會攻擊陷害自己的個人或是其家族，而所施加的報應就是

註22　玄翁：即現在的鐵鎚。
註23　御靈會：京都則是在神泉苑舉行的。

下段主題所要介紹的「鬼擊病」，或是不明原因的熱病等症狀。無論吃藥或看醫生都治不好，只有請僧侶來加持祈禱才是唯一的治療法（參考護法的項目）。

鬼擊病

當物之怪附在人身上時，胸口、腋下、腹部等部位就會感到如被利刃刺殺般的劇痛，這就叫做「鬼擊病」或是「鬼排」。這種病會使精氣衰弱，並且由於物之怪會進到血液裡，所以還會吐血或排出血便。嚴重的話還會死去。

（つくもがみ）
付喪神

根據古書《好古小錄》記載，物品道具被製作出來並經過百年之後，就會得到精靈（靈魂）並具有心智，還可以自由活動，這就叫做「付喪神」。據說如果人們不懂得珍惜道具，或是粗暴使用後便丟棄，那麼物品就會變成付喪神來作祟。人們為了避免這種事，會在立春（二月四日）前，會進行一種名叫「煤掃」（煤払，撢子）的道具除穢儀式。

付喪神的日本語源是九十九髮（つくもがみ），九十九差一則百，也就是從「百」字拿掉「一」而變成「白」的意思，代表白髮，也就是使用了很久的古物🈺24之意。

🈺24 付喪神是靈魂棲息在道具中，而使道具動起來的妖怪，只有在日本及中國才有人知道。

❖雲外鏡（うんがいきょう）

據說只要是百年以上的古鏡就會變身，是一種從鏡中映出詭異臉孔的妖怪。傳說在農曆八月十五日（滿月）的月光下，在水晶盆裡裝水，並用這水在鏡面上描繪怪物的樣貌，那麼鏡子裡就會棲息妖怪。

❖硯魂（硯の魂）

曾經有某個人買了赤間關（現今山口縣下關市的下關港周邊）出產的石硯，作為愛用的文房四寶之一。當那個人正在讀《平家物語》時，不知從何處傳來海浪聲，最後還聽見兩軍交戰的聲音。看來應該是這塊硯的關係吧！赤間關離下關很近，也是平家一族滅亡的地方。似乎硯石裡還殘留著這些怨恨的過往。

各式各樣的付喪神

文車妖妃	將人們注入文章中的意念轉移到信紙上，變成古老情書的妖怪。
畫靈	將畫家的執著依附到畫作中的妖怪。如果把需要修飾的畫放著不管，畫裡的人物就會跳出來給人建議。
繪馬之靈	它會教導熱心的繪馬研究者一些製作上的祕訣。
簑草鞋	當農作持續欠收，又被強收稅金時，農民的怨恨就會轉移變成的妖怪。
面靈氣	寄宿在製作精良的老面具裡的神靈，會拜託人好好使用它。
付肉面具（肉づきの面）	有位婆婆為了想嚇嚇媳婦，就把神社的鬼面具戴在臉上，結果因為鬼面具的作祟而沒辦法拿下來，最後就變成了鬼女。
妖怪人偶（化け雛）	女兒節的人偶經過長久歲月所變成的妖怪。
唐紙傘（から傘）	雨傘所變成的妖怪。有一隻眼睛、兩隻手、一隻腳，穿著高木屐，還會吐出長長的舌頭跳來跳去。
骨傘	一邊發出「啪！啪！」的聲音，一邊飛在天上，全部由骨頭所組合成的傘。

各式各樣的付喪神

雲外鏡

琴古主

簑草鞋

瀨戶大將

甌長

硯魂

山颪

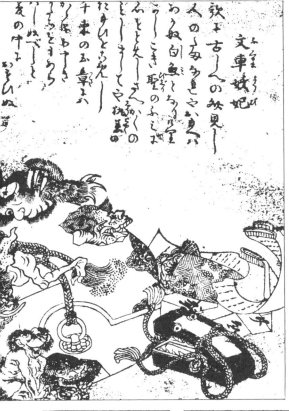

文車妖妃

琵琶牧牧

骨傘

面靈氣

妖怪老木屐（化け古下駄）	繩子脫落的老木屐，會哭著說自己的鼻子很痛。另外，它會跟老簑衣、老斗笠、老太鼓等同伴在被丟棄的竹林裡交談。
妖怪掃帚（化け箒）	被丟棄的老掃帚會圍成一圈跳舞。如果媳婦很珍惜掃帚，而婆婆欺負媳婦，它就會去打婆婆。
妖怪鞋（化け履物）	被亂丟的鞋子所變成的妖怪，到了晚上就會唱歌或走來走去。
甌長	老舊的瓶子，有著眼睛、鼻子、嘴巴，可以自由操縱水。
瀨戶大將	將被丟棄的瀨戶物（瓷器總稱）集合起來，變成像武士大將一樣的妖怪。
壺魔獸（壺のマジムン）	變成山羊出現在路邊，據說還會奪走路人的性命。
飯匙魔（ミンゲーマジムン）	被丟棄的舊飯匙，會發出蛇皮琴或鼓的聲音。
油德利	能夠持續五年一直供給生活所需的燈油，是個魔法小瓶。
山嵐	磨菜板所變成的妖怪。
野鎌（德島縣）	被丟棄的割草鐮刀，會割人。
案子山妖怪（案子の妖怪）	收成之後會聚集在田裡跳舞的稻草人。
刀怪	把高崎城主松平家的刀藏在土牆倉庫裡長達三代，所變成的妖怪。
古空穗	老舊的空穗註25變得像野獸一樣活動起來。
琵琶牧牧	琵琶變成琵琶法師的妖怪。
琴古主	琴的主人死去之後，其靈魂移到琴上面的妖怪。
圍棋精（囲碁の精）	一個白色的人與一個黑色的人，兩人一起出現在喜歡圍棋的人面前。
棺魔獸（棺のマジムン）	一到夜晚，就會變成長舌凸眼妖怪或是美女。
奇奇小褲（チイチイ小袴）	塗了御齒黑鐵漿的牙籤所變成的妖怪，嘴裡會說著：「奇奇！」並開始跳舞。

註25 空穗：可放入箭並掛在背上的道具。

（生靈）

生靈

　　或許是因為男人都不專情吧！女人的嫉妒心可是比男人要強的許多。尤其是當她喜歡的男人被人搶走時，燃燒著熊熊妒火的女人最為可怕。日本人相信她們的生靈會在無意識下出竅，去攻擊搶她們男人的女人，這就叫做「後妻妒」（うわなり妒），一旦被附身就會非常痛苦，甚至有時會把對方殺掉。《源氏物語》中，也有個叫做六條御息所的女性，因為夕顏奪走了光源氏，結果在無意識間生靈出竅，依附在夕顏身上並殺了她。

　　這種生靈被當成是一種生命能源，人們相信它能夠自由進出身體。而且不是只有戀人被搶走的人才會生靈出竅，像是打架的怨恨、被欺負的人的怨恨，還有嫉妒的心等都會引發生靈出竅。被依附的人會覺得肩膀非常酸痛，身體微微發熱，腦袋一片空白，夜裡常常睡不著。嚴重時，還會臥病在床，有時也會像夕顏一樣，痛苦致死。

❖生邪魔（イチジャマ）

　　在沖繩，則把生靈稱為「生邪魔」。不用說，生邪魔也具有對人附身的特殊能力。或許就是因為這個原因，通常具有這種特殊能力的家族，一般人也會盡量避免與這家族通婚。然而，這家族中的俊男美女又特別多，也因此有許多不為人知的悲慘戀情就這樣悄悄地消失。

　　據說生邪魔會以本人的樣子出現，並給人芭蕉、蒜、辣椒等作物，或是原醋當成禮物。但如果人們不知道這禮物是可疑的東西而收下來，那麼那個人就會被附身，並染上不明原因的怪病。要給巫女看過之後，才知道是生邪魔的關係。另外，生邪魔不只對人，似乎也會附身在家畜身上。

　　生邪魔可以憑意志決定附在誰身上，方法就是把人偶放進鍋中，一邊煮，一邊念咒文，或是在火神前磨碎線香，然後燒掉。趕走生邪魔的方法

也有幾種，其中之一就是在被附身的人面前，一直說那個人的壞話。

❖因緣調伏（いんねんちょうふく）

　　刻意操縱生靈或怨念來詛咒對方的法術，就叫做「因緣調伏」或「詛咒」。像是行者等，就會借用神佛之力，用加持祈禱等儀式來咒殺對手，而一般人所進行的則是「丑刻參拜」**註26**（丑の刻参り）之類的方法。

　　所謂丑刻參拜，就是借用神社佛寺或是其他神明鬼神力量的儀式。首先拿著準備施加詛咒對象的人偶，將人偶綁在神社寺廟境內的大樹上，然後選擇在人偶的某些部位用鐵鎚打進五吋釘，這麼一來對方的相同部位就會非常地痛。此時的裝扮也是要早就決定好的。一定要穿著白衣服，頭戴插有點火蠟燭的五德（鐵環），嘴裡還要咬著髮梳。時間僅限於丑時（清晨兩點左右），在願望達成之前，每天都要持續進行。如此一來，日本人相信，就能咒殺對方了。但這段期間的作法要是被人看見，那詛咒就會失效。

　　或許現代人早就不覺得有詛咒這回事，但時至今日，在靜謐神社後方的神木上，有時還是會因為看見被某人打上五吋釘的人偶而給嚇一跳。即使

註26 丑刻參拜：「厭魅」這種法術，可以說是丑刻參拜的前身。從佛教傳入日本的飛鳥時代開始，一直流行到平安時代，也是用來作為詛咒對象的人偶。從平城京遺跡（奈良縣）中，挖出了應該是用來施展厭魅、長約十五公分左右的木偶，在木偶相當於雙眼與心臟的部位，都有被直徑一公分左右的木釘打過的痕跡。

在新宿高樓大廈群後方的神社裡，也一樣可以看得見。就像這樣，詛咒並不僅是過去的小故事，今晚或許還有人在某處進行著呢！

✤怨恨所造成的奇怪現象

這跟生靈雖然不太一樣，不過因怨恨、嫉妒所造成的奇怪現象或妖怪，在都市中仍隨處可見。在這裡，我們就舉幾個例子吧！

①鬼髮（きはつ）

這是《百鬼徒然袋》中所記載的現象。女性的頭髮會慢慢伸長，最後像鬼的角一樣豎立起來，這就叫做「鬼髮」。無論你怎麼剪，它還是會一直長出來。

②依附在衣物的人靈

從前的人們認為，衣物是會讓主人穿一輩子的，一旦捨棄它，就會不時發生一些奇怪的事情。也因為這樣，那些被賣到舊衣店或當舖的衣服，可能會因而對丟棄它們的人們感到怨恨。就像人們不喜歡撿來的髮梳、鏡子、戒指等，也是一樣的道理。

這是一個發生在慶長年間（西元一五九六年～一六一五年）的故事。有個父親在舊衣店買來漂亮的窄袖和服送給女兒，結果女兒就得了不明原因的怪病。由於有人曾親眼目睹穿著同樣窄袖和服的女人幽靈，所以父親就調查一下這件和服的來源。結果發現，雖然這件和服曾經經人重新縫製，讓人難以察覺，但從一邊肩膀到另一邊腋下的部位，卻有過被砍殺的痕跡。原來這是被砍殺的女人的怨恨，依附在窄袖和服上面所造成的。

✤機尋（機尋）與蛇帶（蛇帶）

常常有人以蛇來形容女性的執著。還有另外的說法是，人的邪心就跟蛇身一樣。《百鬼夜行拾遺》中就記載了兩個例子。有個妻子因為丈夫離家久久未歸，於是就將其怨恨灌注到用織布機所織出來的每一條線裡，結果織出來的布就變成蛇出去找她的丈夫，這就叫做「機尋」。另外，「蛇帶」就是女性將自己的嫉妒依附在帶子上，變成毒蛇，絞死對方。

第五章

街之章

人們認為，出沒在山中、原野、水邊等處的妖怪，都是從以前就棲息在這塊土地上的。例如自然界生物因得到超能力而變成妖怪的，在從前會被當成神明祭祀，或是人類的靈魂會變成妖怪等。然而棲息在街道中的妖怪，它們的由來就很曖昧了。有大白天就光明正大混在人群裡的妖怪，也有趁人不注意就會嚇人的妖怪。這種妖怪，或許是往來魔界與人界之間的存在也不一定。

有時人的怨靈也會變成妖怪，跑出來嚇人。在人來人往的街道上，有關人的怨靈與仇恨的鬼故事特別多，這也是一種特徵。

當全日本都在都市化的今日，圍繞著都市的嶄新鬼故事、奇怪故事，也正不停地產生著。

百鬼夜行
（ひゃっきやこう）

深夜裡，各種奇形怪貌的妖怪（鬼）大陣仗地列隊前進，就是「百鬼夜行」。那種情景在室町時代的國寶〈百鬼夜行繪卷〉中有加以描繪。

一般認為，當百鬼夜行出現時，親眼看見的人就不用說了，就連周圍的人也必死無疑。但據說凡是遇到百鬼夜行的人，只要有尊勝陀羅尼**註**1的護符或經文，就能逃過一劫。

《今昔物語集》中就記載了因此得救的人的故事。這是貞觀年間（西元八五九年～八七六年），發生在京都的故事。當時右大臣藤原良相的長男藤原常行，某天夜裡，為了見愛人一面，而跟著隨從的少年一起來到美福門附近。就在這時，只見從東大宮大路的方向似乎迎面而來許多人，點著火把熱熱鬧鬧地前進。不想被人看見的常行，便躲在暗處想讓它們先通過。然而隨著隊伍的接近，常行定神一看，這才發現原來是群恐怖的妖怪隊伍。

突然間，有人大喊：「有人的味道，快把他抓起來！」這群妖怪發現了常行他們。當時常行心想：「這下肯定完蛋了！」但是走過來的鬼在看到常行之後，非但沒有抓他，反而慌張地逃了回去。接著又派另一個鬼過來，但同樣也是逃了回去。這次終於輪到下命令的鬼過來了，結果連這個

註1 尊勝陀羅尼：也就是佛頂尊勝陀羅尼。據說只要念誦這經文，就能得到除業障、增壽命等功德。

鬼也倉皇逃走，還大叫：「有尊勝真言啊！」頓時所有的鬼往四處逃竄，不見蹤跡。原來常行的奶娘在他的衣領內縫了尊勝陀羅尼的護身符。經過這件事後，雖然後來常行發燒臥病在床，但幸好沒有遭到報應。

❖百鬼夜行之日

《拾芥抄》中記載了所謂的百鬼夜行之日，提醒大家那天要注意百鬼夜行並避免外出。依據陰陽道（陰陽師的學問），正月子日、二月午日、三月巳日、四月戌日就是百鬼夜行之日。另外有個說法是，因為子時（凌晨零點）是一天中陰陽分界的時刻，所以只要這段時間避免外出就可以了。

❖沒有住持的寺廟百鬼

《宇治拾遺物語》中，有稍微提到百鬼夜行中的鬼所具有的魔力。某個修行者，在攝津（大阪府）某間沒人居住的寺廟裡過夜。因為睡不著，所以乾脆就念起不動咒文。突然間，眼前出現一大群的鬼（百鬼夜行）。這群鬼中，有獨眼的、有長角的……總之每個鬼長得都不太一樣。這群鬼走進屋裡後就坐了下來，其中一個鬼，它平常坐的地方卻多出一尊不動明王像。其實這就是那位一直念咒的修行者。於是鬼就把修行者搬到走廊去放了。

天亮以後，修行者發現昨晚那間寺廟不見了。於是他問路過的行人，才知道原來自己現在身處的地方是肥前（佐賀縣）。可見是因為鬼的魔力，才會讓他飛到離攝津有幾百公里遠的肥前。

❖京都二條大宮路口

《大鏡》中記載著含恨而死的怨靈變成百鬼夜行出現的故事。那是發生在平安時代天曆十年（西元九五六年）秋天的事情。

深夜路上，一輛由一列大隊伍所前後護送的車駕正在行進。癱坐在車駕中的正是藤原師輔。師輔身為朝廷重臣，平日繁忙的事務讓他疲憊不堪。

當車駕正好通過京都二條通與大宮通的路口時，昏昏欲睡的師輔，突然感到不祥的氣息。暗夜裡，前方似乎有一群怪異的隊伍正朝著這裡前進。師輔命令車駕停下，往黑暗裡張大眼睛仔細一看，這一看讓他全身寒毛都豎了起來。

　　原來那隊伍竟然是衣冠端正的死者們，寂靜無聲且綿延的隊伍。帶頭前進的是一個身長約三公尺的巨漢，兩手恭敬地捧著一塊笏，上面寫著大大的「怨·藤原」，而那個巨漢正是蘇我入鹿。

　　入鹿是在大化革新（西元六四五年）時，被藤原鎌足斬殺的蘇我一族首領。而巨漢的身後還有入鹿的父親馬子，甚至是跟著鎌足一起進攻馬子、最後卻被背叛的蘇我倉山田石川麻呂一族。而後面跟著的怨靈，全都是對藤原一族懷恨而死的人。在斑鳩宮上吊自殺的山背大兄，從嘴裡還流出一條血絲；被無辜冠上叛亂罪的大津皇子；與皇子一起殉情的山邊皇女；隊伍後方還綿延一大群赤裸的人群，其中還參雜身著白法衣的僧侶，一邊跳舞，一邊前進。

　　師輔全身不停地發抖。這群怨靈每個都是臉色蒼白，只有雙眼燃燒著怨恨的火焰。嘴裡還發出叫聲，朝著皇宮前進。

　　突然間，怨靈們齊聲發出詛咒的喊叫聲，看來似乎是在詛咒皇宮與平安京的樣子。接著怨靈們就像怒濤一樣，朝著師輔湧了過來。師輔驚慌尖叫，隊伍侍者們也被他這突如其來的瘋狂舉動給嚇得不知所措。因為除了師輔以外，其他的人都看不到怨靈。隊伍的侍者們呆傻在那裡，師輔則是拚命念誦尊勝陀羅尼。約莫過了一小時，師輔漸漸恢復正常，怨靈們也消失了，只剩下周圍擔心師輔而守護在他周圍的侍者們。

　　四年後，師輔過世，再經過四年，他的女兒村上皇后安子也似乎因為一直在害怕什麼，最終發狂而死。傳說孫子憲平親王也一直害怕著物之怪呢！

　　恣意掌握日本權力的藤原一族從始祖鎌足以來，從自蘇我一族、常屋王開始，就一直在消滅政敵，也因此出現許多犧牲者。因此他們成天害怕這些滿懷怨恨的怨靈會報復，而過著擔心受怕的日子。

❖路口的怪異

路口是道路與道路交會的地方，也是人來人往的地點，因此常被當成做生意或街頭賣藝的場所，而有路口生意、路口賣藝、路口弘法等名詞。

然而會聚集在路口的，除了人之外，靈魂也很容易聚集在這個地方。日本人之所以會在路口設置無緣佛用的供養架或施餓鬼架，也是因為這種信仰的關係。另外，也會將白紙吊成串來插在路口。民俗學者柳田國男，一邊說明這白紙的意義，一邊推論路口是人世與另一個世界的邊界。路口占卜也是因為能在路口感受到通往某處異界的靈感，來進行的占卜。

有時路口會出現某些具有特殊能力，但肉眼卻看不見的存在，例如曾經有匹馬要通過路口時，會停下腳步，一步也不願走的故事。傳說這是一種叫「自墮落」（ダラシ）的妖怪，會讓過路的人疲憊到一步也走不動。另外在《笈挨隨筆》中提到，有種一走到路口就會搞不清楚方向的「蹲踞路口」（そんきょのじ），位在京都皇宮的丑寅（東北）方。每當深夜通過這個路口時，就會迷失方向，動彈不得。但據說這時只要站著不動，把心冷靜下來就沒事了。

（街の鬼）

街之鬼

通常鬼都會棲息在山裡，但偶而還是會來到街道上、出現在人類面前，即使是繁華的都城也不例外。就算是都城，一到深夜，也是一個人都沒有。更別提暴風雨的夜晚，根本不會有人出門。這種時候，對鬼來說，就是絕佳的遊蕩時機。

《宇治拾遺物語》中記載著一個暴風雨夜裡，遊蕩在都城大道上的鬼的

故事。這鬼有著馬臉，及如同房子般高大的巨大身形。如果它察覺到房子裡有人在看著自己，它就會打開窗戶，對著裡面偷看的人說：「這麼想看，我就讓你看清楚！」然後讓人看清它恐怖的樣貌。不過通常都會因為害怕，而不敢仔細去看。

另外在都城裡，似乎也會出現有學問的鬼。《十訓抄》中就有能吟出好詩的鬼；而《今昔物語集》裡，則有會彈琵琶的鬼。雖然這些鬼都是很和善的鬼，但其中當然也有確實很恐怖的鬼。

❖羅城門之鬼　茨木童子

羅城門位在平安京（京都），是座兩層樓的壯大樓門。因受到芥川龍之介小說與黑澤明電影的盛名影響，使得如今「羅城門」以「羅生門」之名為其代表，而廣為人知。

茨木童子就是在這座羅城門攻擊渡邊綱的鬼。有關這段經過被記錄在歌謠或繪卷物語中。

某天深夜，賴光四天王之一的渡邊綱，結束了主子源賴光的使者工作，急忙趕路回去。騎在馬上的綱，眼見巨大的羅城門朦朧間浮現在黑暗之中。

綱不經意地左右隨意一瞧，發現有個年輕女性正獨自走在路上。當時的治安與現今不同，是非常危險的事情。「竟獨自在深夜裡行走……」綱覺得不太對勁，於是騎馬來到女孩身旁。這時女孩要求綱送她一程，綱一言不發，讓女孩上了馬，繼續前進。女孩什麼話都沒說，就連要去哪裡也沒告訴綱。而綱也不問女孩的目的地，兩個人就這樣沉默地在馬上搖晃著。

當兩人乘著馬來到某座橋邊時，女孩現出了真面目。它變成鬼抓住了綱說：「吾欲前往愛宕山也。」接著就抓著綱飛向空中。索性在千鈞一髮之際，綱拔刀一砍，斬斷了鬼手。綱落在地面，隨即眼前掉下一隻長滿白毛的手腕。鬼留下怨恨的吼叫聲迴盪在空中後，便不知去向。

綱帶著鬼的手腕回去向主子賴光報告。賴光想知道究竟是怎麼回事，便請人來占卜。根據占卜師的話，必須先進行七天的齋戒，才不會遭報應。綱按照占卜師的話，關起門來不准任何人進入，就這樣平安地過了六天。到了第六天的黃昏，曾經在綱身邊當奶娘的茨木來找他。守門人雖轉告茨木說：「綱不見任何人！」但眼見傷心的茨木，不得已，綱只好開門讓她進來。

茨木問綱齋戒的理由。綱跟她說了事情的經過之後，茨木便要求一定要看看鬼的手腕，當作回去跟人聊天的話題。綱沒辦法，只好拿出來讓她看。茨木像在確定什麼一樣，仔細端詳那隻手腕，接著突然欣喜若狂地說：「此乃吾腕……」說完便抓著手腕向天空飛去。綱大喊：「糟糕！」但對這突如其來的的動作實在來不及反應，只能呆望著它離開。

（ぬえ）

鵺被認為是鳥的怪物，不過根據《平家物語》及《源平盛衰記》記載，它的外型是各種野獸組合而成的奇怪模樣，頭是猴子、身體是狸、手腳是虎、尾巴是蛇、聲音是虎鶇。因為這種其貌不揚的長相，日本人常拿它來代表身分不明的人或是形容曖昧的態度，所以有「鵺」這種表現方法。

源賴政的鵺擊退

關於鵺，可以想到有名的三位入道源賴政的擊退故事。

那是發生在仁平三年（西元一一五三年）的故事。當晚從東三條森林**註2**的方向湧出黑雲，覆蓋著深夜的皇宮上空。而當時的天皇——近衛天皇，被某種不明物體給攻擊了。天皇的大臣們集合起來商討這件怪事，認為這就是傳說中的鵺。但是鵺會藏身在烏雲之中，讓人無法看見，因此即便請來僧侶加持祈禱，仍舊毫無效果。

大臣們商量的結果，決定從眾多的源平武士中，挑出擊退妖怪富有盛名的三位入道源賴政，命他去擊退鵺。對賴政來說，這可是千載難逢的機會，所以他非常高興。他是從源賴光算起，第五代的正統武士，但長年以來都作為下人，被王宮大臣使喚。官位不但沒有晉升，俸祿也是聞風不動。賴政為了擊退鵺，在官邸內的鎮守社（現今還留在神明町，稱為賴政神明社）祈禱許願，然後帶著隨從豬早太，及以山鳥羽毛作為箭羽的箭，來到皇宮內。

到了深夜丑時（凌晨二點左右），果真如傳聞所言，從東三條森林的方向湧現烏雲，朝著大內靠近過來。仔細一看，烏雲裡似乎藏著某種怪異的東西，於是賴政就拉起弓，嘴裡念著：「南無八幡大菩薩」便把箭射出。這一箭漂亮命中！鵺伴隨著痛苦哀鳴，從烏雲中，頭下腳上地落了下來。隨從豬早太馬上趕到鵺掉落的地點，給予奇模怪樣的它最後一擊。

為了讓眾人安心，便將鵺給帶到京都裡遊行。然而或許是鵺在作祟，整個城

註2 東三條之森：傳說在現今京都市中京區，釜座通的押小路附近。
註3 空舟：挖空大樹幹所做成的舟。人們認為樹幹中空的空間可以關住靈魂。

鎮竟開始流行起瘟疫！於是只好將鵺的屍體放在一個被稱作「空舟」^{註3}的圓木舟裡，流放到鴨川去了。

根據〈鵺〉的歌謠所述，這舟後來經過淀川，漂流到攝津國蘆屋的村里。村里眾人因害怕遭到報應，於是合力埋葬了鵺的屍骸，而現今這場所就是目前大阪地下鐵谷町線都島站前商店街後方的鵺塚。

雖然在明治時代這個鵺塚曾被破壞，但因附近居民不堪鵺的怨靈所擾，於是趕忙修復鵺塚，而一直持續到現在。如果今日有人特意挖開這個塚，或許鵺會復活也說不定呢！另外，在京都的二條城北方、二條公園內北側，還設有祭祀鵺大明神的祠堂。由此可見，時至今日人們依然害怕鵺的作祟。

鵺與奉射神事

江戶時代的儒學者志賀忍，在其著作《理齋隨筆》^{註4}中提出一種說法，認為鵺的存在，是由射弓箭所進行的奉射式儀式（神事）所產生的。

首先，他將鵺的奇怪模樣結合方位做推論，認為猴頭為申（西南西）、蛇尾為巳（東南東）。又因為賴政是弓箭名人，所以應與奉射神事有關。每年的一月十日、十二日兩天，在京都西七條御旅所所舉辦的松尾大社奉射式，是先從丑寅（東北）開始，接者往辰巳（東南）、未申（西南）、戌亥（西北）四個角落射箭，最後才是射天地的儀式。依據神社不同，也稱作「弓射祭」、「弓始神事」、「步射神事」、「蟇目神事」，其目的則有祈禱妖魔退散、五穀豐收、國泰民安等。

有鑑於此，志賀忍認為，賴政所射下的鵺的樣子（由猴頭、虎腿、蛇尾所組合起來的），就是一種干支組合的排列，而所欠缺的相當於戌亥的身體部位，則由豬早太這位隨從的名字來補足。也因為這樣，志賀忍認為擊退鵺的方法就是把箭射往天地四方。有關這種驅散妖魔的神事，在民間說法不定，但確實很像是儒學者所提出的合理說明。

不過志賀忍卻漏掉了鵺的身體像狸這點。如果硬要說明這點的話，就先

註4 理齋隨筆：從寶曆年間到天保年間為止的隨筆集。有關歷史上的人物，則是依據《平家物語》、《太平記》等來描寫。

來了解當時的人們認為狸是什麼樣的動物吧！當時的人認為狸是妖怪的代表，甚至有時還將狸與鬼一視同仁，把貓當成一種從山裡來的妖怪，或是鬼的一種。先撇開民俗學的說法，總之，貓的怪模樣就算跟國外其他怪物比起來也毫不遜色，應該是種令人毛骨悚然的怪物吧！

（鳥の化物）
鳥的怪物

貓是似鳥非鳥的妖怪，但還有其他長著羽毛、可以稱作鳥妖怪的東西。在這裡，我們就來介紹其中幾種吧！

❖以津眞天

元弘四年（西元一三三五年），瘟疫肆虐，是許多人死去的一年。大量屍體無人埋葬，也無人看管。或許是死者亡靈所變成的妖怪吧？竟出現一種怪鳥，彷彿在控訴著要把屍體放著不管到什麼時候一樣，總是發出「要到何時！要到何時！」的叫聲。鳥山石燕在《今昔續百鬼》中，就把這怪鳥命名為「以津真天」了。

《太平記》註5裡記載，曾有怪鳥出現在京都的紫宸殿註6上空鳴叫。這鳥看來詭異，頭

註5 太平記：慶安年間（十四世紀後半）所成立的軍記物語。
註6 紫宸殿：平安京大內的正殿。

長得像人臉；喙的前端彎曲，還長著鋸齒般的尖牙；身體像蛇一般細長；兩腳則長著像長劍一般的銳利爪子；背上的翅膀張開來，足足有一丈六尺（約四・八公尺）那麼寬。大臣們於是開始尋找有沒有像以前射下鵺的源賴政那樣，擅長弓箭的高手。後來由一位名叫隱岐次郎左衛門廣有的人，射出一支響箭，成功地消滅了怪鳥。

自古以來，日本人相信人類的靈魂會化身成鳥。名為「以津真天」的這種怪鳥，或許就是如同蛆蟲般死去的民眾的怨靈所化成，來控訴自己的痛苦也不一定。

❖ 入內雀（にゅうないすずめ）

入內雀是長德四年（西元九九八年）死去的藤原實方的怨念，變成麻雀群來吃光農作物或食物的妖怪，也稱為「實方雀」。

實方出身名門，很順利就登上左近中將（左近衛府的副官）的高位。而且他還身為平安時代中期的歌手，是才氣足以排進中古三十六歌仙其中一人的才子。

然而藤原行成卻貶低他的歌聲，雙方引起爭執，結果實方就被貶為陸奧（青森）守了。根據《古事談》記載，雙方是在皇城內引起爭執，導致實方把行成的官帽扔到庭院去而離開的事件。目睹事情經過的一條帝，事後貶謫實方官位，以為懲處，並將冷靜處理、不把事情鬧大的行成，擢拔至藏人頭的位子。實方雖承認自己的過錯，但也不滿對他做出這麼嚴酷的處置，於是就在失意中度日，幾年之後就這樣死去。後來實方的怨念變成了麻雀群在天上飛舞，還飛進京都皇城內，侵入宮中的清涼殿，啄食餐桌上的食物。人們認為，這是實方的怨靈所變，因此感到非常害怕。

麻雀是會吃害蟲的益鳥，但在北陸等地區則把成群出現、會咬壞稻米的害鳥稱為「入內雀」。

❖ 引起火災的魔鳥

外形像鳥的妖怪同類裡，還有會引發火災的危險種類。一般而言，它會

出現在村里之中，要是出現在大都市裡，必定會釀成很大的災害。

《和漢三才圖會》記載，有種名為「治鳥」的魔獸，會放火引起火災。治鳥的體型如同鳩般大，藍色身體，有時會變成一公尺左右的人形，在山谷中吃河蟹。也有人認為它的真面目其實是天狗或是天魔雄（參考天邪鬼的項目）。但是事實如何，仍然不甚清楚。佐渡同樣有種會從嘴裡吐火，並到處飛行縱火的「火鳥」。

此外，在鹿兒島縣沖永良部島的「火樣」（ヒザマ），則是只要停靠在房屋上，就會引發火災的恐怖魔鳥。火樣有著椒鹽般顏色的羽毛，看起來就像是紅臉的雞。它會住在家中的空瓶或桶子裡，所以如果有空瓶或桶子，切記要在裡面裝水，或是倒過來放。

日本民間各地相信，公雞夜啼是火災的徵兆，而這似乎也跟火樣有關係。原本「鳥」這個漢字，就是「日」與「火」這二個字所合成而來的，所以鳥本身應該就是火的化身。鳥山石燕的「百鬼夜行」中，描繪一種名叫「飄搖火」（ふらり火）的妖怪，它的外形就是被火焰包圍的鳥。從這兒來看，它的模樣確實足以稱為火焰的化身。傳說飄搖火是沒有被供養的死者靈魂在空中飄搖徘徊的妖怪。

在沖繩，認為死者靈魂會變成一種名叫「火玉」（フィーダマ）的火球飄到墳場去，但一部分的靈魂則會變成蝴蝶或小鳥的樣子，其中鳥形的靈魂就會引發火災。人們相信這種靈魂會棲息在廚房角落的滅火壺裡。為了要趕走它，沖繩人會在屋頂做上「石獅」（シーサー，參考狛犬的項目），一種類似獅子的避邪物。

（四霊獣）　　　　　　　　　（四神）

四靈獸　四神

　　中國以前有所謂「天圓地方」的天地結構體系，並在古墳時代（大和時代）傳到了日本。這種說法認為：天是圓的，被分割成二十八星宿（星座）；大地則是方形的，由人界與東、南、西、北四方世界組合而成。而地之四方的彼端，就是精靈或邪靈所棲息的他界。

　　這些靈偶而會侵入人界，並帶來災禍。而能保護人類不受災禍侵襲的，就是住在地上的四隻靈獸，以及住在天上星宿的四神。人們認為，它們處於人界與他界的中間，能防止邪靈入侵。雖然也有人把四靈獸與四神當成同一種東西，但畢竟四靈獸是有形體且有人看過的聖獸，而四神只是從宇宙觀所想像出來的虛擬印象而已。

　　人們認為，地上有四靈獸（龍、麒麟、鳳凰、龜），天上有四神（青龍、白虎、朱雀、玄武），來防止邪靈入侵，保護人界。

❖四靈獸（四霊獣）

　　是指龍、麒麟、鳳凰、龜。要是看到四靈獸造訪人界，就是世界和平繁榮的徵兆，大家都會很高興。《延喜式》**注7**中認為，這是大瑞之象。

〔龍〕

　　龍主要棲息在湖泊沼澤、瀑布潭、海底等，有時會乘著龍捲風飛上天空，用頭上像尺木的東西，在空中自由飛翔。

　　龍的角像鹿、頭像駱駝、眼睛像鬼、耳朵像牛、脖子像蛇、腹部像蜃、鱗片像魚、爪子像鷹、手掌像虎，喉嚨下方還有逆鱗，一旦被觸碰到，龍

注7　延喜式：是律令（刑法與行政法）的執行規則。記載有平安初期宮中的儀式或制度。

就會感到劇烈疼痛，勃然大怒，所以是很危險的。龍的下巴還有名為「明珠」的靈玉，能夠實現任何願望。此外，龍也有著呼喚雲、雨、雷電的神力，可降下雨水滋潤大地，承諾人們帶來豐收，讓人歡喜。

〔麒麟〕

傳說麒麟的外形是鹿身、牛尾、馬足，頭上有一支角，臉長得既像狼又像羊。也有另一種說法，認為公的是麒，母的是麟。

〔鳳凰〕

鳳凰的外形，傳說下巴像燕子、喙像雞、脖子像蛇、尾巴像魚、背像烏龜且有龍紋，羽毛五彩繽紛。體長約一‧五公尺，鳴聲有如和著音階般地悅耳動聽。傳說雄的稱「鳳」，雌的稱「凰」。棲息在梧桐樹上，吃竹子的果實、飲醴泉**註8**水。

〔龜〕

如同千年鶴、萬年龜所形容的，龜是長壽的象徵。有關把龜當成大瑞的象徵，可從西元七一五年發現並晉獻給天皇的龜的故事裡了解。這隻龜的左眼為白色、右眼為紅色，脖子上有日、月、星的印記，背上則浮現北斗七星的印記，腹部則有紅白斑點，並有八個文字，看起來就是一隻非常華麗的龜。天皇認為，這正是大瑞的象徵，於是便把那年改為「靈龜元年」。此外，也傳說西元七二四年之所以改為「神龜元年」，是因為有人獻給天皇一隻背上寫著「天王貴平知百年」等字樣的白龜的原故。如此不凡的龜，就是四靈獸之一。

❖四神

天之四方被稱為「東明」、「西華」、「南朱」、「北玄」，分別有

註8 醴泉：有益養生的甘泉。傳說病人只要喝了這泉水，就能痊癒。

「青（蒼）龍」、「白虎」、「朱雀」、「玄武」等四神。四神也可稱為「四禽」或「四靈」，具有端正四方之意。在奈良縣高松塚古蹟的石棺室裡，就畫有日本最早的四神壁畫。東牆畫著太陽與青龍，西牆畫著月亮與白虎，北牆畫著玄武圖，南牆則因為斑駁而無法辨識。

〔青龍〕

外形為龍，位於東方。青（綠～蒼）色象徵草木的顏色，或是清晨清新的大氣，代表著春天的生命氣息。

〔白虎〕

外形像虎，位於西方。白色象徵發光金屬或穀物，代表萬物在秋天枯萎與結果，然後從大自然中獲得財富的意思。

〔朱雀〕

指火鳥，位於南方。朱色象徵火焰與太陽，還有上升的大氣，代表夏天萬物的成長發展。

〔玄武〕

龜、蛇交雜之姿，位於北方。依據南方熊楠所引用的《博物誌》，古代中國的龜因為沒有雄性，所以要接受蛇的氣（精）來生育，而牠們交配時的模樣，就是身體互相糾纏，或互相注視的神交型態，於是就成了玄武的模樣。

黑（玄）象徵冰冷的水與死亡（冥府），也象徵著夜晚，代表冬天萬物死亡與新生的脈動。此外，道教相信，死者的靈魂都會集合到北方，所以也支配著生死。

❖四神相應之地

雖說受四神保護的土地將不會發生災禍，人們可在此幸福快樂地生活，但並非每塊土地都有受到保護。能被保護的土地必須具備幾種條件，而符

合所有條件的土地，就叫做「四神相應之地」註9。

在《太子傳玉林抄》中，則記載著這種土地的條件。首先，東邊需有河川往南流、西邊需有大道、南邊需有水池或溝渠、北邊需有山；再者，土地中心要東邊與南邊較低，西邊與北邊較高。

人們相信，只要找到具備這些條件的土地，必定能順著神的旨意，建造出理想城市；但要是沒有具備這些條件，就會引發神怒而降下各種災害。

有種說法認為，平安京（京都）與江戶即為四神相應之地。

平安京的東邊（青龍）有鴨川、西邊（白虎）有山陽道與山陰道、南邊（朱雀）有巨椋池（現已被填平）、北邊（玄武）有船岡山。再者，京都地勢也是西、北邊高，東、南邊低。

此外，在修驗道研究家內藤正敏的著作裡，引用了《柳營秘鑑》中所記載的：「江戶正合天下之城的格，其土地為四神相應之地。商賈興盛的下町繁榮景象，乃是仿效前朱雀，人群聚集的常磐橋（神田川），其龍口之潔淨水流則展現青龍。來往通路直抵品川，展現右白虎而有虎之門。後方延續至山之手，有玄武之勢。」

（車の怪）

車之怪

也有像牛車或車輪的妖怪。在此，我們就列舉幾種來看看吧！

註9　**四神相應之地**：找到此地的人，或是把四神當作咒法使用的人，就稱為「方士」。方士根據其方術使用的程度，甚至可以左右國家興衰，所以在中國，對方士是又敬又畏。在日本，則是由陰陽師來具備方術的知識。

❖ 單輪車（片輪車）

　　「單輪車」是在《諸國里人談》中出現的妖怪。傳說曾經出現在近江國（滋賀縣）的甲賀郡。

　　每天夜裡，就會有車發出巨大聲響通過大路。但人們都知道它的真面目是單輪車，所以會害怕地不敢往外偷看。因為傳說看見單輪車的人，就會遭逢災禍，受其作祟。

　　然而，曾經就有個女人在單輪車經過時，因為忍不住而向外偷看。仔細一看，有個美女坐在被火焰包圍且只有一個輪子的車上，沒有人、也沒有馬在拉，但車子還是在動。後來單輪車消失了，女人回到房裡，卻發現原本應該在房裡的孩子竟然不見了。女人心想，這一定是看見單輪車的報應，於是悲傷地哭泣。到了隔天早上，女人就寫下：「罪在我身，小車不知如何，隱藏我兒？」（罪科は我れこそあれ小車のやるかたわかぬ子をばかくしそ）這樣的一首詩貼在門口。當晚單輪車又出現了，在讀完這首詩之後，被母親思念孩子的心意所感動，於是就把小孩給還回去了。

❖ 輪入道（わにゅうどう）

　　「輪入道」是長得像牛車車輪的妖怪。只不過是在車輪的正中央，有著　個滿臉鬍鬚的巨漢的頭。根據《今昔續百鬼》記載，凡是看見輪入道的人，就會失去魂魄。但只要在房屋出入口貼上「此所勝母之里」的紙條，它就不會接近這戶人家了。

　　此外，在《諸國百物語》裡記載，輪入道也是前面所述的單輪車的一種，曾經出現在京都的東洞院大路，每天晚上都會從南往北經過。由於當時不會有人往來，所以也不會有人偷看。可是曾

經就有個女人因為好奇而從家裡向外偷看，結果看到的竟是這妖怪拿著一隻被扯斷的人腿。妖怪看見這女人，便對她說：「與其看我，不如去看妳的小孩吧！」女人心頭一驚，便衝回屋裡確認小孩安危。沒想到，自己才三歲的孩子竟從肩膀到大腿都整個被撕裂，而且還有一隻腿不見了。原來剛才所看到的那條腿，就是自己孩子的腿啊！

❖朧車（おぼろぐるま）

在京都的賀茂大路上，每到朦朧月夜，就會不知從何處傳來「嘎嘰！嘎嘰！」的車輪轉動聲。其實那只是一輛牛車，但怪異的是，前頭竟然會浮現巨大的奇怪人臉。

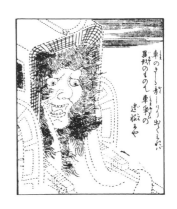

根據《百鬼夜行拾遺》記載，以前賀茂大路上開了很多牛車的休息場，養牛的人之間常會互相爭執。而這種牛車爭執的仇恨遺留下來，就變成「朧車」出現了。

❖火車（かしゃ）

《新著聞集》記載，寬永十年（西元一六七○年），大村因幡守說過，當他行船通過備前（岡山縣東南部）海岸時，曾經看見運屍體的火車的故事。根據他的說法，當時從天空飛來一團圓形烏雲（火車），一直靠近船的正上方。還可以聽見從烏雲中傳來：「啊啊，悲呀～」的哀啼聲。仔細一看，烏雲中竟還垂下一隻人腳。有人跳起想要拉住那隻腳，結果竟拉下一具老婆婆的屍體。正當船員覺得不可思議時，卻從岸邊傳來一陣人群騷動的聲音。因幡守派隨從前去岸邊探查，後來隨從回來回報說，聽說是有團突然飛來的烏雲把老婆婆給捲走了。原來被船員拉下的屍體，就正是那位老婆婆。

另外，在鈴木牧之的《北越雪譜》中，則記載了長得像大貓的火車的故事。天正年間（西元一五七三年～一五九一年），有人曾在越後（新潟

縣）的南魚沼郡看到這種火車。在某次的風
雪之中，一家人正趕忙辦理喪事，顧不得惡
劣的天象，抬著棺木前進。突然間，捲起一陣
劇烈狂風，詭異的是，天空頓時一片黑暗。接
著，不知從何處飛來一團火球，停留在棺木上
方。火球裡有隻像人一般大的大貓，尾巴分成
兩邊。看來這隻大貓似乎想要搶走棺木裡的屍
體。在一片驚慌失措中，有位從鄉下來的和尚
毫不畏懼，開始念誦咒文並大喝一聲，用鐵如
意猛敲那隻飛來的大貓的頭。這讓大貓的頭頂
滲血，於是便倉皇地逃走了。

　　與火車相關的故事很多，雖然沒有一個統一的印象，但根據《宇治拾遺
物語》等古老記事所載，火車也被稱為「火之車」等，總是一邊發出火
焰，一邊飛在空中，把人的靈魂運往極樂世界或地獄，似乎是往來人界與
他界的交通媒介，而方才提到的大貓就是牽引火車的使者了。

（通り悪魔）

道路惡魔

　　不同於村里，城鎮裡即便到了夜晚，也是燈火通明、人來人往。但人們
要是因此而覺得在熱鬧的城鎮裡，不太可能遇到妖怪或幽靈，那可就大錯
特錯了。妖怪們就是趁人疏於防備時，變成人形，偷偷潛入人類身邊，再
趁人不注意時，跑出來嚇人。另外，也有會依附在人身上為害的妖怪。所
以晚上獨自一人在城鎮裡走路，有時似乎比在村里還要危險呢！

❖道路惡魔（通り惡魔）

在街坊道路上，犯下傷害或衝動殺人的人，稱之為「道路魔」（通り魔），在江戶時代則稱為「道路惡魔」，認為是被惡魔附身，才會做出這種事。被惡魔附身的人會變得瘋狂，而且在這段期間也會失去意識。即使後來恢復正常，也會忘了這段期間自己做過什麼壞事。

《世事百談》中，記載了以下的故事。這是發生在江戶時代的故事。曾經有某位武士正在眺望庭園，突然間庭園冒出濃煙，還噴出約一公尺左右的火焰。透過火焰仔細一看，有人從對面鄰家的圍欄跳了下來。那是個披頭散髮、穿著白色內衣的男人，手裡還拿著尖銳的長槍。這男人直瞪著武士看，武士趕緊閉起眼睛來靜下心思，當他再次張開眼睛時，男人與火焰都消失了。

正當武士鬆了口氣，啜飲杯水稍事歇息時，卻從隔壁鄰居傳來嘈雜的聲音。他詢問究竟發生什麼事，人們回答：「聽說隔壁男主人發了狂，拿著利刃亂揮呢！」這下武士明白了，原來剛才所見披頭散髮的男人，就是道路惡魔，而鄰居主人是因為被它附身才會發狂的。

《思出草紙》記載，出現在江戶四谷的道路惡魔，是以駝背白髮老人的模樣出現。它會拄著枴杖，臉色非比尋常。曾經有個女人遇到道路惡魔，雖然在她口誦經文之後，道路惡魔隨即消失，但不久之後，卻出現附近人家有人突然發狂的情形。

❖狐者異（こわい）

《桃山人夜話》記載，如果有人生前連別人的食物都吃，而死後仍無法捨棄這份執著的話，那麼他的靈魂就會變成「狐者異」。狐者異長得像人，但是當它尋找食物時，眼珠子會骨碌碌地轉來轉去，像金魚一樣凸眼、布滿血絲，張著大嘴並有暴牙，舌頭伸得長長的，還滴著口水。頭髮直豎，手指只有兩根。常常都

想找東西吃，會攻擊夜間營業的店舖，並亂吃一通，或是翻找垃圾桶，甚是連屍體都吃。日本人把可怕的事情叫做「コワイ」，據說就是從這狐者異所衍伸出來的。

❖ 倩兮女（けらけらおんな）[註10]

如果獨自走在郊區的寂靜道路上，就會從背後傳來「呵呵呵」的笑聲。回頭一看，會發現有個像巨人一樣的女人正看著自己笑，這種妖怪就叫做「倩兮女」。它的笑聲會讓人感到不安、恐懼，如果想要逃走，它就會笑得比之前更大聲。倩兮女的外表看似四十歲左右的中年女性，每當它塗成大紅色的嘴唇笑起來，實在讓人受不了。《百鬼夜行拾遺》中記載，淫蕩婦人死後的靈魂就會變成倩兮女。

❖ 大首（おおくび）

江戶時代時常出現在街道中的妖怪，還有一種叫做「大首」。每當雨後露出月光的夜裡，天上就會出現比人大上幾百倍的女人頭。烏黑地長髮越過幾十間屋子隨風飄揚。從笑容詭異的嘴裡，還能看見血紅的舌頭，以及用御齒黑塗成一片黑的暴牙。只要看見大首的人，都會被它驚人的巨大給嚇到腿軟。

據說大首的真面目，是由人的怨靈或狐所變成的妖怪。

[註10] 倩兮女：跟倩兮女類似的妖怪，還有出現在島根縣、鳥取縣海岸和隱岐島的「七尋女房」及石川縣的「長面妖女」。

本所七不思議

　　江戶本所著名的「本所七不思議」，是指七種怪異的現象。在此，我們就介紹其中三種會在夜路上碰到的現象。

①送人響木（送り拍子木）

　　響木（拍子木）是日本人為了巡邏城鎮安全或提防火災，在夜巡時用木板敲出聲音的道具。在本所入江町，如果發出「小心火燭」的叫聲，在還沒敲響木之前，就會先聽到響木的聲音。

②送提燈（送提灯）

　　早春時節，如果在夜裡經過法恩寺前的話，就會出現提著燈籠的女人。如果問它：「妳要去哪裡？」它就會回答：「就到那裡而已。」只要跟它一起走一段路後，再向它道別，它就會慢慢地消失。

③燈無蕎麥（燈無蕎麦）

　　也被稱為「不滅燈籠」（消えずの行燈）。寒冬夜裡，會在路邊出現一個攤販，掛著寫了「二八手打蕎麥麵　刀削烏龍麵」的大燈籠，但是攤位上一個人都沒有。當人心想，不管再怎麼等都沒人來，而好心把燈籠的火弄熄時，這個人身邊馬上就會發生災禍。

（逢魔ヶ時）

逢魔之時

　　日本自古以來，黃昏微暗時刻，就被稱為「逢魔之時」（逢魔ヶ時）或「大禍時」，認為是比較容易遇到魔物，引起災禍的時間。妖怪們會混在趕忙回家的人群中，佯裝成人的樣子出現。妖怪們為了不讓人看穿自己的真面目，會選擇在比較多人居住的城鎮出沒。

❖厚臉皮（ぬらりひょん）

在城鎮裡的黃昏時刻，會有許多忙碌的人，正因為買完晚餐或結束一天工作而急忙回家。這時，會不知從哪裡跑來一種悠閒的妖怪，隨便進到人家中，坐在客廳裡喝茶。這種妖怪就叫做「厚臉皮」，會打扮得像商人一樣。它是個會隨便跑到人家家裡，拿這家主人菸管來抽菸草的厚顏無恥妖怪。由於這時家人都正忙著做家事，所以只會誤以為是主人在休息而已。

光是這樣，大家應該還不覺得它是妖怪吧！它靠著與人類相似的樣貌，混進人類社會，但是行動與生活模式卻是跟人類完全不同的存在，確實就是妖怪的原點呀！

❖無臉坊（のっぺら坊）

沒有眼睛、鼻子、嘴巴，臉色蒼白的無臉妖怪，就叫做「無臉坊」。它會先變成人的樣子讓人對它掉以輕心，之後再現出它的真面目來嚇人。此外，也有很多用臉來嚇人的妖怪。

❖黑齒怪物（お歯黒べったり）

每當黃昏走過郊區的神社前，就會有個女人蹲在路邊，頭上披著頭巾，看來就像是個美麗的新嫁娘。但是當路過的行人心想：「是誰蹲在這種地方？是不是受傷了呢？」並出聲關切時，女人就是在等候這個時機，把頭轉過來，張開裂到耳根的大嘴，露出用御齒黑（鐵漿）塗黑的牙齒對人微笑。

這就一種叫做「黑齒怪物」的妖怪，傳說是因為太醜嫁不出去而自殺的女人的亡靈，或是狸所變成的。

❖朱盤（朱の盤）

在會津（福島縣）一間名叫諏訪宮的神社裡，曾經出現一種一看就很嚇人的妖怪，叫做「朱盤」。

某天黃昏，有個二十五、六歲的年輕武士，獨自一人經過這座宮前，突然後面也來了個年齡相仿的年輕武士。他心想：「這可真是個好旅伴啊！」於是就與對方交談了起來。年輕武士順口問到有關朱盤的事情，對方便說：「那妖怪是不是長成這個樣子呀？」瞬間臉色變得赤紅，眼睛張得像盤子一樣大，從額頭長出像針一般的頭髮，嘴角裂到耳根，還發出像打雷一樣的磨牙聲來。

年輕武士被這眼前的恐怖景象嚇到暈倒。大約過了半個小時，當他醒來之後，發現自己正睡在之前經過的諏訪宮前，四周則已經暗下來了。他趕緊離開，來到一戶人家家裡，拜託家裡的人給他一口水喝，女主人便走出來問他：「是不是要水喝呀？」武士跟女主人說：「其實我剛剛在諏訪宮前，碰上一個叫做『朱盤』的妖怪……」結果女主人回應：「那可真是嚇人的遭遇呀！那個叫做『朱盤』的妖怪，是不是長成這個樣子呀？」武士一看，女主人的臉也變成之前那個紅色怪物的臉，他又再次嚇暈了。由於這位年輕武士已經被驚嚇到一個極點，所以過沒多久，這位武士就死了。

❖討人厭（いやみ）

從前，在仙台城下九番町的雨傘店裡，有個小孩要出門去買米。當他買完米要回家時，在空無一人的鎮上碰到一位穿著木屐的女人。因為看起來很像自己的姊姊，所以小孩便出聲叫住她。結果沒想到，女人一回頭，竟然是個滿臉縐紋的老爺爺。小孩嚇得把買來的米灑落一地，那個妖怪對他說：「嚇到你真不好意思啊！」還把米錢賠給他。這妖怪就叫做「討人厭」，據說背影很美，但臉卻像個老爺爺。

❖肉人

　　尾張藩儒學者畑鼎（春鼎）在其著作《一宵話》中，記載了一種名叫
「肉人」的怪人。在慶長十四年（西元一六〇九年）四月四日早上，曾經
出現在德川家康所居住的駿府城內院。這怪人的外表就像個小孩，有手卻
沒有指頭，並且一直用手指著上方，站著不動。城裡的人認為，這小孩居
然能進到戒備如此森嚴駿府城內院，一定是妖怪變化的同類，便打算捉住
它，但是它動作非常靈敏，怎麼捉都抓不到。後來家康下令：「把那東西
給我趕到沒人可以看見的地方去！」於是城裡的人就停止追捕，把它從城
裡趕到山上去了。

　　後來熟知藥學的人聽到這件事，非常懊悔地說：「那個名叫『肉人』的
妖怪，可是一種對強健體魄大有助益的珍貴藥材呀！」

社寺

無論是祭祀神明的神社，或是講述佛法的寺廟，都是非常神聖的空間。原本這種地方不應該是妖怪或惡靈可以入侵的，但也會有人在神社設下詛咒，或是在神木上釘人偶詛咒，所以有時也是令人忌諱的場所。

寺廟裡有墓地，也是與死亡有關的場所，所以也產生許多有關妖怪變化或怨靈、幽靈的故事。

為了理解這些現象，就必須先了解形成日本靈魂觀的神道與佛教的宗教觀。這是因為那些對人作祟的怨靈，也遵從這些宗教觀規則的原故。

護法
（ごほう）

　　所謂護法，就是守護那些信仰佛教及具有法力的修驗者（山伏）或行者，並聽從其使喚的神靈或鬼神。其外型通常是童子的模樣，所以也稱為「護法童子」。

　　其中最具代表性的護法童子，有跟從不動明王的「衿羯羅童子」1及「制吒迦童子」2等佛菩薩的眷屬以及諸天3，還有毘沙門天的「乙」、「若」兩位護法童子。

護法童子的模樣

　　《今昔物語集》中記載著，護法童子的外形像是十七、八歲左右的侍童。一頭紅髮，眼神嚇人，身高雖比一般常人稍矮，但體格健壯且力大無窮，據說跑得還相當快。它非常勤奮工作，甚至會工作到不知節制而做出殘酷的行為。所以只有能以法力控制它們、好好監督它們的人，才配使喚護法。

　　護法的外表驚人地多樣，並非只有侍童的樣貌而已。依照地主神、方位神、精靈、動物靈等由來的不同，會

注1 衿羯羅童子：八大童子的第七使者，其名表示奴隸、順從之意。
注2 制吒迦童子：八大童子的第八使者，其名表示福氣之意。
注3 諸天：密宗佛教中，屬天部的眾神。

以神靈、老人、鬼、天狗、鳥、狗**註**4、狐、蛇等樣子出現。

護法的依附能力

由動物靈而來的護法，也包含所謂依附物的惡靈。因為它們可以自由附在人身上，所以要是挪做惡用，馬上就會害人（真正變成惡靈的，是使用者的歹念所造成的）。當然護法的依附能力是不應該拿來做壞事的。

在有關治病的加持祈禱等主要儀式裡，常常使用護法來進行儀式。另外，要驅除附在人身上的物之怪（惡靈、怨靈）或依附物等，也會利用護法。這是對被附身的人，強制再讓護法附身，利用「撞珠子原理」，把原本已經在裡面的靈給逼出來的方法。被逼出來的靈沒有辦法，只好依附到預先準備好的、名叫「憑坐」的靈媒上。所謂「憑坐」，就是將物之怪或依附物驅離所附身人的身上後，可以另外暫時附身的人，是依附祈禱中不可或缺的存在。通常是由八至十五歲、個性真純的童子擔任，最後再藉由憑坐本身的靈能力與祈禱師的法力來驅除依附物。

有時也會讓護法依附在憑坐身上，這就叫做「護法附身」，而被護法附身的人就叫做「護法實」（護法種）。這時，護法實就會變成神上身的狀態，修驗者（山伏）就以此為中心來進行法事。

雖然護法可以自由使喚，但操縱護法的力量強弱，則代表著使喚它的修驗者的法力強弱。護法的力量與修驗者的修行程度成正比，因此修驗者也會透過護法來進行靈力競賽。根據競賽來確認自己的修行成果，還有護法的強度。岡山縣兩山寺的「護法飛」（護法飛び），就是表現修驗者能以自己的靈力自由操縱護法的活動。

劍之護法

位在大阪與奈良縣境、一間名叫「信貴山」的寺廟裡，收藏著有關描述這間寺廟的國寶繪卷〈信貴山緣起繪卷〉。繪卷裡頭畫著一個名叫「劍

註4 狗：傳說如果旅者在山中救了受傷而痛苦不堪的山犬（狼），為了回報這份親切，就會有狼群來保護他。這也是後送犬（參考後送犬的項目）一類，算是護法的一種。

之護法」的護法童子。它的外形像是小小的童子，身穿幾十支劍編成的衣服，右手拿寶劍，左手拿繩索，乘坐名叫「法輪」的道具在空中飛行。這護法有著以下的傳說。

從前，醍醐天皇（西元八九七年即位）曾歷經一場大病。當時天皇身邊的眾多修驗者都為天皇祈禱，但不見效果。後來天皇聽說信貴山的「命蓮聖人」是位非常有名的祈禱師，於是馬上派遣使者前往，請命蓮前來相救。但命蓮卻不肯離開寺廟，並說會派護法代替自己前去。被派前往請託命蓮的使者雖然感到懷疑，但也只能先行回京。沒多久，護法果真依照約定飛來，而這護法就是「劍之護法」。天皇在睡夢中知道這件事之後，沒多久病就好了。

此外，繪卷裡還畫了一個故事，說是命蓮拿著鐵鉢請某位長者施捨米糧，沒想到整個米倉竟都跟著他一塊兒飛了回去。

護法與稻荷神

使喚護法的修驗者，是屬於信仰密宗的一群。密宗佛教由真言宗的開山祖師弘法大師（空海）發揚光大，護法的由來也跟大師有著密切關係。此外，由於護法具有附在人身上的這種特性，所以也可以從大師與稻荷神的關係來理解。

從前，弘法大師曾前往中國學習密宗佛教，但竟不可思議地在那裡碰到了日本的稻荷明神。身為神的稻荷，卻向大師表明自己擁護佛教。等到大師一回國，稻荷明神真如同之前所表明的，積極提供建造寺院的物資。從此以後，稻荷信仰便與密宗佛教有著密切的關係了。

另外，要參拜密宗佛教的中心地熊野時，途中也要先參拜伏見稻荷。這是根據《諸社根元記》裡，提到下面這個故事的原故。

當弘法大師與智証大師（圓珍）到熊野參拜的回程途中，遇到一個拿著稻子的老翁及兩個女人，但這三人竟在他們眼前消失。到了晚上，三人出現在圓珍的夢中，老翁向圓珍表明自己就是稻荷明神。

至此以後，凡是要到熊野參拜，為祈求行路平安，都要先到伏見稻荷暫時借用護法，讓護法附身之後再前往熊野。然後平安歸來的路上，要再次

到伏見去送還護法，也就是稻荷一族（狐）跟護法是一樣的。

雖然「熊野參拜」與「稻荷信仰」有著深切的關聯，但「荼吉尼天」與稻荷信仰間，更有著可以等同視之的關係。

荼吉尼天信仰也是大師帶來的密宗之一，由於祂被視為是騎著「野干（狐）」的女神，所以也被認為是稻荷。

熊野參拜的護法，現在也變成各國寺院巡禮、入山修業者的護法了。

護法的前身　前鬼與後鬼

平安時代因為弘法大師所帶來的密宗佛教，而產生了護法信仰；但在這之前，則有可以稱為護法前身的鬼神，那就是修驗者的始祖、役小角註5的使者——「前鬼」註6與「後鬼」。前鬼與後鬼原本是棲息在山中的凶暴惡鬼，但因為役小角的強力咒法而成為了護法。

前鬼也被稱為「禪童鬼」或「義覺」，是身體藍色且身高矮小的鬼，手中拿著斧頭。跟隨小角時，是在它的左手邊；對應到不動明王時，就是聽從不動明王指揮的衿羯羅童子。

後鬼也被稱為「智童鬼」或「義覽」，是身體紅色且身高矮小的鬼。背上背著箱子，右手拿著水瓶。跟隨小角時，是在它的右手邊；對應到不動明王時，就是聽從不動明王指揮的制吒迦童子。

這兩個鬼神總是為役行者編補1工作，像是去採花、採藥草、取水，或是在他祈禱時，飛上天空偵查等。簡直就像水戶黃門譯補1裡的助兄與角兄一樣。

此外，據說役小角也曾使喚過八大童子。所謂「八大童子」是分別稱為「檢增」、「後世」、「虛空」、「劍光」、「惡除」、「香精」、「慈

註5　役小角：奈良時代的山岳咒術師。據說具有神力，還能在空中飛行。
註6　前鬼：傳說前鬼有五個孩子（五鬼童、五鬼熊、五鬼繼、五鬼助、五鬼上），而自稱為前鬼子孫的人，目前依然住在大峯山。
編補1　役行者：えんのぎょうじゃ，人名，日本修道驗之祖。
譯補1　水戶黃門：日本家喻戶曉的英雄人物，本名德川光國，為德川家康之孫，曾經為了編纂《大日本史》而派遣學者四處遊覽，水戶黃門就是因此衍伸出來，變成光國為了導正世風而周遊列國的傳奇故事。實際上雖然沒有光國本人真正出遊的史實，但日本人依然對這一系列故事津津樂道。

非」、「除魔」的八個鬼，也稱為「八部眾」。另外，還傳說役小角更喚過「二十八部眾」的鬼神們。可以推測出，這「二十八部眾」應該是指二十八宿7的星座方位神，藉此觀測天體，占卜吉凶。《日本靈異記》中，也有役小角集合各國鬼神，搭出連接葛城山與金峰山（大峰山）之間橋樑的故事。或許跟這點也有某種關係吧！

（しきがみ）
式神

　　在日本，有種被稱為「陰陽道」的法術。這是根據中國古代的「陰陽五行學說」 ⊞8這門神祕科學所發展出來的，是用來進行天文、曆法（製作日曆）、卜筮（占卜的一種）、相地（看出方位或土地的好壞）等的法術。在現代或許會有不少人懷疑它的真實性，但早在平安時代，卻把它當成國家公認的技術。當時使用陰陽道的陰陽師還有國家行政官員的職位，為國家進行卜筮或相地。此外，在一般市集中，也有人以占卜或詛咒為業，操縱名為「式神」的鬼神。

　　式神也寫作「識神」，是只有法力高強的陰陽師才能控制的鬼神。日本有史以來最強的陰陽家安部晴明⊞9，據說他呼喚式神的技巧，就是無與倫比的。

⊞7　二十八宿：把天之黃道分成二十八等分，標出各自的星宿（星座）而成者。
⊞8　陰陽五行學說：古代科學認為萬物是由五種元素（金、木、水、火、土）與陰陽（正極、負極）的能量轉換所成立的。
⊞9　安部晴明：也寫成安倍晴明，是平安時代中期的陰陽師。無論哪個階層的人都對他十分敬重，而他也曾經侍奉過天皇。著有《金烏玉兔集》、《占事略決》等。

式神的外型與能力

　　一般人無法看見式神的樣子，但通常都是以童子的模樣現身，是容貌非常駭人的鬼，跟密宗佛教裡的護法童子類似。

　　根據使喚式神的陰陽師的法力高低，式神可以變成人或鳥的樣子，也可以依附在人或動物身上。被依附的動物可任由陰陽師隨意操控，被依附的人則會言聽計從，甚至有被殺害的危險。因此某些情況，式神也可能會被拿來當作咒殺的道具。更危險的是，一旦使用方法出錯，式神就會狂亂，連作為主人的陰陽師都有可能因為無法控制而被殺。儘管式神是那麼地危險，但平常還是會使喚它去做些日常生活的雜務，就像現代使役機器人一樣吧！（至於式神是否有自己的意識，就無從得知了）。

　　每當陰陽師彼此間發生爭執時，就會互相送出式神。被對方送出式神對付的陰陽師，如果同樣要送出式神回擊，則必須花費兩倍的法力。為什麼需要兩倍的法力呢？這是因為不但自己要送出式神，還要同時送還別人式神的原故。《宇治拾遺物語》中，就有記載這種互送式神大戰的故事。

　　某天，安部晴明看見一位少將（近衛府的副官）被飛來的鳥給滴到了鳥糞。晴明立刻看穿那隻鳥就是式神。被式神擊中的人，如果放著不管就會死去。年輕的少將聽到晴明這麼一說，便害怕地向他求救。於是晴明就施展保身之術，徹夜祈禱把式神給送了回去，解除詛咒。隔天一早，打算咒殺少將的人派來使者，說出事情的原委。根據使者的說法，委託咒殺的人是這年輕人的連襟（姊妹的丈夫彼此之間稱作連襟），因為家族都只稱讚這個年輕少將，說他是個好女婿，這人心生怨恨才犯下這罪行的。而被委託進行咒殺的陰陽師，不只式神被送了回來，還被晴明送來的式神擊中，已經奄奄一息，等到使者回去時，這位陰陽師早已斷氣了。

❖ 十二神將（十二神将）

　　安部晴明曾在京都鬼門的位置蓋起房子，並使喚名叫「十二神將」^注10

注10　十二神將：在佛教裡是屬於藥師如來的部屬。是十二方位的方位神、守護時間的神，也是對抗外敵的守護神。

的十二個鬼樣式神。這些式神是晴明做的人偶，讓十二地支之神🈲11寄宿其中。它們總是棲息在屋裡的南門樑上，有事才會被招喚。占卜時，會回覆吉凶，也會做各種雜務。

依據《源平盛衰記》記載，這十二個式神的容貌非常醜陋，讓晴明的妻子感到相當害怕，所以晴明只好讓它們棲息在一條戾橋🈲12。每當晴明有要事待辦，便會來到一條戾橋招喚式神；若要占卜時，只要到橋邊問式神就可以了。這時，式神就會借用來往橋上的行人嘴巴來回答。也因為如此，往後這座橋就變成占卜的場所了。時至今日，仍然有一座名叫「一條戾橋」的橋。另外，後人則將晴明的宅邸遺址改建成晴明神社，把安部晴明當成祭神來祭祀。

❖式王子（しきおうじ）

有關「式王子」，在小松和彥的《憑靈信仰論》裡，有詳細的記載。這裡我們就簡單介紹一下。

現今在高知縣香美郡物部村裡，還有一種祈禱師，專門侍奉名叫「伊邪那岐流」的陰陽道型的民俗宗教。據說他們能使喚一種名叫「式王子」或「式神」的神靈，這種神靈具有驅除依附在人身上的犬神、生靈等危害或是詛咒的力量。

式王子的「王子」，代表東、南、西、北與中央的神，或是木、火、水、金、土等個別的守護神。白天時會在天竺天🈲13等空洞或地底下待命，必要時，祈禱師就會祈禱招喚它們。藉由念誦咒文或經文，把各式各樣的神靈或精靈加以式神化。式王子非常粗暴，反倒像是惡神・凶暴神的個性。它的靈力也有強弱，據說其中最強的就是須佐之男或是五郎王子等。

🈲11 **十二地支之神**：子神、丑神、寅神、卯神、辰神、巳神、午神、未神、申神、酉神、戌神、亥神。

🈲12 **一條戾橋**：位於京都市上京區。傳說曾有位僧人在這條橋上讓死去五天的父親復活，因而得名。在街之鬼的項目中，渡邊綱與鬼交戰的橋，據說就是這座橋。

🈲13 **天竺天**：位在印度或是天上的幻想場所。

召喚式王子並加以操縱的法術叫做「式法」，而藉由進行詛咒儀式來把式王子送給對手的行為，就叫做「打式」（式を打つ）。

如同前述的安部晴明的故事一樣，如果被打式的話，也可以打回去，而每次打回去時，皆需比前一次發揮更強的威力。這種返式可用「被風吹」一詞來表現。但如果這變成了沒完沒了的式大戰，那麼從自己開始，到身旁的人都會被式所害。

（おおねずみ）

大鼠

這是平安時代末期的故事。天台宗園城寺的高僧賴豪，答應要實現白河天皇的願望，於是接受委託要進行祈求誕生皇子的祈禱。賴豪持續祈禱了一百天，終於在承保元年（西元一〇七四年）十二月十六日，中宮賢子平安產下了皇太子。而完成天皇願望的賴豪，則希望能在園城寺裡，建造戒壇。

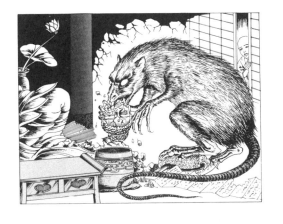

當時天台宗分成以比叡山為中心的主流勢力「山門」，以及對抗山門並以園城寺為中心的「寺門」，兩方互相對立。但是僧侶受戒的戒壇卻由比叡山獨占。園城寺的門徒要想在天台宗有一席之地，就必須在比叡山的戒壇受戒才行。因此，能在園城寺建造戒壇，是賴豪一生的願望。

但是天皇卻拒絕了賴豪的心願，因為這件事情受到在當時具有足以凌駕朝廷勢力的比叡山的強烈反對。被毀約的賴豪非常生氣，於是閉關在園城寺的持佛堂編補2裡，施咒暗殺皇太子。賴豪在閉關的百日之內，完全沒有修剪頭髮與指甲，用盡全力來詛咒皇太子及反對建造戒壇的比叡山，最後悲憤而死。

後來，賴豪的怨靈變成八萬四千隻的大鼠，大舉進攻比叡山。這大鼠具有鐵牙及石身，一股腦兒地咬壞佛像或法典。

另一方面，宮中的皇太子也在這時染上怪病。雖然為了讓皇太子恢復健康而進行過各種祈禱，但完全沒有效果。沒多久，太子就這樣過世了。而比叡山的僧侶們為安撫由賴豪怨靈所引發的大鼠危機，於是建造寶倉，希望能平息賴豪的怨氣。而這間寶倉就被稱為「鼠之秀倉」編補3，此後比叡山的老鼠就再也沒有出現過了。

鼠宮與貓宮

園城寺現址仍位在滋賀縣的大津市，更名為「三井寺」。寺內有座為祭祀賴豪怨靈而建造的「十八明神之社」、別名為「鼠宮」的祠堂。

另一方面，比叡山則有名叫「貓宮」的祠堂。

當賴豪的怨靈變成大鼠攻擊比叡山時，山門的高僧曾經叫出大貓來擊退大鼠，而祭祀這隻貓的神社就是「貓宮」。

「鼠宮」是向著北方比叡山的方位所建造的，而「貓宮」則是向著南方園城寺的方位所建造的。

編補2 持佛堂：個人安置供養佛像之處。
編補3 鼠之秀倉：或稱「鼠之神庫」。

（こまいぬ）
狛犬

　　即使位處都市，但被蒼鬱闊葉樹林所包圍的神社仍是相當昏暗，甚至安靜到讓人難以置信。矗立在左右兩旁、彷彿警示著生人勿進般的視線，更是讓人感到悚然心驚。狛犬是日本全國各地神社或寺廟前，都會擺放的兩匹石犬，主要作用為驅邪。仔細一看會發現，其中一邊的嘴是張開的，另一邊則是閉合的，而姿勢也略有不同。相傳從前曾經一邊是獅子，一邊是狗。

狛犬的由來

　　「狛犬」意指高麗（古代朝鮮的國名）國的狗。它原本是獅子，我們可以追溯到把獅子當成聖獸的古埃及。之後，牠的神性跟著歷史一起傳到印度，再跟著佛教、印度教一起從東南亞、中亞經過絲路，流傳到中國。在中國演變成唐獅子，再隨著遣唐使傳到日本。另一方面，朝鮮則以狛犬的形式，傳入日本。

　　到了日本，就與人類親近的狗的印象混合起來，甚至還有變成山豬的情況。而日本最古老的狛犬，一般公認是東大寺南大門的仁王像背後所留下的狛犬。

狛犬的同伴

　　除了狛犬之外，也有以石像來保護人類的聖獸。因為這些聖獸不只是守護神社佛堂，也會保護民家橋樑，而被認為是狛犬的同伴。

①石獅（シーサー）

　　在沖繩縣，會製作名為「石獅」的獅型燒陶，擺放在民家屋頂。傳說它

具有驅除引發火災的「火玉」（參考鳥之怪物的項目）的靈力。石獅的起源與狛犬的起源，兩者關係應該相差不遠。

②獬豸（かいち）

在東京的日本橋，有放置獬豸的像作為守護像。根據《和漢三才圖會》記載，獬豸原是中國的祥獸，外型似龍、羊合體，頭上有一支角。《和訓栞》中記載，「有角之狛犬為獬豸，無角則為天祿」。

❖御恐（おとろし）

如果有人在神社或鳥居上塗鴉，就會有個妖怪從上面掉下來，把他壓倒，或是抓住這個惡作劇人的領子，將他吊起來，作為懲罰。這個妖怪就叫做「御恐」，長久以來一直住在鳥居上，監視是否有不虔誠的人。

在鳥山石燕的「百鬼夜行」裡，將御恐畫成有著像鬼一般的恐怖面貌，並長著足以覆蓋全身的長髮妖怪。就名稱來看，有「恐怖」（恐ろしい）的意思，也有「掉落」（落ちる）的意思。

御恐除了住在神社等處之外，也會棲息在古寺的山門上，而以前則似乎是棲息在有祭祀神明的聖山上。傳說在北阿爾卑斯的劍山，就有棲息名為「山御恐」的妖怪。如果有人去登山，它就會抓住人的領子，將他扔下山。所以在明治四〇年以前，從來沒有人成功登上劍山頂峰的。至於這一年之所以能夠成功登頂，據說是因為山御恐下山，並遷往山麓上的善光寺的山門去了。從這個故事可以推測，「山御恐」一類應該是從山上移居到神社佛堂後，才變成「御恐」的。

（要石）　　　（大鯰）
要石　大鯰

即便是現代科學如此進步，但地震仍是現今無法完全了解的天災項目之一。尤其位處地震帶上的日本，地震更是從古至今最令人感到害怕的天災。早在科學尚未發達的年代裡，人們曾經想像有一條巨大的大鯰魚棲息在地底，每當它一胡鬧，就會引發大地震。

❖ 要石（かなめいし）

茨城縣的鹿島神宮，是日本少數有名的古老神社。在這神社裡，還有座小神社，祭祀著一塊直徑大約為二十多公分的石頭，石頭中央還有些許的凹陷。

雖然只是塊小石頭，但它卻曾經是巨石的一部分，人們稱它為「要石」。根據江戶時代《水戶黃門仁德錄》記載，當初花了一星期的時間想把這塊石頭挖出來，但終究還是失敗。據說這塊石頭通往地心，而如此巨大的要石，其實肩負著一項重要工作，那就是為了平息地震而壓住大鯰的頭。

人們相信，這條大鯰是比整個日本都還要大的鯰魚，就算只是在地底下稍微動一下，也會在地面上引發大地震，造成災害。憂慮這件事情的鹿島之神，就把大鯰的頭跟尾巴摺疊在鹿島之下，用巨大的石頭貫穿，來鎮壓大鯰。這就是「要石」註14的由來。

註14　**要石**：也寫作「鎮石」（しずめいし）。

329

❖日本各地的要石

①高千穗宮鎮石（宮崎縣西臼杵郡高千穗神社）

　是垂仁天皇下令建造高千穗神社時，所使用的靈石。傳說鹿島的要石，就是高千穗神社所送的鎮石之一。

②要石神社要石（靜岡縣駿東郡原町一本松）

　傳說就是託這塊要石的福，即使在安政大地震（西元一八五五年）時，此地也沒有傳出災情。

③都武自神社要石（島根縣平田市國富）

　傳說是地震守護之神，即便發生大地震，這一帶的影響也會比較小。

④南藏院的立石（東京都葛飾區立石）

　傳說只要移動這塊石頭，就會發生大地震。

從龍到鯰

　有關人們認為是地底巨大鯰魚引發地震的說法，應該是從寬文五年（西

龍脈

　就像人體有穴道以及連接穴道的經脈一樣，大地也有穴道與經脈。

　在中國，人們認為大地有所謂「地力」或「地靈」的生氣，這生氣會在一定的路徑裡循環，並影響地面的生物，而這氣流就叫做「龍脈」。相傳龍脈不但會影響地面作物生長，也會影響住在龍脈上人們的健康。如果龍脈過強或過弱都會有害，於是產生了「判斷龍脈情況的風水師」這種職業。

　風水師把山脈稱為「大地之龍」，並用這龍的型態（地形）來辨識龍穴，而以此為學問的就是風水學。在日本，則是到了繼體天皇時代，由百濟的段楊爾所傳授過來。此後，日本的陰陽師就利用這門學問來設定建築物，或是判斷土地開發的吉凶。而之所以會有從地底引發地震、原本是龍的這件事情，似乎就是從龍脈所演變而來的。

元一六六五年）的《塵摘問答》中，畫了鯰魚圖畫才開始的。在此之前，人們則認為是棲息在地底下的巨龍注15所造成的。直到寬政二年（西元一八五五年），江戶發生了安政大地震之後，推出許多畫了鯰魚並與地震有關的出版品。此時人們認為，鯰魚是為了導正風氣才引發地震的。在寬文五年至寬政二年的兩百年間，地震鯰魚的說法，深植人心。

注15　在寬永元年（西元一六二四年）的《大日本國地震之圖》裡，有畫出龍的樣子。

鯰魚的地震預測

人們之所以認為是棲息在地底的鯰魚所引發的地震，那是因為鯰魚實際上在地震發生之前，確實會變得不安起來。傳說在安政大地震之前，曾經有人因為看見鯰魚騷動而預測了地震。現在的人們則是認為，在地震發生之前，會從地殼釋出微弱電流，而鯰魚就是因為發現這個現象，才會開始不安起來。

（きよひめ）

清姬

在日本，這已經是家喻戶曉的故事，或許很多人早已聽過。是描述一位為愛瘋狂，最後變成毒蛇注16的女人的故事。

醍醐天皇時代，在奧州白河一位名叫「安珍」的僧人，每年都會到紀州的熊野權現去參拜。

每年這時，他都會打扮成山伏的樣子，寄宿在牟婁郡真砂地區的一個庄官譯補2家裡。這位庄官有個女兒，名叫「清姬」，從小就是聰明又可愛的女孩，所以安珍一直非常疼愛她，清姬也很黏著安珍。

某年，安珍又像往年一樣來到庄官家裡借住，並對清姬這麼說了：「妳真是個聰明的孩子呀！好，等妳長大之後，我就娶妳為妻，帶妳回奧州。」當然這對已經成年的安珍來說，只不過是句玩笑話罷了。但安珍一定作夢也沒想到，當時的這句話，後來竟會要了他的命。

注16 毒蛇：根據《今昔物語集》記載，傳說變成這種蛇的女性是末亡人中，為了情慾痴狂，而拐走年輕旅行僧人的妖物。

譯補2 庄官：依領主命令，維護莊園治安等工作的職位。

這恐怖的意外，就發生在清姬十三歲那年。

「我已經十三歲了，今年請你一定要帶我回奧州。」清姬用認真的眼神逼問著安珍，連安珍都快被這氣勢壓倒。他心想：「當初真不該開這種玩笑。」但又無法當場開口拒絕，於是安珍只好又找了個藉口。

「我明白了，今年我就帶妳回去吧！不過我還沒去參拜呢，回程時我一定會來接妳，妳就做好出發的準備，等著我吧！」

被留下來的清姬，便握著雙手等著安珍回來。可是不管怎麼等，安珍就是沒有回來。因為安珍在結束完參拜之後，便直接回奧州去了。

清姬知道自己被騙，戀情破滅，於是躲在棉被裡，任由悲傷撕扯她的心。但同時，她也非常痛恨欺騙自己的安珍，無法原諒。悲傷與憎恨的積怨，終於把清姬慢慢變成了毒蛇的樣子。

不久後，清姬變成毒蛇的這件事傳到安珍耳裡，便對途中的天田川（日高川）的渡船人請託，要他別讓清姬渡過河來。清姬知道之後，更加生氣。安珍殊不知對已經變成毒蛇的清姬來說，河川等障礙早就不能阻止它了。

清姬如烈火般地追了過來，自知已經無法逃脫的安珍便躲進道成寺，藏身在吊鐘註17裡。但清姬嗅出了安珍腳印的味道，於是注意到了吊鐘。清姬發狂尖叫，用變成毒蛇的身體將吊鐘足足纏繞了七圈，最後吊鐘像是液體般地熔解、崩塌。而藏躲在吊鐘裡的安珍，就這樣活活地被燒死，留下的僅剩骨灰而已。之後，清姬出了寺廟，因為失去安珍而悲傷不已，便投身江中，結束了自己的性命。

註17 吊鐘：現今這間道成寺裡依然沒有吊鐘，傳說是被清姬燒成了灰燼。

（釜鳴り）

鳴鍋

所謂「鳴鍋」，其實是神社的儀式之一。在燒水的大鍋中放上蒸籠，藉由蒸水時所發出的「波〜」的聲音來占卜吉凶。

有關鳴鍋的記載，早在《日本書紀》中就有了。從此以後，人們相信鳴鍋是因為有音靈前來發出聲音，作為災禍預兆的。後來，鳴鍋的儀式流傳到修驗者之間，成了用來治病或驅除依附物的一種方式。

❖ 溫羅（うら）

「溫羅」是棲息在吉備國（岡山縣）的鬼，它會破壞村里、擄走婦女。相傳以前是百濟的王子，遊走在各國之間，做盡壞事。

傳說溫羅的身長約兩丈（約四公尺），雙眼如老虎般銳利，火紅色的頭髮裡，還長著像角一樣的腫包。嘴角裂到耳根，牙齒有如獸牙，甚至還擁有神力，能吹出強烈火焰、把水變成油，還能自由變成鳥獸或魚。

為了使天下安定，朝廷命令吉備津彥🈁18前去對付溫羅。他率領大軍，前往對抗溫羅一夥人。於是，溫羅與吉備津彥展開一場慘烈的大戰。吉備津彥的弓箭射穿了溫羅左眼，而當時溫羅所流出的血染紅了河川，讓這條河後來被稱為「血吸川」。負傷的溫羅變成雉鳥逃走，吉備津彥則變成老鷹隨後追趕，最後終於在瀨戶內海斬下了它的頭。

被砍下的溫羅頭顱即使過了好幾年，還是不停地大聲喊叫。就算把這顆頭給狗吃了，剩下的頭骨也還是會不停吼叫。因此吉備津彥就在吉備津神社的釜殿爐灶底挖了個洞，把頭骨埋起來。但即使如此，溫羅的頭骨還是不停地吼叫，讓人們感到不安。

🈁18 **吉備津彥**：傳說是日本童話故事中「桃太郎」的印象來源。

就這樣吼了十三年，溫羅的靈魂終於出現在吉備津彥的夢裡，並這麼告訴他：「喚來我的愛妻阿曾女，煮起釜殿的大鍋吧！此後世上若有任何問題，就來爐灶前看看。要是吉兆，鍋的響聲就會厚實；要是凶兆，鍋的響聲就會雜亂。」

這就是吉備津神社所流傳的「鳴釜神事」起源。現在釜殿裡，依然祭祀著溫羅的靈魂。每當要占卜吉凶時，就會用那口鍋的響聲來判斷。

鳴鍋與製鐵民族

吉備國以前是日本少數的鐵產地。傳說中被溫羅的血所染紅的血吸川，其實是鐵沙的鐵銹的原故，所以即使到了現在，血吸川都還是紅色的。

人們認為，鳴鍋的占卜法可能原為產鐵民族所使用，而溫羅指的就是從朝鮮渡海來到日本的製鐵民族。有關擊敗溫羅的傳說，可能就是把大和朝廷對鐵產地的掠奪史實，轉化成懲治鬼的故事。

（怨靈）

怨靈

比凡人更具優越才能的人們，傳說是因為有神靈寄宿在他們身上 註19的原故。凡是神靈所寄宿的人，都擁有與生俱來的超凡能力，並且應將這種超凡能力貢獻給世人，而非只為滿足自己的私利與私慾。

然而這種值得尊敬的行為，有時卻被掌握世間權力的凡夫俗子所妨礙，而在失意中了結一生。這種時候，神靈要是離開肉體，並厭惡了這個世

註19 以人的樣貌出現的神，叫做「現人神」。

界，就會變成對俗世復仇的恐怖怨靈。這種怨靈因為是超越凡人的神靈，所以它所帶來的災禍也將超乎想像。

❖菅原道眞

日本眾所皆知、被稱為「菅公」、「天神樣」的學問之神——菅原道眞，就曾經是神靈寄宿的天才。道眞在五歲時，以神童的樣貌出現在菅原是善的庭院裡，希望當他的孩子，而是善當然是開心地扶養道眞。

道眞年僅十一歲就能寫出一手好詩，年紀輕輕便當上文章博士。宇多天皇與藤原基經都認同他的才能，此後，道眞便以政治家的身分活躍著。他深得天皇信賴，甚至作為繼任的醍醐天皇的輔佐人，終至被拔擢到右大臣的位子。

可惜，對執當朝政權於牛耳地位的藤原一族來說，這種史無前例的升遷與無與倫比的才能，都代表著威脅。當醍醐天皇與宇多天皇兩人商討要把所有政權交給道眞和左大臣藤原時平其中一人時，以時平為中心的藤原一族得知這件事後，便給道眞冠上莫須有的罪名，對天皇進讒言來陷害他。結果天皇一怒之下，便將道眞貶到九州的太宰府（現今的福岡縣太宰府市）了。道眞在這流放之地寫下訴說自己無辜的祭文，整整七天不停地對天祈禱，向神許願。後來這篇祭文飛上天際，而道眞尚在人世，就變成了天滿大自在天神了。

延喜三年（西元九〇三年）二月二十五日，道眞在此終其一生。不可思議的是，當人們將靈柩移往墓地的途中，拉車的牛突然動也不動，於是人們就把那個地方當成了墓地，而這就是之後的太宰府天滿宮了。

然而就在道眞死後不久的某個夏日黃昏，道眞竟出現在比叡山的延曆寺。當時的住持尊意僧正詢問道眞來訪的意圖，道眞向他表示，說自己已得到天上眾神的允許，將展開對京都皇宮的報復，所以請他不要阻擋。尊意回答要看天皇命令，所以不能答應。道眞一怒，將石榴果實含在嘴裡，朝著妻戶（寢殿出入口的雙開門）吐出，瞬間變成熊熊燃燒的火焰。

沒多久，清涼殿的上空開始湧現烏雲。道眞將自己的憤怒化為雷電，就要襲擊清涼殿的屋頂。但天皇早已事先傳來尊意，以他的法力暫時鎮住了

怨靈。不過藤原一族這時卻接連遭遇怪病或意外，就連藤原時平也身受重病所苦。這怪病不管用什麼方法都無法醫治，只能靠高僧淨藏的法力維持生命。此時竟從時平的雙耳跑出青蛇的頭，要淨藏不要再祈禱了。受到驚嚇的淨藏只好停止祈禱，當祈禱一停止，時平便過世了，而往後藤原一族也接連不斷有人過世。

害怕這一連串意外的醍醐天皇，為了平息道真的怨氣，便追封道真原本的右大臣稱號，恢復它的名譽。但已變成天滿大自在天神的道真，仍派出使者火雷火氣毒王，用它的火焰攻擊天皇，醍醐天皇也因為當時的毒氣而喪命。

此後，連京城裡也開始祭祀道真，甚至建造了北野社（之後的北野天滿宮）來安撫道真的怨靈。可惜，攻擊藤原家族的怨靈，似乎並沒有因此而消失。

❖平將門

菅原道真過世的延喜三年（西元九〇三年），也正是平將門出生的那年。根據《將門記》記載，天慶二年（西元九三八年）十二月十九日，將門決定叛亂，趁著攻破下總國廳的氣勢，佔領了上野國（群馬縣）的國府。此時有個巫女出現在將門面前，並這樣告訴他：「我乃八幡大菩薩的使者。來授與你將門以帝位。此位記（授階的文書）乃有菅原道真之靈。」

將門拜受了這份文書，此後便自稱「新皇」，君臨於關八州。既然自稱新皇，當然就是否定京都天皇，而將門就被當成了叛賊。

魔神將門

儘管平將門的軍隊勢單力薄，卻是連戰連勝。但奇怪的是，只要將門上陣，他的背後一定會吹起一陣風，讓弓箭飛得更遠。此外，將門也被當成天帝或是彌勒的化身，操縱著北斗七星化身的七位影武者（也有人說包含將門本人一共七個），神出鬼沒，難以捉摸。甚至也有傳說將門是不死的

鋼鐵之身，在大戰中，不論是弓箭或大刀，都傷害不了他的身體。

　　而有關將門的樣貌，《將門記》中記載著他「身長七尺（兩公尺以上）有餘，軀體四肢硬如鋼鐵，左眼有雙瞳」的怪異長相。在某個傳說中，則說他是個獨眼的鐵人。

　　如此剛強的將門，唯一弱點就在額頭上的太陽穴，只有這裡能被弓箭射穿。將門的情婦桔梗前背叛了他，將將門的弱點告訴了藤原秀鄉（俵藤太）。

將門的首塚

　　就在將門自稱「新皇」還不滿兩個月，也就是天慶三年元月，當他讓各國軍隊返鄉時，平貞盛與下野（栃木縣）的押領使[編補4]藤原秀鄉組成聯軍，攻擊將門的薄弱軍隊。將門雖然逃到了大本營岩井[註20]，但已知道他弱點的秀鄉伺機射出弓箭，貫穿他的太陽穴，終於還是擊敗了將門，並斬下他的首級。

　　將門的首級被運到京都，高掛示眾。但詭異的是，將門的首級非但不會腐敗，還總是叫著：「還我身體來，待我的首級與身體相連之後，再來決一死戰。」另一方面，在關東則傳說將門的無頭屍體正四處狂奔。在某個夜晚，將門的首級為了找回身體而飛上天空，直直朝關東飛去。

　　這首級最後在武藏國豐島郡（東京都）耗盡元神，掉落地面。由於當地人們害怕這首級會帶來報應，於是便將首級埋葬，加以祭祀，而這個地點

[編補4] 押領使：類似現代的地方警察。

[註20] 岩井：在茨城縣岩井市神田山的延命院裡，有埋著將門胴體的胴塚。

就是現今的將門首塚（東京都千代田區）。但將門的怨念並沒有因此而消失，傳說首塚附近一直有著異常的動靜。

當德川家康進入江戶、開創幕府後，重新慎重祭祀了將門的靈魂，認為將門的威靈能保護江戶城市街，於是便將它作為江戶的地主神。此後，就在江戶城的鬼門（參考鬼的項目）方位——神田駿河台，把將門當作神田明神的主神來祭祀。

不過時至今日，人們仍然相信將門會對不好好對待首塚的後世眾人帶來報應，因而感到恐懼。

將門鐵人傳說的秘密

將門之所以被認為是獨眼或是鐵人的理由，相信讀到這裡的各位讀者應該都明白了吧！那是有關於鐵礦的祕密。將門的母親犬養大刀自，出身於產鐵的相關家族。將門不時會著手於大河川的治水工程，而這就是可能持有大量土木工程用金屬工具的證據。另外，將門也製造出日本最早的日本刀，讓敵軍非常苦惱。在關東叛亂中，也是第一個搶下日本少數的產鐵地區——鹿島與秩父的礦山，來加以利用。

至於將門的單眼傳說（參考一本蹈鞴的項目）與擊退大百足（參考大百足的項目），同樣都是被藤原秀鄉射殺，應該也跟鐵礦有關吧！

在《將門記》中，出現了蚩尤（參考兵主部的項目）的名字，來把將門比喻為蚩尤。傳說蚩尤是吃鐵沙、製造鐵製武器的魔神，還能操縱風伯（風神），讓敵人非常苦惱，這也跟將門的特徵十分類似。而被當成惡神而殲滅的蚩尤遺體，也是把頭從身體砍下，讓它無法復活，並分別埋葬在兩個地方，這也符合平將門的首級與身體被分別埋葬的特徵。

寺之怪

❖古寺的妖怪

①元興寺之鬼

它是三番兩次襲擊寺廟鐘樓的小和尚的鬼。據說它的真面目是從前曾經在寺廟裡做壞事的男人，後來雖被埋藏在寺裡，但一到夜裡就會變成惡鬼，讓人陷入恐懼之中。索性後來是被一個在元興寺裡修行、身懷雷神所授與怪力的孩子所打倒。

②啄寺鳥（寺つつき）

這是在飛鳥時代，與蘇我一族爭奪勢力而失敗的物部一族——物部守屋的冤魂。由於蘇我一族信仰佛教，而物部一族卻信仰自古以來的眾神，因此為妨礙佛法修行，它的怨靈就變成啄寺鳥，隨處破壞寺廟裡的東西。根據《聖德太子傳私記》記載，據說後來是聖德太子的靈魂變成了老鷹，才驅離啄寺鳥，使寺廟解除危難。

③茶碗稚兒

是個以前曾經棲息在奈良興福寺的幼兒妖怪。因被怪罪弄壞廟裡的碗而自殺，結果它的怨念就變成了妖怪出現。它會把碗放在頭上，在寺裡走來走去。

④陰摩羅鬼

是個會在怠於誦經的僧人面前出現的妖怪。鳥的外型，似鶴，色黑，雙眼閃閃發光，並會

不時振翅高鳴。傳說它的真面目是因為僧人怠慢，而沒有受到足夠供養的死者屍體。

此外，「塗佛」（ぬりぼとけ）也是會攻擊怠慢僧人的妖怪。一打開佛壇，它就會讓兩顆眼珠像鐘擺一樣，晃呀晃地出現在人的面前。雖然是很噁心的妖怪，但不會害人。

❖荒廢寺廟的妖怪

寺廟總會選擇特別場所來建立，這些地方聚集著天然靈氣，就算閉上眼睛也能用肌膚感受到與平常不同的奇妙氣氛。但如果沒有人捐香油錢，毫無人煙往來、成了荒廢寺廟的話，那麼廢寺就是絕佳的妖怪住所了。

①野寺坊

每到黃昏，這個妖怪就會從已經荒廢的寺廟裡，發出敲鐘的聲音。傳說是過去某間寺廟的住持，因為村人不再捐獻，導致寺廟荒廢，而把怨恨留在寺廟裡，所以變成了乞丐的樣子，寂寞地在寺廟裡敲鐘。

②妖怪蟹（化け蟹）

這是棲息在山梨縣山梨市岩下的長源寺後方溪流裡的妖怪。傳說身長足足有四公尺，是全身長滿毛的巨大螃蟹。因為每次只要有僧人來到這間寺廟就會被吃掉，所以才荒廢的。後來有個四處遊歷、名叫「救蟹法師」的僧人來到此地，收服了這隻螃蟹，再次振興了長源寺，此後就把寺名改為「蟹澤寺」。

（墓場の怪）

墳場之怪

　　日本人相信，只要盛重供奉死者靈魂多次，那麼死者的亡靈就會變成叫做「神」的祖靈。反之，因無人祭祀而無法成佛的亡靈，就會被稱為「餓鬼」、「外精靈」、「客佛」。這類亡靈被稱作「無緣佛」^{編補5}，最後會變成妖怪依附在人身上，作祟害人^{註21}。

　　下面我們將介紹這類因無人供養，而變成妖怪的亡靈。

徬徨的死靈

①作祟妖（たたりもっけ）

　　從前在日本東北地方，剛生下的多餘嬰兒會被除掉（殺死）。為了不讓人知道，所以絕不會為這些嬰兒舉行葬禮，會私下直接埋掉藏。而這些嬰兒所產生的死靈，就會變成作祟妖在原野上徘徊，並依附在人家裡。若有不知情的人家住進來，就會有人生病，或是遭到不幸的意外。另外，據說它也會棲息在森林中的貓頭鷹體內。傳言貓頭鷹「呼～呼～」的叫聲，就是死去嬰兒的聲音。

②死人依附（死人憑き）

　　已經離魂的屍體，有時會被別的死靈入侵，這就叫做「死人依附」。雖然屍體會如同活人一般行動，但身體卻會慢慢腐爛，並發出惡臭。

編補5　無緣佛：指無人祭拜、供養的亡靈（類似台灣的孤魂野鬼）。

註21　為防止亡靈化成妖怪，因此要在村子邊界、墓地等地建造「無緣佛供養塔」或是「三界靈供養塔」來供養它們。另外，施餓鬼供養也是其中一種。據說現今日本仍定時舉行的盂蘭盆會舞，也是從供養無緣佛開始的。

寄宿在人骨中的死靈

①狂骨

如果把充滿怨恨的人骨扔進水井等地方隱藏起來，就會變成骷髏模樣的幽靈，來告訴別人骨骸被丟棄的地點。或是不分對象地找人作祟。

②骨女

有關骨女最有名故事之一，就是《牡丹燈籠》。早逝但仍掛念人世的女性，即使在失去血肉、變成骨骸後，靈魂依然會寄宿在骨骸上，為完成未完心願而動起來。如果這種意念是愛慕之情，那就會變成生前的模樣，跟心愛的男性在一起。但在其他人眼裡，這女孩仍舊是具骨骸。骨女會設法將愛慕的男性帶到黃泉去。

③喀啦髑髏（がしゃどくろ）

死在荒郊野外的人的怨恨如果聚集在一起，就會變成巨大的骨骸來攻擊人。

吃屍體的死靈

不把食物分給將要餓死的小孩、老人或旅者的無情傢伙，死後就會變成叫做「啃首」（首かじり）的死靈，專門挖開墳墓，啃屍體的脖子。此外，傳說墮入餓鬼道（地獄的一層）的死者，如果沒有經過「施餓鬼法事」的憑弔，或是沒有得到祭品的供奉，飢餓的靈魂也會變成啃首。

❖火前坊（かぜんぼう）

火前坊是《百鬼夜行拾遺》中所記載的妖怪。在京都的鳥部山，會以被煙與火焰包圍的乞丐模樣出現。

鳥部山是高級墓區，平安時代曾有位高權重的皇族或貴族埋葬於此。相傳十世紀末的高僧們，嚮往以自焚方式極樂歸天，紛紛選擇在此地自焚而死。一般平民們為了能親眼目睹這種異常的信仰儀式，也聚集在此。但在這儀式裡，也有無法往生極樂的僧人。而這些無法往生極樂的僧人，它們

的靈魂就會變成火前坊，在人世間迷惘徘徊。

❖肉塊鬼（ぬっへっほふ）

　　有種偶而出沒在荒寺或墓地的妖怪叫做「肉塊鬼」，它的模樣即使在妖怪之中，是非常詭異的。全身看起來就像是軟趴趴的肉塊，有著像手、腳的部位，但沒有頭，身體上的皺摺看起來像臉一樣。它會用像是沒有骨頭的極短雙腿慢慢走動，做毫無意義地散步。

　　另有一說，肉塊鬼是屍體腐肉聚集起來所變成的妖怪，所以才會長得像肉塊一樣，是種非常噁心的妖怪。

❖在墳場燃燒的人類亡魂

　　人即便死後埋入墳墓中，只要是生前非常執著的人，就會在它的墓碑底下，一直燃燒著藍白色的陰火。

　　此外，所謂「人魂」就是人死之後從身體脫離的靈魂之火。特徵為球狀，拉著尾巴在空中飛行，可與鬼火作出區別。一般是藍白色或黃色，在墓地或溼地常常可以見到。沖繩人則相信人死之後的靈魂會變成「火玉」（人魂），前往墳場。

幽靈

在古代日本的信仰中認為，人死之後，靈魂會前往所謂黃泉或根之國等他界。並認為這個他界跟人世是互通的，因此可以過著與亡者生前相同的肉體與生活。

幽靈這種概念開始傳入日本，是在平安時代。當時認為，懷恨死去的人會變成怨靈來復仇。中國的鬼的概念，則是從與佛教一起流傳的故事裡才開始的。此外，也傳說在平安貴族之間，引起了名叫「物之怪」的報應。

到了江戶時代，幽靈被拿來作為歌舞伎或小說等的題材，因而奠定了現在人們所熟知的幽靈印象。

❖死靈

①御靈（ごりょう）

因怨恨某人而死去的死者亡靈，為了雪恨就會變成怨靈。怨念愈強，作祟的威力就愈大。變成這種怨靈的人，如果它在世時地位崇高，就會用日語中的敬語，稱呼這種怨靈為「御靈」。平安時代，人們認為瘟疫流行是因為御靈作祟，所以會舉行「御靈會」的儀式，來安撫怨靈及瘟神災害。

②慕靈（ぼりょう）

對人沒有怨恨，但對世界仍有依戀、徬徨於人世間的幽靈，就叫做「慕靈」。像是剛生下孩子不久就死去的母親，因為心疼孩子，就會變成一邊唱著搖籃曲，一邊逗弄小孩的幽靈；或是戰死異國的戰士，因無法捨棄懷念故鄉之情，而變成幽靈返鄉等。另外，也有幽靈是死後忘了自己是誰，為了想起來而出現在友人面前的。

傳說人死後，在靈魂脫離肉體的一定期間內，會到死去地點附近飄移一陣子，期間過了之後就會前往冥界。但如果對這世界仍有依戀，就會變成

上述所說的「幽靈」徘徊。這種幽靈是靈魂的永恆漂流，所以也稱為「浮遊靈」。強大的浮遊靈會依附活人，奪取他的肉體，而不幸被依附的人就會生病、衰弱，最終還可能導致死亡。

如果浮遊靈是怨靈的話，有時就會變成害蟲（參考田野的怨靈項目）。這時為了安撫這種怨靈，就要進行「送蟲」儀式。

❖祖靈（それい）

既安享天年，死後又受後代子孫誠心祭祀的亡靈，它們的靈魂在三十三年忌（或是四十九年忌、五十年忌）的憑弔結束之後，會變成一種叫「祖靈」的祖先靈魂，再重返人世。祖靈會變成守護陽世子孫的神明，此後也會一直被祭祀。

祖靈在盆會時節（清明時節）會從冥界大舉來訪人界。子孫們為了不讓祖靈迷路，會提著燈籠當作路標。像這樣來訪的祖靈就叫做「精靈」，而召喚精靈的活動就叫做「精靈祭」。然而精靈之中，如果沒有被子孫祭祀的，就會變成幽靈出現。而像「送精靈」（精霊送り）、「流精靈」（精霊流し）等為人所熟知的儀式，就是包含這種靈魂，將所有祖靈再次送回冥界的儀式。

❖幽靈與妖怪的差異

幽靈的出現方式有很多。首先是，不管生前有沒有憎恨的人，會以生前所熟悉的人物為目標，出現在那個人眼前的靈魂。這種幽靈不管哪裡都能侵入，會隨時出現在想出現的人面前，而且一般都會以生前的樣貌出現。

也有會出現在特定場所的幽靈[註]22。例如出現在水井或廁所等，因為人們認為這些地方是通往冥界的道路。還有會待在死者死亡地點的靈魂。後者會對人造成危害，或是變成人類以外的模樣，因而有時與幽靈產生分

[註]22 **會出現在特定場所的幽靈**：通常指的是意外死亡的人的靈魂等。這種靈魂被稱為「地縛靈」（自縛靈）。

別，而被歸類為妖怪的同類。

但我們必須區分妖怪化的幽靈與真正的妖怪。妖怪是一種無關生物或非生物，都能得到全新生命力的存在。人們認為妖怪是活著的，而且具有實際的肉體。然而幽靈以及慢慢變成妖怪的亡靈，基本上都是已經死了的，不具有肉體，而且也包含看不見的靈魂。

反魂之術

有種恐怖的祕法，就是收集亡者的白骨及四處散落的屍骨，再將它復原成人類，這就叫做「反魂之術」。據說這原本是鬼所使用的法術，但鎌倉初期的歌僧——西行法師，當他在高野山修業時，就曾試過這個法術。

首先收集被遺棄的人骨，用蔓草將骨頭與骨頭綁好，塗上砒霜，然後對這副骸骨淋上大量由草莓與縈縷葉所揉合而成的藥汁。經過十四天之後，那副人骨就會長出肉來，並復原變成人體。但是藉由反魂之術所復活的人，因為沒有靈魂在裡面，所以氣色很差，也沒有心智，不管對它說什麼，它都是一副聽不懂的樣子。

參考文獻（＊：表作者推薦圖書）

●古代・中世

＊古事記 1958 岩波書店
古事記物語 1971 現代教養文庫 太田善磨
古事記 1980 学研 梅原猛
日本書紀 1965 岩波書店
日本書紀（全現代語訳）1988 講談社 宇治谷孟 訳
続日本紀 1990（東洋文庫）平凡社
風土記 1969（東洋文庫）平凡社
万葉集 1971 小学館・1976 新潮社
＊今昔物語 1971 小学館
＊今昔物語・本朝世俗部 1978 新潮社・1988 旺文社
＊宇治拾遺物語 1973 小学館
往生要集 1963（東洋文庫）平凡社
＊日本霊異記 1967（東洋文庫）平凡社
神道集 1967（東洋文庫）平凡社
将門記 1975（東洋文庫）平凡社
義経記 1959 岩波書店・1971 小学館
平家物語 1973 小学館
古今著聞集 1966 岩波書店・1983 新潮社
日本お伽集（東洋文庫）平凡社
＊御伽草子集 1974 小学館
＊御伽草子解謎き紀行 1990 KK ベストセラーズ 神一行

●近世

太平記 1～5 1980 新潮社
源平盛衰記 芸林社
幸若舞 1979（東洋文庫）平凡社
怪談伽婢子・狗張子 1977 河出書房新社 浅井了意
＊甲子夜話 1～6 1977（東洋文庫）平凡社 松浦静山
＊甲子夜話続篇 1～8 1979（東洋文庫）平凡社 松浦静山
＊甲子夜話三篇 1～6 1982（東洋文庫）平凡社 松浦静山
耳袋 1.2 1972（東洋文庫）根岸鎮衛
利根川図志 1978 崙書房 赤松宗旦
北越奇談 1978 野島出版 崑崙橘茂世
本朝怪談故事 1978 伝統と現代社
＊上田秋成集 1959 岩波書店
＊日本名著全集（怪談名作集）1934 日本名著全集刊行会
鬼児島名誉仇討 1985 河出書房新社 武亭三馬
＊江戸の奇談 976 大陸書房 江口照雪 編
＊江戸怪談集（上、中、下）1989 岩波書店 高田衛 編
＊百物語怪談集成 1987 図書刊行会
前太平記 1988 図書刊行会
北越雪譜 1968 名著刊行会・1982 岩波クラシック
＊洛中洛外怪異ばなし 1984 京都新聞社
怪談奇譚名作集 1960 雄山閣出版
江戸幻想文学誌 1987 平凡社 高田衛

●怪談・奇談

＊怪談・奇談 1955 角川文庫 ラフカディオ・ハーン
＊老媼夜譚 1928 郷土研究社 佐々木喜善

＊民俗怪異篇 1927 磯部甲陽堂 礒清
＊妖異変 1940 鳳鳴堂書店 田中祐吉
お化けの民話 1973 星光社 山田野理夫
日本怪談集 1972 潮文社 山田野理夫
＊東北の怪談の旅 1974 自由国民社 山田野理夫
＊日本怪奇集成 1975 宝文館出版 山田野理夫
＊怪談の世界 1978 時事通信社 山田野理夫
琉球の妖怪・幽霊 1971 沖縄風土社 新屋敷幸繁
琉球怪談選集 1972 沖縄文教出版 石川文一
＊随筆事典 奇談異聞編 1966 東京堂 柴田宵曲
＊妖異博物館 正・続 1963 青蛙房 柴田宵曲
土佐の妖怪 1977 一声社 市原麟一郎
土佐の妖怪 1981 一声社 市原麟一郎
土佐のお化け昔 1975 講談社 市原麟一郎
岡山の怪談 1979 岡山文庫 佐藤米司 編
＊日本の怪談集 妖怪編 1981 社会思想社 今野円輔
東北の伝奇 1976 大陸書房 畠山弘
＊遠野のザシキワラシとオシラサマ 1974 宝文館出版
佐々木喜善
山の怪奇・百物語 1989 エンタプライズ

●傳說・昔話

英雄と伝説 1976 塙書房 豊田武
＊伝説奇談 1～18 1959 山田書院
日本の伝説 1～18 1977～78 世界文化社
日本の民話 1～20 1977 研秀出版
＊ふるさとの伝説 1～10 1989～ ぎょうせい
日本の伝説 上・下 1975 講談社 松谷みよ子 編
日本伝説集 1990 宝文館出版 高木敏雄
日本の伝説を探る 1986 佼成出版社 本間正樹
＊日本伝説名彙 1950 日本放送出版協会 柳田国男
日本伝説集 1913 武蔵野書院 高木敏雄
城（その伝説と秘話）1973 日貿出版社 江崎俊平
怪異日本史 1989 主婦と生活社
木の伝説 1969 宝文館出版 石上堅
石の伝説 1963 雪華社 石上堅
京都伝説の旅 1972 駸々堂出版 竹村俊則
アイヌ伝説集 1981 みやま書房 更科源蔵
＊北海道伝説集・アイヌ伝説集 1955 楡書房 更科源蔵
北海道伝説集・日本篇 1955 楡書房 更科源蔵
日本伝説大系 1～15 別巻 1.2 1985 みずうみ書房
旅と伝説（復刻）1～5 1978 岩崎美術社
日本妖怪巡礼団 1989 集英社 荒俣宏
日本名所風俗図会 1～18 別巻 1.2 1979 角川書店
新日本伝説100選 1990 秋田書店 松村定考

●鬼・日本・河童・鬼火

＊鬼の研究 1978 大陸書房 知切光歳
鬼むかし 1984 角川書店 五来重
＊鬼の研究 1971 三一書房・1988 筑摩書房 馬場あき子

＊鬼の系譜 1989 五月書房 中村光行
＊日本の鬼 1966 桜楓社 近藤喜博
　鬼趣談義 1976 国書刊行会 澤田瑞穂
　酒呑童子異聞 1977 平凡社 佐竹昭広
　鬼の風土記 1989 青弓社 服部邦夫
　羅生門の鬼 1929 新潮社・1975 平凡社 島津久基
　鬼がつくった国・日本 1985 光文社 小松和彦 内藤正敏
　東北の鬼 1989 岩手出版 佐藤秀昭
　邪鬼の性 1967 淡交新社 水尾比呂志
　鬼神の解剖 1985 汲古書院 永澤要二
　鬼・鬼瓦 1982 INAX ギャラリー
　鬼 1983 鬼女紅葉を偲ぶ会
＊圖聚天狗列伝西・東日本篇 1977 三樹書房 知切光歳
＊天狗の研究 1975 大陸書房 知切光歳
　天狗考 1973 涛書房 知切光歳
　天狗と修験者 1989 人文書院 宮本袈裟雄
＊河童駒引考 1966 東京大学出版会 石田英一郎
　河童荒魂 1989 堺屋図書 若尾五雄
＊河童の世界 1985 時事通信社 石川純一郎
＊河童 1988 岩崎美術社 大島建彦
　河童考 1978 崙書房 金井啓二
　茨城の河童伝承 1981 筑波書林 岡村青
　九州の河童 1986 葦書房 純真女子短期大学
　いわて河童物語 1982 熊谷印刷出版 金野静一
　河童閑遊 1952 日本出版協会株式會社 佐藤垢石
　現代民話考1 1985 立風書房 松谷みよ子
　河童なんでも入門 1983 小学館 水木しげる
　不知火・人魂・狐火 1931 春陽堂 神田左京
　不知火の研究 1943 大日本出版 宮西通司
　当世流火考 1977 永田書房 角田義治
　現代怪火考 1979 大陸書房 角田義治
　怪し火・ばかされ探訪 1982 創樹社 角田義治
　自然の怪異 1990 創樹社 角田義治
　「火の玉」の謎 1986 二見書房 大槻義彦

●動物和妖怪
　動物名の由来 1981 東京書籍 中村浩
　動物日本史 1973 新人往来社 実吉達郎
　日本動物民俗誌 1987 海鳴社 中村禎里
＊世界大博物図鑑5 哺乳類 1988 平凡社 荒俣宏
＊動物たちの霊力 1989 筑摩書房 中村禎里
＊狸とその世界 1990 朝日新聞社 中村禎里
　阿波の狸 1975 教育出版センター 飯原一夫
　狸の話 1978 有峰書店新社 宮沢光顕
　狐と狼の話 1981 有峰書店新社 宮沢光顕
　狐ものがたり 1982 三一書房 戀塚稔
　狐 1980 法政大学出版局 吉野裕子
　葛の葉狐 1980 東洋文化社 　きたやまこう
　江戸動物民話物語 1971 雄山閣出版 窪田明治
　猫の歴史と奇話 1985 池田書店 平岩米吉

　逃げろツチノコ 1973 二見書房 山本素石
　幻のツチノコを捕獲せよ!! 1989 学研 山口直樹
　蛇 1979 法政大学出版局 吉野裕子
　紀州蛇物語 1982 名著出版 田中重雄
　蛇神伝承論序説 1981 伝統と現代社 阿部真司
　やまたのおろち 1970 学生社 大森志郎
　山中奇談 みき書房 斐太猪之介
＊狩猟伝承の研究 1969 風間書房 千葉徳爾
　狩猟伝承 1975 法政大学出版局 千葉徳爾

●依附物和詛咒
＊日本の憑きもの 1972 来来社 石塚尊俊
＊日本狐憑史資料集成 1975 日本精神病院協会 金子準二
＊憑霊信仰論 1984 ありな書房 小松和彦
　疫病と狐憑き 1985 みすず書房 昼田源四郎
　憑きもの 1990 三一書房 谷川健一 編
　憑き 1975 宝文館 山田野理夫 喜田貞吉
　あずさ弓 1979 岩波書店 秋山さと子
　異形のマニエリスム 1989 青弓社 秋田昌美
　日本の呪い 1988 光文社 小松和彦
　呪術・まじない入門 1985 学研 坂本文彦・阿川宗宏
　魔の系譜 1971 紀伊國屋書房 谷川健一

●幽霊・怨霊
＊日本の幽霊 1959 中央公論社 池田弥三郎
＊日本の幽霊 1988 岩波書店 諏訪春雄
＊日本の幽霊たち 1972 日貿出版社 阿部正路
＊日本怪談集幽霊篇 1969 現代教養文庫 金岡圓輔
＊現代民化考IV 1985 立風書房 松谷みよ子
＊現代民化考V 1985 立風書房 松谷みよ子
＊現代民化考第二期II 1987 立風書房 松谷みよ子
　日本人の死霊観 1987 三一書房 武田明
　霊魂の博物誌 1982 河出書房新社 碓井益雄
　霊魂の民俗学 1988 日本エディタースクール 宮田登
　霊界アドベンチャー 1983 アイペック 水木しげる
　御霊信仰 1984 雄山閣出版 紫田實 出版
　天満天神 1988 筑摩書房 上田正昭 編
＊天神伝説（太陽スペシャル） 1987 平凡社
　日本を創った人びと4 菅原道真 1978 平凡社
　風と雲と虹と 平将門の時代 1975 学研
＊将門伝説 1966 新読書社 梶原正昭・矢代和夫
　史跡将門塚の記 1968 新読書社 将門塚保存会
　怨念の将門 1989 エンタプライズ 山村民俗の会
＊浮世絵の幽霊 1973 芳賀芸術叢書 粕三平
＊日本の首塚 1973 雄山閣出版 遠藤秀男

●諸外國
　中国古代神話⑴⑵ 1960 みすず書房 伊藤敬一 訳他
　中国の伝承と説話 1988 研文出版 澤田瑞穂
　中国の呪法 1984 平河出版社 澤田瑞穂

朝鮮の鬼神 1979 国書刊行会 朝鮮総督府 編
北方自然民族民化集成 1968 相模書房 山本祐弘

●妖怪研究

平田篤胤全集 1933 内外書籍 平田篤胤
平田篤胤 1963 吉川弘文館 田原嗣郎
妖怪学 1931 妖怪学刊行会 井上円了
妖怪学講義1〜6 1983 国書刊行会 井上円了
妖怪学叢書1〜6 1983 国書刊行会 井上円了
井上円了妖怪講義 1983 リブロポート 平野威馬雄
＊日本妖怪変化史 1923 中外出版 （お化けの歴史）
　1941 学風書房 1976 中公文庫 江馬務
変態博説史 1926 文芸資料研究舎 藤沢衛彦
＊妖怪書談集 1929 中央美術社 藤沢衛彦
＊日本伝説研究1〜8 1935 三笠書房 藤沢衛彦
＊図説日本民俗学全集1.3 1977 高橋書店 藤沢衛彦
＊一目小僧その他 1934 小山書店 柳田国男
＊山島民譚集 1969（東洋文庫）平凡社 柳田国男
＊妖怪談義 1977 講談社 柳田国男
＊遠野物語・山の人生 1982 岩波書店 柳田国男
＊定本 柳田国男集1〜31 別巻1〜5 1963 筑摩書房
＊柳田国男全集1〜32 1989〜 ちくま書房 柳田国男
　日本の昔話名彙 1970 日本放送出版協会 柳田国男
＊折口信夫全集1〜3 1965 中央公論社 折口信夫
　南方熊楠全集1〜10 1971 平凡社 南方熊楠
＊南方熊楠選集1.2 1984 平凡社 南方熊楠
　南方熊楠文集 1979 平凡社 南方熊楠
＊日本の妖怪 1973 大陸書房 早川純夫
　妖異風俗 1959 雄山閣出版 長坂金雄
　妖怪・魔神・精霊の世界 1974 自由国民社
＊妖怪学入門 1974 雄山閣出版 阿部主計
＊日本の妖怪たち 1981 東京書籍 阿部主計
＊趣味研究 動物妖怪譚 1979 有明書房 日野巌
　日本の俗信 1975 弘文堂 井之口章次
　昔話と妖怪 1983 三弥井書店 昔話研究懇話会
　幽霊・妖怪考 1985 文殊園 祐川法幢
　妖怪の民俗学 1985 岩波書店 宮田登
　暮しの中の妖怪たち 1986 文化出版局 岩井弘實
　妖怪草紙 1987 工作舎 荒俣宏・小松和彦
　鬼の玉手箱 1986 青弓社 小松和彦
　昔話の変容 1989 青弓社 服部邦夫
　妖怪と美女の神話学 1989 名著刊行会 吉田敦彦
＊妖怪 1988 三一書房 谷川健一 編
＊物ノ怪書1〜8 1983〜1988 妖怪愛好会「隠れ里」

●古代製鐵和妖怪

＊鬼伝説の研究 1981 大和書房 若尾五雄
＊金属・鬼・人柱その他 1985 堺屋図書 若尾五雄
＊青銅の神の足跡 1979 集英社 谷川健一
＊鍛冶屋の母 1979 思索社 谷川健一

＊古代の鉄と神々 1985 学生社 真弓常忠
＊鬼神への鎮魂歌 1990 学習研究舎 千田稔
＊濃飛古代の謎 1988 三一書房 尾関章
　隠された古代 1985 彩流社 近江雅和
　閉ざされた神々 1984 彩流社 沢史生
　闇の日本史（河童鎮魂）1987 彩流社 沢史生
　鬼の日本史 ㊤㊦ 1990 彩流社 沢史生
　鉄と俘囚の古代史 1987 彩流社 柴田弘武
　おばけと物語 1986 現代書館 柴田弘武
　物部氏の伝承 1977 吉川弘文館 畑井弘
　消された覇王 1988 河出書房新社 小椋一葉
　日本山岳伝承の謎 1983 未来社 谷有二
　一つ目小僧の秘密 1989 クロスロード 鈴木浩彦
　鉄の民俗史 1986 雄山閣出版 窪田蔵郎

●宗教和民間信仰

　神界のフィールドワーク 1987 青弓社 鎌田東二
＊日本陰陽到史話 1987 大阪書籍 村山修一
　隠された神々 1975 講談社 吉野裕子
　陰陽五行と日本の民俗 1983 人文書院 吉野裕子
　山の神 1989 人文書院 吉野裕子
　修験道入門 1980 角川書店 五来重
　山岳霊場巡礼 1985 新潮社 久保田展弘
＊密教の神話と伝説 1984 大阪書籍 松長有慶 他
　ダキニ信仰とその俗信 1988 第一書房 笹間良彦
　庚申信仰 1998 人文書院 飯田道夫
＊神々と仏祭とマンダラ 1983 講談社
＊古代の方位信仰と地域計画 1986 古今書院 山田安彦
　実在した幻の三角形 1987 卑弥呼の金印発掘研究会
　星と東方美術 1971 恒星社厚生閣 野尻抱影
＊日本の神々 神社と聖地1〜13 1984 白水社
＊日本の神（別冊太陽）1990 平凡社
　目で見る民俗神1〜3 1988 東京美術 荻原秀三郎
＊鯰絵 1986 せりか書房 コルネリウス・アウエハント
＊コト八日 1989 岩崎美術社 大島建彦
　厄除け 1988 名著出版 佐々木勝
　屋敷神の世界 1983 名著出版 佐々木勝
　海の宗教 1970 淡交社 桜田勝徳
　江戸の小さな神々 1989 青土社 宮田登

●自然科學和醫學

　民俗学と自然科学 1990 学生社 吉岡郁夫
　虫の民俗誌 1986 築地書館 梅谷献二
　魚と伝説 1964 新潮社 末広恭雄
　寺田寅彦全集4 1961 岩波書店 寺田寅彦
　怪談の科学 1980 講談社 中村希明
　怪談の科学PART2 1989 講談社 中村希明
　王朝貴族の病状診断 1975 吉川弘文館 服部敏良
　今昔物語と医術と呪術 1984 築地書館 槙佐知子
　日本昔話と古代医術 1989 東京書籍 槙佐知子

夜鳴く鳥 1990 岩波書店 山田慶兒
疫神とその周辺 1985 岩崎美術社 大島建彦

●月刊・季刊（妖怪特集）
歴史読本（209） 鬼と英雄の伝説 1973 新人物往来社
歴史読本（274） 怪奇日本77不思義 1977
歴史読本（458） 闇の王国 1987
歴史読本（480） 魔界都市「平安京」 1988
歴史読本（503） 天皇家怨霊秘史！ 1989
歴史読本（515） 異界の日本史 鬼・天狗・妖怪の謎
1989
歴史と旅（71） 謎と怪奇の日本史 1981 秋田書店
歴史と旅（167） 歴史を・がした天変地異 1986
日本の歴史⑬ 河原と落書・鬼と妖怪 1986 朝日新聞社
日本の歴史㊿ 占い・託宣・聖所での夢 1987
日本の歴史㊽ 御霊会と熊野詣 1987
日本の歴史㉛ 動物たちの日本史
＊季刊自然と文化 特集（風）1984 （妖怪）1984 （巨人
と小人）1985 （月と潮）1985 （眼の力）1985 （カミ
の観念）1986 （異人と妖怪）1987 （変身変化）1988
（小さな神々）1988 （動物の霊力）1989 （草荘神）
1989 日本ナショナルトラスト
太陽（147） 特集お化けと幽霊 1975 平凡社
伝統と現代特集妖怪 1968 学燈社
ユリイカ詩と批評 妖怪学入門 1984 青土社
UTAN（7） 日本の怪奇を科学する 1988 学習研究社
月刊絵本（絵本のなかの妖怪たち） 1976 すばる書房

●妖怪
Japanese Ghosts & Demons 1985 George Braziller
暁斎百鬼書談 1889 河鍋暁斎
絵画に見えたる妖怪 上・下 1925.6 美術図書出版
＊地獄百景（別冊太陽） 1988 平凡社
＊妖怪絵巻 1978 毎日新聞社 真保亭 金子桂三 著
日本絵巻聚稿 上・下 1989 中央公論社 上松茂美 著
野坂昭如の酒呑童子 1982 集英社 野坂昭如 文
日本の美術No.52 お伽草子 1970 至文堂
日本の美術No.279 狛犬 1989 至文堂
＊お化け図絵 1974 芳賀書店 粕三平
図説日本の妖怪 1990 河出書房新社 岩井宏實 監修
浮世絵魑魅魍魎の世界 1987 里文出版 中右瑛
人物・妖怪 1976 粕書房 江戸イラスト刊行会 編
＊妖怪事典㊤ 1981 ㊦ 1984 東京堂出版 水木しげる
＊水木しげるの妖怪図鑑㊤㊦ 1986 講談社 水木しげる
＊水木しげるの妖怪文庫1～4 1984 河出文庫 水木しげる

●辭典
＊和漢三才図会3.6.7 1986.7 （東洋文庫） 平凡社
＊日本伝奇伝説大事典 1986 角川書店
＊日本架空伝承人名事典 1986 平凡社

神話伝説辞典 1963 東京堂出版
民間信仰辞典 1980 東京堂出版 桜井徳太郎 編
＊江戸文学俗信辞典 1990 東京堂出版 石川一郎 編
修験道辞典 1986 東京堂出版 宮家準 編
佛教語大辞典 1981 東京書籍株式会社
岩波仏教辞典 1989 岩波書店
解註謡曲全集1～6 1984 中央公論社 野上豊一郎 編
名作歌舞伎全集1～25 1969～71 東京創元社
古典の事典1～15 1986 河出書房新社
ガイドブック日本の民話 1983 講談社
『古事記』『日本書紀』総覧 1989 新人物往来社

●本文圖版資料
百鬼夜行 安永8年 （水木しげる個人蔵） 鳥山石燕
百鬼夜行拾遺 安永10年 （図会図書館蔵） 鳥山石燕
百鬼徒然袋 天明4年 （図会図書館蔵） 鳥山石燕
＊画図百鬼夜行 1967 渡辺書店 田中初夫 編
狂歌百物語 嘉永6年 （図会図書館蔵） 天明老人
桃山人夜話（絵本百物語） 天保年間 （同上） 桃山人

中文妖怪名索引（＊：表音譯字）

355

後記

各位讀者，讀完本書之後的感想如何呢？如果能讓各位因日本竟存在如此多樣妖怪而感到驚訝不已的話，那就是我的榮幸了。但是，有關書中沒有提到的妖怪變化或是有關它們的有趣故事，仍然是數都數不清的（很遺憾地，因為我所收集來有關日本妖怪的書籍，光數量就超過六百本，所以手上的參考文獻都還沒全部讀完呢。）要是到日本國會圖書館去的話，江戶時代的鬼故事、傳奇故事更是堆得像山一樣高，真讓我吃不消啊！

如果親自到文獻所提到的傳說地點走一趟，也會聽到令人意想不到的大量故事，而那些故事只有當地人才知道。為了要寫這本書，我親自走訪日本各地，北至北海道，南至沖繩（但是九州跟四國並未造訪），來了一趟妖怪變化的探訪之旅。那種感覺是不是多少傳達給各位讀者了呢？葉矮人、袍奇、岩木山的大人、水虎、座敷童子、金山的沼御前、牛久沼的河童、筑波・高尾的天狗、鹿島・香取的要石、關東各地的平將門古蹟、赤城山的百足、十二樣、四處可見的大太法師腳印、戶隱的鬼女紅葉、一目連、鵺、鞍馬天狗、橋姬、元興寺之鬼、酒吞童子，還有沖繩的樹精等，都是讓人留下深刻印象的傳說。

也因為這些妖怪，讓我有幸與妖精學者井村君江老師、水木繁老師見面，成為執筆寫作的動力。此外，由於我的任性而給鎌田東二老師帶來許多麻煩，在此也深感歉意。對於給予我這次執筆機會的新紀元社，也由衷地感謝。《幻獸魔龍》的封面繪圖沒有順利畫好，也給園崎透先生添了不少麻煩。另外，還要感謝鈴木基先生，妥善處理了超過預定量三分之一的原稿（不過被刪除的原稿或許會留下遺憾而變成付喪神之類的……）。在此也要感謝為本書畫出精美插圖的水

戶一行先生、森コギト先生、佐藤肇先生。（其中截稿期
限將近、都還沒開始畫插圖，讓大家捏了一把冷汗的肇小弟
呢，我會放式神過去找你的。）

　　　　　　　　　　　　一九九〇年十一月二十二日完稿

國家圖書館出版品預行編目資料

日本神妖博物誌/多田克己著；歐凱寧譯. -- 2版
. -- 臺北市：商周出版：家庭傳媒城邦分公司發
行，民108.08
368面；17*23公分.-- (Fantastic；22)
譯自：幻想世界の住人たち4—日本篇

ISBN 978-986-477-697-9（平裝）

1.民間故事 2.妖怪 3.日本

539.531   108011309

魔幻館FANTASTIC 22

日本神妖博物誌

原 著 書 名 / 幻想世界の住人たち4——日本編		企劃選書人 / 何若文
原 出 版 社 / 新紀元社		責 任 編 輯 / 魏秀容
作　　　者 / 多田克己		
譯　　　者 / 歐凱寧		

版　　　權 / 黃淑敏、翁靜如、邱珮芸
行 銷 業 務 / 莊英傑、黃崇華、李麗淳
副 總 編 輯 / 何宜珍
總 經 理 / 彭之琬
事業群總經理 / 黃淑貞
發 行 人 / 何飛鵬
法 律 顧 問 / 元禾法律事務所 王子文律師
出　　　版 / 商周出版
　　　　　　臺北市中山區民生東路二段141號9樓
　　　　　　電話：(02) 2500-7008　傳眞：(02) 2500-7759
　　　　　　E-mail：bwp.service@cite.com.tw
　　　　　　Blog：http://bwp25007008.pixnet.net./blog
發　　　行 / 英屬蓋曼群島商家庭傳媒股份有限公司城邦分公司
　　　　　　臺北市中山區民生東路二段141號2樓
　　　　　　書虫客服專線：(02)2500-7718、(02) 2500-7719
　　　　　　服務時間：週一至週五上午09:30-12:00；下午13:30-17:00
　　　　　　24小時傳眞專線：(02)2500-1990；(02) 2500-1991
　　　　　　劃撥帳號：19863813　戶名：書虫股份有限公司
　　　　　　讀者服務信箱：service@readingclub.com.tw
　　　　　　劃撥帳號：19863813　戶名：書虫股份有限公司
　　　　　　城邦讀書花園：www.cite.com.tw
香港發行所 / 城邦(香港)出版集團有限公司
　　　　　　香港灣仔駱克道193號東超商業中心1樓
　　　　　　電話：(852) 2508 6231　傳眞：(852) 2578 9337
馬新發行所 / 城邦(馬新)出版集團【Cité (M) Sdn. Bhd】
　　　　　　41, Jalan Radin Anum, Bandar Baru Sri Petaling,
　　　　　　57000 Kuala Lumpur, Malaysia.
　　　　　　電話：(603)90578822　傳眞：(603)90576622
　　　　　　E-mail：cite@cite.com.my

封 面 設 計 / 徐璽
內 頁 版 型 / 阿作
印　　　刷 / 卡樂彩色製版印刷有限公司
總 經 銷 / 聯合發行股份有限公司　電話：(02)2917-8022　傳眞：(02)2911-0053

■ 2009 年（民 98）6 月初版
■ 2019 年（民 108）8 月2版   Printed in Taiwan

定價 / 420元
著作權所有，翻印必究
ISBN　978-986-477-697-9

城邦讀書花園
www.cite.com.tw